地方立法实践与探索

熊震 著

Practice and Exploration of Local Legislation

法律出版社 LAW PRESS·CHINA
北京

图书在版编目（CIP）数据

地方立法实践与探索 / 熊震著. -- 北京 : 法律出版社, 2024. -- ISBN 978-7-5197-9406-4

Ⅰ. D927

中国国家版本馆 CIP 数据核字第 2024YZ5214 号

地方立法实践与探索
DIFANG LIFA SHIJIAN YU TANSUO

熊　震　著

责任编辑　李　群　陈　熙
装帧设计　李　瞻

出版发行 法律出版社
编辑统筹 法规出版分社
责任校对 晁明慧
责任印制 耿润瑜
经　　销 新华书店

开本 A5
印张 11.875　　**字数** 236 千
版本 2024 年 9 月第 1 版
印次 2024 年 9 月第 1 次印刷
印刷 北京建宏印刷有限公司

地址:北京市丰台区莲花池西里 7 号(100073)
网址:www.lawpress.com.cn
投稿邮箱:info@lawpress.com.cn
举报盗版邮箱:jbwq@lawpress.com.cn
销售电话:010-83938349
客服电话:010-83938350
咨询电话:010-63939796

书号:ISBN 978-7-5197-9406-4　　**定价**:58.00 元

前　言

数年间的立法实践经历确实让我有种回到研究生时光的感觉，因为工作内容确实有很大的相似性。这里就不得不提一下我们云南大学法学院的民族法专业了，我报考时专业主要的研究方向是民族区域自治法、民族法律文化、法律在民族地区的实施和少数人权利保护，所以和依法立法、立不抵触、有特色的法的地方立法工作确实有较大的吻合度。而地方立法特别是设区的市立法属于一个新兴事务，不同于全国立法和全省层面的地方立法，设区的市只能对立法权限内的领域进行立法，其功能定位具有实施性、补充性和探索性，对于整个中国特色社会主义法律体系大树来说，属于树干上的小分支。也就是着眼于地方实际进行实事求是的地方立法，提供能够统筹传承和发展的地方治理资源，所以更加突出了立法的地方特色，更加强调针对本行政区域内的实际情况进行立法。相较于省级立法和全国立法而言，切口会更小，特色会更鲜明突出，也应当更加容易操作，从而实现立法的地方特色。

犹记得进行《丽江市人民代表大会常务委员会关于加强丽江市中心城区建筑风貌管控的决定》立法初期的一次会议中，丽江市人大常委会的主要领导让与会众人站起来看向窗外，我们从瓦面屋顶建筑延伸出去的视野尽头便是蓝天白云下的玉龙雪山，在眺望之后，领导所说的“大家在开展立法工作的同时，要认真想一想我们的子孙后代是否还能看到今天我们看到的风景，想一想我们立法的目的”让我印象非常深刻。如今想来，我们所制定的地方性法规能否充分体现丽江的地方特色，能否通过地方立法“让丽江是丽江，让丽江还是丽江”；既是推进高质量地方立法工作的必然要求，也是我们进行地方立法的初心和职责所在。如果丽江的地方立法能够“让丽江还是丽江”，就说明相关的地方性法规是符合本地实际、实事求是、有针对性和可操作性的，只有准确地定性什么是丽江，才能让立法工作量身定做、恰到好处，最终让本地的特色延续下来。

笔者在丽江市人大常委会跟着各位亦师亦友的领导、同事学思践悟，很有继续读民族法研究生的感觉。本书主要系笔者结合在丽江参与地方立法工作的实践经验、工作技巧和所思所想，基本涵盖了设区的市地方立法所涉及的生态文明建设、城乡建设与管理、历史文化保护、基层治理四个立法权限和日益重要的规范性文件备案审查工作，以及笔者从事立法工作的感想和积累，对从事地方立法工作或者对地方立法感兴趣的朋友们有一定的阅读价值。也希望通过抛砖引玉和坦诚分享，能和大家一起将地方立法工作做得更好。

在第一章地方立法行与思中，笔者围绕对工作的思考和探索，重点对地方立法为什么是一个容纳更多细节、更具操作性的分类体系和特色为什么是设区的市地方立法的生命所在进行了分析，并对“小切口”立法选题应立足于“小”着眼于“大”，地方立法中的提前介入细化机制是什么、如何优化，基层立法联系点如何通过做好“六员”来更好打通民意征集“最后一公里”，充分发挥立法咨询专家的外脑作用等问题进行了探讨。同时，结合笔者的自身经历，对立法调研的知与行，案例对立法工作的源头活水作用，人大代表如何履职尽责和参与立法等方面的实践过程进行了归纳介绍，与大家分享鲜活的记忆，也愿诸君阅读中能有会心的微笑。最后，笔者强调了“三者有机统一”应当贯穿地方人大工作全过程各方面，以及要通过学习立法技术规范在定方向到“打毛刺”的全过程中做好立法工作。与其他五章相比，本章专注于地方立法的制度运行和机制创新。没有采用流水账式的平铺直叙，而是针对地方立法过程中的重要机制、关键环节、核心参与要素进行深入剖析，同时结合实践工作提出解决问题的具体办法。从而使内容言之有物，而非只是在理论的辩证中来回拉锯。

在第二章城乡建设与管理地方立法之《丽江市人民代表大会常务委员会关于加强丽江市中心城区建筑风貌管控的决定》中，笔者围绕 2022—2023 年丽江市探索通过立法性决定保护中心城区建筑风貌，在城乡建设管理中保护丽江历史文脉的主题进行写作。这一决定既是对四项立法权之城乡建设管理的行使，也是对历史文化的保护。围绕如何保护丽江市中心城区的独特建筑风貌和规划有丽江特色的城市发展推进地方立法。亮点在于为什么选择立法性决定的形式、如何找准保护丽江城市风貌的“小切口”、立法中建筑高度是怎么从争议焦点到立法亮点以及怎么保护古城的屋顶、街巷、水系、牌匾和勒石等立法工作过程中的争议焦点、关键节点和背后原汁原味的立法故事。

在第三章生态文明建设地方立法之泸沽湖保护条例中，笔者按照 2018 年《丽江市泸沽湖保护条例》（已废止）的出台至 2023 年《四川省泸沽湖保护条例》《云南省泸沽湖保护条例》出台的脉络，主要聚焦于滇川两省如何在 2023 年通过协同立法解决多区重叠、两省共管下的泸沽湖一湖两治的张力问题，《丽江市泸沽湖保护条例》（已废止）对应设区的市四项立法权之生态文明建设。本章的特色在于高原湖泊保护、一湖由两省共治、云南省高原湖泊立法特点、程海立法保护等内容。

在第四章基层治理地方立法之思考与探索中，结合基层治理作为 2023 年《立法法》再次修改中新增为设区的市的立法权限之背景，笔者从日常法律实践遇到的问题，对基层治理中如何通过立法或者建立机制破解“毁绿种菜”、业委会筹备、业主行使投票权、城市犬只伤人和立法等问题提出了自己的见解，并希望这些思考能够随着基层治理的立法权行使得以发挥良性的作用。亮点在于针对常见的基层治理问题从地方立法制度设计的角度提出解决思路和具体方案，并且重点结合矛盾纠纷多元化解立法方兴未艾的背景，从诉讼成本谈源头防范“治未病”的角度深入解析该项立法的深远意义和巨大价值。

在第五章规范性文件备案审查中，备案审查作为人大立法和监督的重要工作内容，笔者对近年来部分参与丽江市开展规范性文件备案审查工作的实践加以总结，提供了从基层视角所观察到的整体备案审查制度运行情况和对有件必备、有备必审、有错必纠原则的贯彻落实。亮点在于备案审查提前介入细化机制探析、案例为什么是开展备案审查工作的“小切口”、备案审查工作如何尝试重点条款可视化、备案审查工作中的刚性和温度、如何从预判开始进行规范性文件审查等工作探索，并且结合备案审查数据系统的日新月异对法律人如何面对 AI、信息技术汹涌而来的明天提出了自己的想法。

在第六章地方立法探索中，主要围绕丽江市的地方立法实践和如何提升地方立法质效分享笔者的一些思考。重点是把好立项关、起草关、审议关这三关，践行全过程人民民主和加强地方立法队伍建设。本章的亮点在于结合实践对“三关”如何能够被“把好”进行了深入的分析，对如何在立法前问需于民、立法中问计于民、立法后问效于民进行了全面的思考，对不断提升立法人员的能力和水平提出了笔者自己的见解。更多是笔者对立法工作知其然更要知其所以然的探索所得，属于立法工作者的“内功修行”。但是鉴于笔者个人“内力”尚需不断修行加强，所以难免挂一漏万，更多是从怀一颗赤子之心与诸君坦率交流的角度进行实事求是的分享，能起些抛砖引玉的作用便心满意足了。

以上便是笔者对整个立法工作从个人视角的一些总结。但是我们之所以能将地方立法工作落地见效，在云南省人大常委会的工作指导下行使好地方立法权，离不开市委的坚强领导，离不开市人大常委会党组、机关党组充分发挥把方向、管大局、保落实的作用，离不开市政府发挥坚实的依托作用，离不开各方的积极参与。

新时代云程发轫，新征程奋楫笃行。2022 年 3 月以来，丽江市委、市政府相继出台了《丽江市推进作风革命加强机关效能建设十条措施》《丽江市“争一流、促跨越”行动方案》，成立以市委书记为组长、市长为常务副组长的“争一流、促跨越”行动领导小组，以“争一流、促跨越”行动为“支点”和“杠杆”，调动党员干部引领性、突破性、积极性，充分发挥各级领导干部“领头雁”和“火车头”作用，以上率下谋发展。丽江市人大常委会也以之作为推进人大工作高质量发展的着力点、切入点、突破点、落脚点，秉持“丽江的事大家一起努力”的理念，加强组织领导，狠抓工作落实。

比如，在整个立法工作过程中，“全过程提前介入地方立法”和“率先出台立法性决定”便是丽江市人大常委会按照“争一流、促跨越”行动提出的常委会主要领导领衔事项中的两个，也是本书中的两个重要内容、亮点内容。

本书的大部分内容，其实是笔者从一个普通干部的角度对丽江市人大常委会坚持三者有机统一、践行全过程人民民主、建设四个机关、依法行权履职的观察笔记，只是因为岗位原因，内容更多偏向于如何努力以高质量立法、高水平法治保障护航丽江高质量发展方面，但都是集体智慧的结晶、共同努力的成果。比如像之前提到的“争一流、促跨越”行动成果，就离不开常委会主要领导的主动领衔，班子成员的积极作为，各委室的齐心协力。绳短不能汲深井，浅水难以负大舟，在丽江市人大常委会强化创新、主动作为、自我加压的团结一致、严肃活泼氛围里和坚持在一线笃行作风革命效能革命的干事创业环境里，鞭策了笔者以“驽马十驾，功在不舍”为目标，自觉和大家一起努力拼搏，向其他领导同志认真求教、积极学习，不停地思考、实践、总结，最终聚沙成塔，形成了这本《地方立法实践与探索》。

目录

第一章　地方立法行与思

一、地方立法：一个容纳更多细节、更具操作性的分类体系

法律是一种分类体系。

法律当然是一种地方性知识，但是在本书中笔者主要是从分类体系的角度进行描述。什么是法律分类？或者说，我们如何定义分类？以及为什么把立法视为建立一个分类体系，而把地方立法定位为容纳更多细节、更具操作性的分类体系。

（一）判断并非分类

首要的问题便是什么是分类？

分类必然存在于人类生活的全过程、各方面，因为我们现在的社会生活或者说高于动物生活的各个细节或者说文化都意味着人

类对现实生活的定义和分类。如果不做区分，我们是难以赋予事物、行为具体的独特的名称，而要准确地确定名称，必然涉及了整体比较下系统的分类，以及在实践过程中在分类基础上的判断。分类背后是一个完整的体系，对同一事物的不同分类往往意味着冲突：(1) 定性的不同，代表的内涵、外延的差异；(2) 不同的分类代表将采取的行为、态度不同。“我们将世界进行分类，既会赋予我们力量去行动和认知，同时也会限制我们，因为我们所能知道的、参与的、认知的、想要的，承认是有序的以及为之奋斗的，都由我们所采用的分类框架预先设定了。”〔1〕

分类通过对某类事物进行定性并集中通过“名称”体现出来，决定了人们如何按照对此类事物的定性而进行相应行动或者采取相应态度。分类让各种动物有序地在人们已经达成共识的文化网络上摆到相应的“正确”的位置。

在已经形成分类的情况下：“某个行为的恰当与否，往往取决于行为者是否符合社会普遍承认或遵循的社会关系分类。”〔2〕恰如天南地北客，初到异乡的冲突与碰撞，恰恰是对当地分类体系的不熟悉所致。举一个不太恰当的例子，一个南方人到北方点 100 个肉串感觉没点够又下单的行为便是因为其对当地的分类体系背后的地方性知识不熟悉（北方的肉串分

〔1〕［英］奈杰儿·拉波特、乔安娜·奥弗林：《社会文化人类学的关键概念》，鲍雯妍、张亚辉等译，华夏人民出版社 2005 年版，第 27 页。

〔2〕王启梁：《迈向深嵌在社会与文化中的法律》，中国法制出版社 2010 年版，第 134 页。

量足）。

但是，对某一事物下结论并不代表分类。“判断并非分类。判断往往是人们进行分类时的一个必要的过程，但是仅仅只是其中的一个环节。”[1] 我们对周围人的关系也是在基本按照分类进行判断后采取相适应的行为、语言及态度。比如韩国电影《恶人传》中，男主角饰演的警察和马东锡饰演的黑帮老大喝酒时把身子转过去喝引起众人惊诧，便是因为此时的行为代表了他把马东锡当作了值得“尊敬”的长辈并采取了相应的礼仪行为，而非按照另一种分类将马东锡视为应当依法处置的对象。[2]

总而言之，分类意味着已然有一个完整有序的系统，“代表的是一种安排事物、现象、行为的秩序的倾向和方法”[3]。

（二）法律是一种分类体系

既然法律是人类文化的成果，那么就可以按照同样的逻辑从分类的角度分析法律。“如果把法律视作文化，分类则是法

---

〔1〕 王启梁：《迈向深嵌在社会与文化中的法律》，中国法制出版社 2020 年版，第 135 页。

〔2〕 电影《恶人传》中的情节设定是，当岁数比自己大且值得尊敬的人亲自给自己斟酒后应当恭敬地接过酒后转身喝掉以示感谢。男主角饰演的警察与黑帮老大打的交道多了，多少有点把他当“朋友”或“兄长”看待了，所以被黑帮老大亲自斟酒后不自觉地表示出“恭敬”的姿态，但随后男主角发现似乎对方的身份不值得自己的尊重，所以才掩饰说是转身倒酒。

〔3〕 王启梁：《迈向深嵌在社会与文化中的法律》，中国法制出版社 2020 年版，第 136 页。

律的核心，法律体系的形成过程正是分类的实现过程。”[1] 而法律作为人类共同体所力求实现秩序的集中表现，自然是按照相应人类群体的共同文化对相应的什么是法律、法律应该适用的范围、法律具体的规则等进行分类。所以，具体到个人的小小的“文化体系”，每个人都有法律是什么的自我判断，也即自己的法律观。这让笔者想起了在法理学和人类学学习中多次提到的“从习惯到习惯法再到法律”的发展过程。

同时，国家的法律体系、个人的法律观都会对我们的现实生活产生影响：“人可能是所有生物中最独特的一个，把自己的分类体系施加在环境中的物质现实上，并且以这种认知过程所产生的稳定环境进行生活。”[2] 应然的法律自然是理想中的法律，而文本上的法律已然和自我这个概念一样有所适应，至于实践中的法律则必然和原定的分类体系有所区别。

笔者对于法律是一种分类体系的认识，最初是在王启梁老师的法律人类学课程中，当时参阅的论文《法律是什么？——一个安排秩序的分类体系》给笔者留下了深刻印象。毕业之后，从事律师执业进行法律实践，特别是办理各类案件之后，会时不时想起来这篇文章，也更加能理解法律就是一个浓缩了文化背景下的分类体系。在法律实践过程中，特别是办理具体案件的时候，让笔者非常直观地感受到了分类的力量。

---

〔1〕 王启梁：《迈向深嵌在社会与文化中的法律》，中国法制出版社 2020 年版，第 137 页。

〔2〕 参见［英］奈杰儿·拉波特、乔安娜·奥弗林：《社会文化人类学的关键概念》，鲍雯妍、张亚辉等译，华夏人民出版社 2005 年版，第 27 页。

比如如何办理好案件的“要件审判九步法”就是手把手教我们如何进行判断，而每一步判断背后都是相应的分类。比如权利请求的固定，就隐含了权利的划分和特定诉讼当事人的请求权等分类。在办理具体案件时，因为需要不断地判断找到正确的分类，所以更加深化了法律是一个分类体系的感性体验。法律实践时，看到书上的文字应用在实践当中，是一件奇妙的事情，因为我们不仅仅是在思维中达成共识将整个世界井井有条地进行定义，也是在实践当中将共同的共识作用于真实的生活。所以笔者在当律师期间很喜欢在普法时讲案例，因为案例就是法律这一分类体系的整体运行的“结晶”，能够直观、明了地让大家感受到“看不见，摸不着”的法律体系的鲜活生命力。

地方立法，则是容纳更多细节、更具操作性的分类体系。法律不仅是规则，也是社会价值观念的体现，虽然国家法中为了普适性，会尽量避免出现具有特殊性的、具体的内容。但是“每个国家的法律制度形成过程都是对本国的法律现象的分类过程，都是本国立法者的分类观念的运用，并体现在法律文本或法律制度中。”〔1〕并且随着人类社会的日益发展，社会文化的日益丰富，“法律容纳了越来越多的细节，这也表明人们把对人、社会关系、社会现象等的分类和认识运用到法律领

〔1〕王启梁：《迈向深嵌在社会与文化中的法律》，中国法制出版社2020年版，第140页。

域”[1]。在立法工作中，本国、本地的道德、习惯、乡规民约等都属于法的渊源，对其进行甄别、提炼和吸纳，融合于法律规范之中，能够提高立法质效、降低立法成本，使法律法规更加符合现实社会的运转情况，更加具有立而行之的广阔而深厚的社会基础。

“从分类的角度考察法律，把法律作为一种分类体系进行分析和研究并不是想抹杀或否认法律的其他特性。而是为了更多元地解释法律及现实中的问题。”[2] 当我们用分类的角度考察法律，在不同规则之间的冲突或者说法律这一分类体系和其他分类体系（如道德、禁忌等）发生冲突时，我们就可以从不同的分类结果、做法中找到问题的根源，并通过不同分类体系下的定义、解决之道来综合地处理问题；甚至通过对这些问题的深入理解和不同分类体系的比较，优化法律的相关规定。或者，也可以通过对法律与不同分类之间冲突的深入理解和研究，让法律容纳更多的细节，具有更强的针对性和可操作性。

（三）特色：地方立法的生命

法律与民族志，如同驾船、园艺、政治及作诗一般，都是跟所在地方性知识相关联的工作。[3] 首先，既然研究人类学

---

〔1〕 王启梁：《迈向深嵌在社会与文化中的法律》，中国法制出版社 2020 年版，第 145 页

〔2〕 王启梁：《迈向深嵌在社会与文化中的法律》，中国法制出版社 2020 年版，第 153 页。

〔3〕 参见［美］克利福德·吉尔兹：《地方性知识——阐释人类学论文集》，王海龙、张家瑄译，中央编译出版社 2004 年版，第 221 页。

的名词是在属于一个共同体社会的知识共同体中分享并发展的，那么我们在做的事情就是用一套知识体系去解释另一套知识体系（姑且如此假设），而知识体系的背后是世界观体系，或者说，是另一种人类、人类社会、人类个体的意义体系。从学术的角度讲，我们只能在类比中越来越谨慎地去尝试深描另一个生活世界里的事物，在同样人类躯壳里，那会是另一个同样特征明显的意义体系。

当我们对比不同国家、地区的法律（广义解释），我们就会发现差异性，或者说他者眼光下的特殊所在，也就理解了法律是一种地方性知识。“地方性的分类体系中容纳了人们对人生意义的思考、生活的价值、对宇宙的想象、邻里相处之道等非技术性的意义因素。”〔1〕这是因为“立法的过程构成了一个分类体系的建构过程。”〔2〕而这一分类体系必然植根于所在地的文化和现实生活。

可以说，地方立法是容纳了更多符合地方实际的细节的分类体系。那么，地方立法的特色（实事求是容纳本地地方性知识的细节的多少）便是地方立法的生命，是衡量地方立法质量优劣的关键。故而如果没有特色、不接地气，地方立法的作用将大打折扣。对于新起步的设区的市地方立法，虽然立法质量的提升是一个长期的过程，但一定要清醒认识并尽量避免

---

〔1〕王启梁：《迈向深嵌在社会与文化中的法律》，中国法制出版社 2020 年版，第 152 页。

〔2〕王启梁：《迈向深嵌在社会与文化中的法律》，中国法制出版社 2020 年版，第 139 页。

重复立法，在原创性、特色性、有效性方面不断努力。

这也符合地方立法的定位。地方立法本就定位为填补国家法律法规空白的“拾遗补阙”和细化中央立法的原则性规定使之更具操作性地“填补沟壑”。2010年年底，我国已制定现行有效法律236件、行政法规690多件、地方性法规8600多件，并全面完成对现行法律和行政法规、地方性法规的集中清理工作。2011年的全国人大常委会工作报告庄严宣布，由法律、行政法规、地方性法规与自治条例、单行条例等三个层次的法律规范构成的中国特色社会主义法律体系已经形成。一个立足中国国情和实际、适应改革开放和社会主义现代化建设需要、集中体现党和人民意志的，以宪法为统帅，以宪法相关法、民法商法等多个法律部门的法律为主干，由法律、行政法规、地方性法规等多个层次的法律规范构成的中国特色社会主义法律体系已经形成，国家经济建设、政治建设、文化建设、社会建设以及生态文明建设的各个方面实现有法可依，党的十五大提出到2010年形成中国特色社会主义法律体系的立法工作目标如期完成。之后，在2015年立法法修改的时间节点，设区的市人大及其常委会开始普遍开展地方性立法工作。到2003年9月，我国地方立法主体共354个，包括31个省（区、市），289个设区的市，30个自治州以及4个不设区的地级市。[1] 从整个国家的法治体系层级来看，赋予设区的市

---

〔1〕 参见赵乐际：《在全国地方立法工作座谈会上的讲话》，载中国人大网，http：//www.npc.gov.cn/c2/c30834/202309/t20230925_431896.html。

立法权是地方立法由点到面的一次制度创新，立法权进一步向整个国家末梢和细微处延伸。我们所强调的“小切口”和“小快灵”，恰恰与地方立法的定位相适应，因而设区的市一级地方立法就更应强调其补充性的立法定位，利用“船小好调头”的优势进行立法探索，使地方性法规与地方性知识相适应。

二、“小切口”立法选题应立足于“小”着眼于“大”

2018 年 9 月，在中国特色社会主义法律体系已经形成的背景下，第二十四次全国地方立法工作座谈会指出：“地方立法空间大、灵活性大、针对性强，可以聚焦所要解决的问题，确定小一些的题目进行专门立法。”〔1〕这也是我国当前立法工作重心从构建到完善、赋予设区的市立法权的应有之义。2020 年 11 月，习近平总书记在中央全面依法治国工作会议上指出：“要研究丰富立法形式，可以搞一些‘大块头’，也要搞一些‘小快灵’，增强立法的针对性、适用性、可操作性。”〔2〕2021 年全国人民代表大会常务委员会工作报告明确提出，“必须丰富立法形式，坚持既要搞‘大块头’，又要搞‘小快灵’，适时启动条件成熟领域法典编纂工作，针对实际需要以‘小

〔1〕沈春耀：《在第二十四次全国地方立法工作座谈会上的小结讲话》，载中国人大网，http：//www.npc.gov.cn/npc/c1773/c1848/c21114/c35254/c35260/201905/t20190521_261148.html。

〔2〕习近平：《坚定不移走中国特色社会主义法治道路　为全面建设社会主义现代化国家提供有力法治保障》，载求是网 2021 年 2 月 28 日，https：//baijiahao.baidu.com/s? id=1692922653026938013&wfr=spider&for=pc。

切口’形式推进立法”。2023年3月，随着《立法法》的再次修改，设区的市人大及其常委会在不同宪法、法律、行政法规和本省、自治区的地方性法规相抵触的前提下，可以对城乡建设与管理、生态文明建设、历史文化保护、基层治理等方面的事项制定地方性法规。[1] “管法的法”再修改，被赋予了新的时代内涵，必将更好地发挥立法引领保障作用，深入推进科学立法、民主立法、依法立法，使法律规范体系更加科学完备。赵乐际在2023年的全国地方立法工作座谈会上指出：“地方立法要牢牢把握实施性、补充性、探索性的功能定位，坚持不抵触、有特色、可操作的原则，防止照抄照转、大而全、小而全，努力提高立法的针对性、精准度、实效性，保证制定修改的法规立得住、行得通、真管用。”

（一）立足“小切口”，书写大文章

设区的市人大及常务委员会依照立法法授权针对四个方面的地方性事务立法，能够在积极准确回应民众关切、信息优势、缩短与民众距离等维度上展现优势，针对性地因地制宜开展具有地方特色的立法工作，从而实现高效利用有限的立法资源、以最小的立法成本收获最大的立法效益之目标。所以选准“小切口”进行地方立法就很重要了。

以云南省丽江市为例，从2016年开始行使地方立法权至

---

〔1〕 参见《全国人民代表大会关于修改〈中华人民共和国立法法〉的决定》，载中国人大网，http：//www.npc.gov.cn/npc/c2/kgfb/202303/t20230314_ 424439.html。

2023年11月，丽江市人民代表大会常务委员会先后审议通过并报云南省人大常委会批准了《丽江市人民代表大会及其常务委员会制定地方性法规条例》、《丽江市城市管理条例》、《丽江市泸沽湖保护条例》（已废止）、《丽江市文明行为促进条例》、《丽江市集中式饮用水水源地保护条例》、《丽江市乡村清洁条例》、《丽江市旅游条例》、《丽江市人民代表大会常务委员会关于加强中心城区建筑风貌管控的决定》、《丽江市城市生活垃圾分类管理条例》9部地方性法规，切实做到了突出地方特色、强化重点领域立法。其中，《丽江市泸沽湖保护条例》（已废止）的制定就不仅妥善解决了泸沽湖区域存在的自然保护区和风景名胜区重叠的法制张力，而且通过在条款中专章规定两省湖泊保护协商机制，为实现泸沽湖“两省共治、一湖一策”提供了法治保障，促进了四川省凉山彝族自治州的泸沽湖相关立法工作，为后续滇、川两省协同立法省级泸沽湖保护条例作出了有益的探索、积累了实践经验。而针对丽江市旅游业转型升级制定的《丽江市旅游条例》也体现了立法工作的因需、应时、统筹、有序，对于以旅游业为支柱产业但又面临制约和瓶颈的丽江市来说，这一地方性法规的出台能够有效巩固经验、破解难题、长效治理，响应了全面重塑丽江旅游、推进世界文化旅游名城建设的目标，实现了“所立之法”与“所需之法”相契合的效果。

过往的丽江市立法工作充分说明了“小切口”立法的立足于“小”，在于指向明确、立意精准、便于操作、特色鲜明；着眼于“大”，在于围绕大局、关怀民生、抓住重点、提高质量。对于丽江市今后的地方立法工作，应当坚定地树立“以人民为中心的立法理念”，继续以“小切口”切入开展地方性立法工作，在深刻领会党的二十大和二十届历次全会精神，认真贯彻落实习近平法治思想、习近平总书记关于坚持和完善人民代表大会制度的重要思想的前提下，把握我国立法格局中国家立法侧重全局和基础的宏观制度架构、地方立法着重于实施性、补充性的地方微观制度安排这一特点，注重结合本地实际实事求是地做好立法工作，以满足差异化的地方治理需要。具体方法如下。

一是围绕中心服务大局。《立法法》赋予设区的市地方立法权的目的在于调动地方积极性、对国家法律法规进行有益补充和完善、解决法制发展不平衡不充分的问题。国家层面的法律均建立在服务国家和社会发展大格局上，而丽江市的地方立法也应建立在服务丽江本地社会发展的格局之上。我们要始终坚持党的全面领导，紧紧围绕全市工作大局来统筹安排立法工作。如《丽江市旅游条例》的出台就有力响应了中共丽江市委第五届委员会第二次全体会议工作报告所提出的全力推动旅游业转型升级这一目标，为打造世界级旅游城市提供有力的法治保障。而围绕打响高原特色农业“丽系”品牌的目标，则可以考虑从促进小农户和现代农业发展有机衔接出发，以促进农业增产、农民增收、推动农业现代化为主题进行立法调研，以期能够立足丽江实际规范和促进农业生产托管服务活动，推广应用先进的农业机械和农业技术，从而为“一县一业”“一村一品”的示范创建提供长效治理势能。

二是生态优先绿色发展。牢固树立绿水青山就是金山银山的理念，坚持以水、大气、土壤等为重点，在本市现有立法成果的基础上加大环境保护立法步伐。坚持以问题为导向的工作思路，比如可以在高原湖泊保护、湿地保护、改善城市人居环境、保护环城山体、环城田园风光、森林步道、保护生物多样性、金沙江水资源保护、岸线资源保护、生态公益林保护等方面进行调研，着力从亟须解决的生态难题中寻找突破口，构筑丽江市实施蓝天、碧水、净土工程的地方性法规整体框架，力求从制度设计上推动形成绿色发展的内生机制，为不断推进丽江市生态环境保护法治建设保驾护航。

三是科学理性筛选议题。该大则大，该小则小，立足实际找准群众痛点和治理难点。如可以围绕当下老年人口增长速度加快、老年人高龄化趋势加强，养老问题成为社会关注的痛点问题，结合丽江市全面放开养老服务市场 3 年的实践经验、率先开展从“养老”到“享老”的社区养老试点、景区内的“银龄互助”、养老志愿服务“七一模式”等本地实际情况进行立法调研。探索解决养老服务设施规划建设、医养融合发展、鼓励社会资本兴办养老机构、社区居家养老服务设施配套建设、旅游景区居民养老与旅游活动相结合、农村养老设施缺失等事宜，回应民生痛点。

四是立足地方量身定制。整合本地的历史文化、风俗民情等因素的“小切口”角度，根据地方的特点、特色、特质进行立法，激活地方立法的探索功能，做到量身定制、因地制宜。如在2021年云南省文物局发布的《关于公布云南省第一批不可移动革命文物名录的通知》中丽江市共有24项文物保护单位入选，可以考虑依托丽江独有的自然风光和革命前辈留下的宝贵红色资源，对如何在立法层面保护和开发丽江的红色文化遗址进行调研。

五是重视质量完善机制。“小切口”立法作为新兴机制，虽然具有“小快灵”的优点，但对于立法质量、程序正义的标准仍然需要严格遵守立法精神、原则和规定，落实好立法工作机制。既要避免“为小而小”或立法碎片化的形式主义陷阱，也要合理把握条款设计的立法简约化与精细化之间的关系，把握好对具体事项的量化性、操作性、实用性设计，做到务实管用、找准问题、精准发力。

（二）选题：有其名则必有其实

“小切口”立法，选题“小”是灵魂。选题同时也体现在初拟的法规草案名称上，使用什么名称决定着如何分类、如何搭建相应的体系架构，是立法思路的浓缩，决定了之后依据的上位法和保护的重点。在战略上要把握好大主题，在战术上则要选择“小切口”、切忌“大切口”、避免“大开膛”。“小切口”不是寻找小事情或者着眼琐碎的事情，而是要在大视野、大逻辑中化繁为简，以小见大。要对立法选题进行科学评估，善于从社会生活中具体的、现实的、直接的问题着眼，始终紧紧把握住主题，精准找出关键问题、主要矛盾，分析论证解决问题的制度设计与可行性，该大则大，该小则小。

比如在进行《丽江市人民代表大会常务委员会关于加强丽江市中心城区建筑风貌管控的决定》前期工作时，丽江市人大常委会将亟须解决的实际问题作为立法的切入点和着力点，为了用法治的方式赓续“雪山古城　诗化丽江”的城市风貌、建筑文化，实现“所立之法”与“所需之法”的高度契合。在立法题目选择上注重开口要小、挖掘要深，对涉及的整个城市的风貌保护，实施重点突破，抓住关键节点，最终经过调研后确定了建筑风貌这一“小切口”。

在整个立法过程中，笔者也切身感受到了选好题目的重要性，可以说一个好的选题是成功的一半。而在前期调研过程中，对涉及风貌概念的地方性法规进行检索时，笔者感觉到地方立法的选题也在不断切小、切深。以检索结果中部分相关地方立法为例（按施行的顺序列举）。

在 2014 年施行的《青岛市城市风貌保护条例》[1] 中将第八条城市风貌的保护内容定义为体现本市地域特色和历史文化传承，具有生态、景观或者历史、文化、科学、艺术价值的自然风貌和人文风貌，并且在该条中对自然风貌列举为由海岸

[1] 参见青岛市人民代表大会常务委员会：《青岛市城市风貌保护条例》，载国家法律法规数据库 2014 年 9 月 26 日，https：//flk. npc. gov. cn/detail2. html？NDAyOGFiY2M2MTI3Nzc5MzAxNjEyN2UwNmY0MDFmNWE。本书中同一法律法规的引注在第一次注明后不再重复进行标注，特此说明。

线、海湾、海岛、海滩、礁石、岬角以及山体、河流、湖泊、丘陵地形、湿地、植被等构成的，将人文风貌列举为反映本市历史文化传承的城区、街区、镇、村和建筑物、构筑物、街道、院落、名胜古迹等。

2017 年施行、2020 年修改的《浙江省城市景观风貌条例》[1] 中第三条将城市景观风貌定义为由自然山水格局、历史文化遗存、建筑形态与容貌、公共开放空间、街道界面、园林绿化、公共环境艺术品等要素相互协调、有机融合构成的城市形象。

笔者个人的感受有以下三个方面。

一是随着立法的时间点越近，地方立法的切口越小，当然，本书中因为避免重复只举了两个例子且立法层级不一，但是对“风貌”一词在国家法律规范数据库中进行检索并按时间顺序排列，就可以从名称上感觉到切口的越来越小。二是风貌是一个比较宏观的概念，对于其的定义既是一种明确，也是一种探索，这也从两部条例的不同概念定义包括不同的列举内容中有所体现。三是不同地方的立法，体现了不同的地方性知识。在立法文本的细节文字里容纳了不同地方的本地知识，也因而更具有操作性。比如青岛的海岛礁石等多种要素形成的海岸线，又比如浙江省则将城市景观风貌定义为包含多种元素的城市形象。“法不察民之情而立之，则不成”。在《丽江市人

[1] 参见浙江省人民代表大会常务委员会：《浙江省城市景观风貌条例》，载国家法律法规数据库 2020 年 9 月 24 日，https：//flk. npc. gov. cn/detail2. html？ZmY4MDgwODE3NTI2NWRkNDAxNzUyOWM4MmY5MDAwZTU。

民代表大会常务委员会关于加强丽江市中心城区建筑风貌管控的决定》立法选题过程中，把维护人民的根本利益作为出发点和落脚点，经过深入调查，审慎论证，从人民群众最现实、最关心、最迫切利益发力，围绕让人们希望始终能像祖辈们一样望得见雪山古城、看得见蓝天白云精准选择切入点，选好项、定好题、立好意，最终为守好这幅现实画卷、护好共同的精神家园提供了有力的法治保障。

（三）他山之石：立法保护“一棵树”“一条路”

近年来，笔者在对各地“小切口”立法的观察之中颇有所获，这里也和大家分享一二，相信肯定能让大家对地方立法“小切口”有新的感受。

比如针对“一棵树”的保护立法——《云南省古茶树保护条例》〔1〕。这部2023年3月1日起施行的条例，通过对云南省古茶树（树龄100年以上的野生茶树和栽培型茶树）的保护、管理、研究和利用等活动进行规定，从而实现有效保护古茶树，规范古茶树的管理和利用，保护生物多样性，促进可持续发展的立法目的。这部条例中第七条第二款将每年5月21日规定为古茶树保护宣传日，同时第二十五条还规定了：“省人民政府应当构建古茶树大数据管理平台，实现古茶树信息公开，支持开展古茶树产品追溯。”这样以后购买云南的古

〔1〕 参见云南省人大常委会：《云南省古茶树保护条例》，载云南人大网2022年11月30日，https：//www. ynrd. gov. cn/html/2022/sssjrdcwhdsswuchy_1130/19706. html。

茶树的相关茶叶产品，就可以知道是不是真的古茶树，其出自哪里。

笔者在学习的过程中，注意到《云南省古茶树保护条例》的细节操作性很强，而且必然是结合实践制定相应的具体规定。比如在第十九条的禁止行为中，禁止擅自砍伐、移植，倾倒、堆放废渣，挖沙、采石、取土等这些是比较常见的行为；而禁止刻划、折枝、挖根、剥皮，破坏古茶树保护范围内的伴生树木或者种植影响古茶树生长的经济林木、农作物等相关内容必然是经过广泛征求意见、深入调查研究的结果，如此方能有的放矢。这部条例的针对性强、专业程度高，对于保护好云南独特的茶文化资源将起到极大的促进作用，也为秉持“虫虫吃一点、人吃一点”传统朴素观念的茶农提供更好的法治环境、市场环境。

比如针对“一条路”的保护立法——《怒江傈僳族自治州怒江美丽公路路域环境管理条例》[1]。笔者是在学习云南省“2022 年全省地方立法工作座谈会精神”的时候第一次知道这部条例，印象很深刻。不仅是因为这是全国第一部加强和规范特定一条公路的路域环境管理工作制定发布的地方性法律法规，开创了全国交通运输行业地方性立法起草工作的先河；也是因为这一立法符合怒江傈僳族自治州的实际情况，选取的切入点恰到好处。这部条例自 2022 年 1 月 1 日起施行。根据该

---

〔1〕 参见怒江傈僳族自治州人大常务委员会：《怒江傈僳族自治州怒江美丽公路路域环境管理条例》，载国家法律法规数据库 2021 年 10 月 30 日，https：//flk. npc. gov. cn/detail2. html？ZmY4MDgxODE3ZDk5ODc4YTAxN2RjMTQ3ZTZiNTY1ZTc。

条例第三条，怒江美丽公路系指 G219 公路从贡山县丙中洛镇滇藏交界处至泸水市小沙坝服务区路段，而路域环境是指沿怒江美丽公路两侧一定范围内的环境。G219 公路全程即喀纳斯—东兴公路，北起新疆、南至广西，全程破万（总计 10065 千米），近年来也常在网上看到这条公路被一些自驾爱好者称为“最美自驾公路”和“国之大道”（联通我国西部边境线的主动脉）。怒江段则是从云上西藏进入七彩云南的一段，也被称为自驾的高黎贡山秘境之旅。之所以制定这部地方性法规，也是为了解决公路路域环境整治提升工作中发现存在的违建乱建、垃圾乱倒、污水排江等问题，实现路域环境道路美、环境美、乡村美、风光美、生活美的立法目的。

整部条例共二十条，不分章节，除了对管理与保护提出了生态优先的明确要求，还针对涉路域违法行为的针对性管控、处理措施进行了细化，整体框架上围绕实事求是和务实管用，避免了“为小而小”。特别是其中关于绿道的规定，很有当地特色。根据该条例第十条第三款的规定，绿道是指沿怒江美丽公路以自然要素为依托和构成基础，串联城乡游憩、休闲等绿色开敞空间，以游憩、健身为主，兼具居民绿色出行等功能的廊道，包括绿道游径系统、绿道连接线、绿道设施、驿站等；在第十三条明确了绿道内禁止摆摊设点，堆放物品，放养牲畜，未经批准行驶机动车，破坏、污染绿道等行为，并在第十六条规定了警告、罚款等对违反该条例第十三条的处罚条款。

“公路+绿道”的模式是一项创新的工程，也很符合现在大家更喜欢徒步、骑行的旅游期望，为细细品味当地风土人情创造了条件。像 2015 年笔者和朋友围绕泸沽湖徒步时，就发现没有绿道的徒步等于随缘吃灰，后来前几年去泸沽湖时发现丽江泸沽湖已经建设了一段绿道，走起来感觉很好，所以觉得设置这样与公路或并行或分离的慢行系统很有人文关怀并且综合效果很好。笔者检索了一下，怒江美丽公路绿道建设工程路线总长 286.88 千米，城镇型绿道路基宽度 3.5 米、4 米，郊野型绿道路基宽度 2.5 米、4 米，部分利旧段宽 6.5 米，这样的规模确实很有特点，也给想要感受怒江大峡谷群山巍巍、怒水滔滔的人创造了良好的条件。丽江的城市步道建设得很不错，但是笔者也想到丽江像云南大多数城市一样位于坝子之中，周边群山逶迤。如果能够在城市周边的山上因地制宜地建设易于徒步和骑行的"绿道"，或者就是便于骑行、跑步易于维护的土路，可能会更好地促进全域旅游的发展，也会更好地提升居民的幸福感。

丽江是一座森林中的城市，作为居住在其中的居民，自然很希望能够有更多更便利融入自然的机会。当然，在写作本书的同时，丽江市正好在开展《丽江市森林旅游步道总体规划》[1] 的编制工作，并且以此作为契机，以玉龙雪山、老君山、泸沽湖等为重点区域，在全市范围内开展森林步道实地踏勘、科学收集相关数据，邀请了 24 名全国各地户外精英，踏

---

〔1〕 参见《24 名户外运动精英踏勘丽江森林旅游步道》，载丽江日报官网，http：//szb. ljrbw. com/pad/concent/202311/13/c109844. html。

勘线路总计 1200 余公里。力求充分挖掘线路沿线区域的旅游资源，旨在以森林步道线路建设为载体，规划引入民宿、户外营地、汽车营地、户外康养、生态研学、高原集训等文旅新产品新业态，从而带动发展乡村旅游，促进体旅融合发展，丰富丽江旅游业态，实现旅游产业高质量发展。笔者想到的是，是否可以从立法的角度考量“森林步道”这一长远影响丽江旅游高质量发展的事业？对如何最大限度保持自然的荒野性，实现生态优先、无痕山林，科学处理与护林防火之间的张力和冲突，注重自然与文化交融，突出本地特色，有效利用现有管理体系，低限度建设，提供有限的设施和服务，鼓励全民参与、全民维护等诸多涉及方面进行探索研究，取得最大的公约数。我们也许可以将建设步道的目的、原则、方法、责任、管理、处罚等核心要素以地方性法规的形式固定下来，发挥法治固根本、利长远的作用，可以更好地统筹、协调“森林步道”的整体建设，突出地方特色。

三、地方立法的“最先一公里”：提前介入细化机制

在设区的市地方立法工作中，对政府起草地方性法规草案模式中人大提前介入发挥主导作用的细化机制有待进一步探索完善。本书通过对 2022 年至 2023 年丽江市立法起草过程中提前介入主体、方式、时间和内容的具体实践进行分析，总结丽江市地方立法中提前介入细化机制的形成、运行和立法协调小组的作用等。针对提前介入中存在的部门视角、模糊审次的风

险和委托第三方起草质效有待提升的问题，应当通过进一步优化完善提前介入细化机制。本书也是结合丽江市人大常委会2022年至2023年的工作开展提炼写作，丽江市人大法制委的主要负责人有丰富的地方司法、地方立法实践经验，提出了全过程提前介入地方立法的工作思路并践行之，起到了良好的综合效果，并且后来很多工作也印证了其超前的眼光和对工作深刻的把握，我们的不少做法是在上级文件要求之前便已经尝试推进并见到了成效，所以笔者必须承认在立法机制方面更多只是起到了工作思路、集体智慧的“搬运工”作用。

自党的十八届四中全会明确提出发挥人大及其常委会在立法工作中的主导作用，随后2015年《立法法》[1]修改中将全国人大及其常委会加强对立法工作的组织协调、发挥在立法工作中的主导作用明确为立法原则，并在第五十三条第一款中明确为“全国人民代表大会有关的专门委员会、常务委员会工作机构应当提前参与有关方面的法律草案起草工作”，2023年对《立法法》的修改只是将该条款的序号调整为第五十七条，并无对这一款的修改。人大主导立法的形式就是加强组织协调，把握整体进度、进行审查监督。[2]但是实践中，对于政府起草地方性法规草案模式的立法过程中，人大及其常委会提

---

〔1〕参见《中华人民共和国立法法》，载上海市人民政府网，https://www.shanghai.gov.cn/2023lhdt/20230314/76faf6b7e18c4116b2e33cc4fbe34dad.html?eqid=b0cde30400017e0700000003646ec83f。

〔2〕参见李延吉：《地方人大主导立法的目标与限度》，载《人大研究》2020年第9期，第45-46页。

前介入政府起草阶段发挥主导作用的细化机制仍有待进一步探索优化。特别是对提前介入地方立法中出现的存在模糊审次、受影响后不利于对部门利益条款的研究、影响二审立法调研的全面广泛等由来已久的共性问题[1]也需要重塑提前介入的具体运作规则[2]予以针对性地化解。

（一）立法提前介入细化机制

在设区的市地方立法过程中，市人大及其常委会通过提前介入政府起草阶段发挥人大主导作用是设区的市被授予立法权之后的一个重要问题，但对于人大提前介入往往只有原则性的规定，具体的细化机制则各地有所不同。以丽江市为例，2019年制定的《丽江市人民代表大会及其常务委员会制定地方性法规条例》第五条就原则性规定："市人民代表大会及其常务委员会应当加强对地方立法工作的组织协调，发挥在地方立法工作中的主导作用。"第十三条则明确规定："有关委员会应当提前参与地方性法规草案的起草工作。起草单位应当将起草工作情况及时向有关委员会通报。"《丽江市人民政府立法工作规定》在第二十条第二款中规定"起草地方性法规草案，起草单位可以邀请市人大及其常委会有关机构提前参与起草工作"。虽然前述丽江市地方立法的相关法规、规章的规定对人

[1] 参见赵立新、梁爽：《地方立法"提前介入"利弊析》，载《吉林人大》2009年第11期，第38-39页。

[2] 参见刘一玮：《地方人大提前介入法规起草工作的反思》，载《浙大法律评论》2018年卷，第219-221页。

大提前介入政府阶段立法起草作了原则性的安排，但是具体的介入细化机制是如何形成、运转，存在哪些问题仍有待进一步探索。本书主要通过对2022年至2023年丽江市人大常委会介入地方立法的《丽江市拉市海保护条例（草案）》（以下简称条例草案）、《丽江市人民代表大会常务委员会关于加强丽江市中心城区建筑风貌管控的决定（草案）》（以下简称决定草案）等地方性法规起草过程中的提前介入细化机制实践进行总结，就提前介入细化机制如何应对存在模糊审次、受影响后不利于对部门利益条款的研究、影响二审立法调研等问题的实际状况进行了针对性的分析，并提出进一步的优化探索建议。

经对2022年至2023年丽江市地方性法规工作起草中的归纳总结，现行的立法提前介入细化机制为：

提前介入时间：从立法计划阶段开始，提前介入丽江市人民政府（以下简称市政府）起草阶段的全过程。

提前介入主体：丽江市人大及其常委会（以下简称市人大常委会）相应地方性法规的立法工作领导小组。由市人大法制委员会、市人大常委会法制工作委员会和该地方性法规的一审委员会组成，一般在相应地方性法规的人大常委会立法工作方案中明确。

提前介入的主要方式：进行日常沟通、掌握立法进度，受邀参与起草阶段的实地调研、相关会议、专家论证、公开听证等立法活动，通过立法协调小组会议研究重要问题、推进立法进度。

提前介入的主要内容：对立法形式、立法框架、立法方向、立法重难点问题和立法技术规范等方面的问题进行提前介入和加强沟通协调，但不介入具体条款的草拟。

下面以条例草案提前介入细化机制形成和立法计划阶段市人大常委会对立法项目发挥主导作用较为典型的决定草案列入立法计划、形成提前介入细化机制两个案例按照实践顺序对机制形成进行说明：

立法计划的拟定是整个立法工作的"最先一公里"，也是人大发挥立法主导作用的开始。在实际制定立法计划过程中，政府的立法计划主要包括拟订地方性法规草案和制定政府规章两类，所以需要与人大做好衔接工作，比如《丽江市人民政府立法工作规定》第五条第二款就规定："市人民政府编制年度立法工作计划、制定关系重大经济社会方面的规章，应当按照有关规定及时报告市委，并与省人民政府和市人大常委会的立法规划和年度立法工作计划相衔接。"在丽江的具体地方立法实践中，市人大常委会按照法定程序和相关规定开展立法计划拟定工作，主要为围绕市改革发展大局和市委中心工作，在广泛征集立法项目建议、调查研究、充分沟通协商的基础上，确定立法计划中的项目，在整个过程中就包括向丽江市人民政府以及相关部门征求相关意见，但公开征求立法计划意见的对象还包括市政协、人大代表、政协委员、社会公众等。而在市人大常委会制定立法计划过程中，市政府方面也会按照市人大常委会对地方性法规的草拟计划来制定政府的立法计划，并在具体项目、负责部门、时间节点等方面与市人大常委会保持沟通协商、确保高度衔接。

而实现市人大、市政府立法工作高度衔接则离不开丽江市委全面依法治市委员会立法协调小组（以下简称立法协调小组）的作用。立法协调小组组长为分管立法工作的市人大常委会副主任，小组办公室设在丽江市人大常委会法工委（市委、人大、政府的分管立法相关领导作为组员）。在严格执行立法事项向市委请示报告制度、确保一切重要立法活动都在党的领导下进行的前提下，立法协调小组工作的开展为市人大常委会在条例草案起草阶段发挥主导作用提供了平台和保障，特别是在市人大常委会与政府之间立法工作的衔接、协调、沟通上起到了非常重要的作用。

（二）条例草案机制形成顺序

在 2022 年 3 月市人大常委会报请市委同意的对丽江市拉市海进行保护立法的工作方案中就明确了各委室如何进行提前介入的具体要求。市人大常委会地方立法采用二审制，因条例草案系原玉龙纳西族自治县民族立法上升为市级立法，所以一审委员会定为市人大民侨委；二审工作则对市人大法制委、市人大常委会法工委的分工有较为明确的规定。具体立法工作的开展主要涉及市人大法制委、市人大民侨委和市人大常委会法工委。在分工上则定为市人大法制委提前参与条例制定工作；

市人大民侨委提前介入条例草案的起草工作，对条例草案进行调研、论证、审议；市人大常委会法工委提前介入条例草案制定工作，了解条例草案起草情况、重点内容和立法进展。同时立法工作领导小组的组长则为市人大常委会党组书记、主任。

2022 年 4 月初召开的中共丽江市委全面依法治市委员会立法协调小组会议中提出，市人大常委会条例立法工作领导小组成员需全过程提前介入参与政府阶段立法工作，并在之后的工作中成为立法工作通行机制，并经会议同意。

2022 年 4 月中旬丽江市人民政府在关于拉市海保护立法的相关方案中明确了所有阶段召开讨论会议需邀请市人大法制委，市人大常委会民侨委、法工委参加，并且市政府的拉市海保护立法工作领导小组则明确了相关的主管部门为起草单位，以分管副市长为组长。

（三）决定草案机制形成顺序

决定草案立项阶段：2022 年 7 月市人大常委会根据市委的安排部署，开展保持丽江城市风貌的地方立法前期工作，在召开保持丽江城市风貌地方立法工作座谈会征求意见后形成《保持丽江城市风貌地方立法工作报告》，综合分析丽江城市风貌规划管控的情况、存在的主要问题、城市风貌立法的必要性和可行性，并从立法的权限、社会基础、实践基础和学习借鉴基础等方面明确建议以决定形式立法。之后，在此份报告基础上，经过进一步与政府相关部门的研讨，最终结合丽江市的实际情况，在城市风貌、城市景观风貌、城市建筑风貌等选题中确定以城市建筑风貌为“小切口”进行立法。对于一些存在争议的问题，也在这一阶段（立项和前期准备）达成统一共识，比如对决定草案的立项过程中，提出了条例、规章、决定三种方案，最终通过对立法目的、基础的反复论证研究后确定以立法性决定形式新增列入市人大常委会和市政府的立法计划之中。随后市人大常委会和市政府先后按照选定的立法方式和切入点制定决定草案起草工作方案。相应地，市人大常委会、市政府在制定具体地方性法规的方案中，也经过同样的沟通协调形成能够相互配合衔接的各自立法工作方案。

市人大常委会在筹备决定草案立法工作和印发相关方案时，通过充分沟通、研究，明确了提前介入的相关要求。比如“市人大常委会城环工委加强与市人民政府城市建设规划主管部门的协调联系”；“市人大常委会法工委提前介入决定草案的起草工作，了解决定草案起草情况、重点内容和立法进展”；“市人大法制委提前参与决定制定工作”，对分工和职责进一步细化明确；同时在方案中设置了以市人大常委会党组主要领导作为组长的决定立法工作领导小组。

市政府在决定草案制定工作的相关会议和立法相关方案中明确了“所有阶段召开讨论会议可邀请市人大法制委、法工委、城环工委、市司法局参加”的内容。并且市政府的决定草案立法工作领导小组则明确了相关的主管部门为起草单位，以分管副市长为组长。

在市人大常委会和市政府的提前沟通联络下，通过立法协调小组的正式小组会议取得关于提前介入工作机制建立的共识，并按照会议精神、要求在双方的工作方案中将提前介入机制确立下来，也即前述案例中拟订的计划、制订的方案最终通过依法治市委员会统筹协调形成正式的提前介入细化机制。同时，在方案中直接将沟通一致的立法草案进度表确定下来，细化市人大常委会和市政府对于此项立法工作任务的时间表、路线图和责任单位、责任人，使工作流程清晰、时间节点明确，便于和后续的工作推进和程序合法。在决定草案和 2023 年相关地方性法规的起草过程中，也基本和上述顺序一致，将提前介入固定到市人大常委会和市政府的立法工作方案之中。

四、提前介入政府起草阶段的机制运行

在确立提前介入条例草案机制之后，市人大常委会立法领导工作小组完整参与了政府部门起草阶段的全部实地调研和座谈会，起到了在第一线熟悉掌握立法进度、起草过程的效果。具体的方式主要为起草部门提前与市人大常委会立法领导工作小组和立法工作相关部门沟通，确定后以邀请函形式邀请参与实地调研。如在条例草案和决定草案起草过程中，市人大常委会相关立法领导工作小组成员就参与了全部的实地调研、走访全部的调研点，熟悉掌握立法工作的实际情况，收集起草阶段立法相关资料。其间，市人大常委会也针对发现的问题主动自行组织调研或建议起草部门组织针对性调研；并在同阶段通过

基层立法联系点、立法咨询专家库、法律顾问征集意见建议，发挥外脑作用。这一阶段主要由市人大常委会的一审委员会负责与政府进行对接，但涉及立法协调小组的事项则由法工委负责。

市人大常委会通过提前介入主要的作用便是掌握核心问题、推进立法工作进度。通过参与调研、会议和起草部门进行充分沟通交流，市人大常委会立法工作领导小组能够掌握条例草案起草中的核心问题并及时针对性地提出意见建议，对于制定进度也能够直接掌握，按照之前确定的市人大常委会和市政府各自工作方案的时间表及时督促、推进。

案例：提前介入推进立法听证、专家论证进度。

（1）发现进度滞后，通过立法协调小组书面催办。2022年下半年在《丽江市城市生活垃圾分类管理条例（草案）》起草过程中，市人大常委会立法工作领导小组在提前介入过程中发现起草单位未及时按照立法进度的要求进行立法听证和专家论证，遂经立法协调小组研究后以立法协调小组名义对起草单位发出书面通知，说明为了严格遵循立法程序，确保立法工作有序推进，按时按质完成工作任务，增强立法的民主性、科学性和合理性，要求起草单位迅速根据《丽江市人民政府立法工作规定》[1] 第二十一条规定，就《丽江市城市生活垃圾分类管理条例（草案）》进行立法听证、专家论证等程序，

---

〔1〕 参见《丽江市人民政府立法工作规定》，载丽江市人民政府官网，http：//lijiang. gov. cn/ljsrmzf/c102143/202001/22968ead4f84454a87481afa4226a520/files/c8d15d08f1ad4727b1639b4b98ea92e2. pdf。

并强调要注意通过立法听证对该草案的整体内容广泛听取社会各界的意见和建议，特别是要认真梳理和吸纳对拟设定的有关法律责任、源头减量、分类管理、生活垃圾分类管理责任人、垃圾处理费等对公民、法人或者其他组织的权利义务有较大影响、涉及重大利益调整或者存在重大意见分歧、人民群众普遍关注、需要进行听证的问题的意见建议。

（2）持续跟进，提升催办强度。在发出书面通知一周后，市人大常委会立法工作领导小组跟进发现起草单位未能迅速开展立法听证、论证的相关工作，特别是未按立法规定发出听证公告。遂当即召开立法协调小组会议，参会人员除立法协调小组人员外还请起草单位参会进行立法进度汇报。会议指出起草单位存在对制定工作重视不够、工作推进力度不大、制定工作质效需要提升等问题；明确要求严格时间要求、严肃程序要求、严守质量要求。会后形成书面会议纪要印发相关单位。

（3）通过会议充分沟通立法工作中存在的问题和困难，起草单位也在会后按要求推进相关公开听证、专家论证等流程节点的完成。最终通过提前介入推进了相关法定程序的履行，达到了提前发现、提前解决的效果。

这是一个市人大常委会通过实时、全程的提前介入发现存在立法进度问题并及时通过立法协调小组进行催办的案例。提前介入中提出的问题主要针对听证的法定程序要求和听证的关键问题，而非对具体草拟条款内容的要求。对于此类的立法中催办事项，市人大常委会除日常沟通协调、通过会议和文件催办、建议延长起草阶段时间外的后续刚性措施主要有两个：一是在法治建设成效考核中按制度落实指标（全面依法治市委员会的考核，其中立法部分考核报告由立法协调小组提供）。二是在必要时启动人大质询程序。但是从较轻的法治建设成效考评扣分到较重的质询之间的强度跨度较大，中间缺少强度较为合适的催办措施。值得一提的是，2023 年 6 月的丽江市委全面依法治市委员会办公室主任会议通过了催办重大事项的相关制度，其中明确了对督促催办的具体规定，为之后提前介入立法工作发现的重要问题推进不够有力提供了重要抓手。对于在提前介入中发现的未完成法定程序（比如听证、论证）、未明确重要问题等情况，则可以适时通过限定时间、指定要求的督办催办起到强有力的推动作用。

五、提前介入发现的问题

市人大常委会提前介入的工作重心在于全面了解情况、充分进行沟通、及时推进进度，起到了找准争议焦点针对性研究、避免条例草案和送审稿文本差异过大从而节约立法资源、增强立法效益的作用，也通过充分尊重政府依托作用和起草部门的自主性，避免过多干预的负面影响，但仍然发现了诸如主要草拟条款存在部门视角、模糊审次风险、委托第三方起草质效有待提升等方面的问题。

（一）主要草拟条款存在部门视角

部门视角也即在地方性法规起草过程中，作为主要起草部门和施行之后的主要部门，往往会从部门的角度出发，存在有利于部门行使权力或减少责任、义务的草拟倾向，或者从部门长久以来该项机制运行的视角、惯常经验而坚持一些站在行政执法并无不妥的处理思路，又或者希望通过起草借助法规力量解决管理中的现实难题。在此处笔者将之称为部门视角而非部门利益，因为部门利益无法涵盖对处理思路坚持的就事论事的正常分歧，这种分歧可能仅是部门惯常经验所带来的视角偏狭，而非“借法扩权”“借法逐利”。对某种思路的坚持并不一定存在部门利益。所以结合实践中的一些案例，笔者认为用部门视角的描述更加符合实际情况、也更审慎贴切。

对于专业性质的立法，只有通过全过程的提前介入、提前研究和收集资料，才能掌握立法中存在的核心问题发展脉络，便于在审议阶段事半功倍地开展工作。如果为了避免可能被部门视角影响的风险就不进行提前介入，反而会因为人大审议阶段时间紧导致对地方性法规草案中的部门视角难以识别和充分剖析研究。

（二）模糊审次风险

模糊审次的风险有两种呈现样态：一种为在提前介入中被政府部门引导而形成的思维定式[1]使审议阶段的作用未能充分发挥，另一种则为政府部门主动征求提前介入的人大常委会

---

〔1〕参见赵立新：《地方立法“提前介入”利弊析》，载《人大研究》2010年第1期，第39页。

意见而过早“达成一致”影响审议阶段真正发挥作用，甚至认为只是走走流程。相应地，要避免模糊审次的风险，就需要充分发挥审议阶段的作用。

以 2023 年下半年决定草案的起草过程为例，其展现出提前介入充分掌握起草单位意见、确认争议焦点、通过发挥审议作用避免受模糊审次影响的特征和效果：

其一，提前介入充分沟通，掌握起草单位意见。在提前介入阶段，起草单位的意见一直都是比较明确的，即在丽江市现行的规划和管控已经对高度数字进行细化明确的情况下，建议不明确具体的高度数字、将具体地块的高度管控进行原则性的规定。由于决定草案是专业立法，涉及城市建设规划方面的知识专业性较强，并且需要将丽江市的实际管控情况上升为地方立法，所以起草部门专业意见重要且权威。所以提前介入阶段市人大常委会立法工作领导小组从尊重专业的角度出发，对于这一部分并没有过多的介入意见建议。最终政府议案稿是按照原则性规定各分区高度、没有具体高度的文本报送市人大常委会，只是在决定草案第九条第三款提出了建筑高度实施分级管控，统筹好各类管控因素予以实施的原则性条款。

其二，在审议阶段确定争议焦点。在市人大常委会审议阶段，由于前期提前介入的影响，参与提前介入的各委员会在一审审议阶段的前期并无对高度的修改意见。而是在对常委会委员征求意见过程中，收集到了要明确具体管控高度的意见建议。由于在市人大常委会审议阶段，起草单位继续坚持不明确管控具体地块高度的立法起草意见。对于这一立法过程中的核心争议焦点，经过多次征求市人大常委会委员和社会公众、相关专家意见，经反复研究、讨论，最终市人大常委会立法工作领导小组形成了“为了发挥决定的权威性、长期性作用，明确提出了要将规划中的高度通过立法形式固定下来、增强刚性约束”的立法思路。

其三，充分发挥审议作用、凝聚最大公约数，形成最终文本。在市人大常委会审议阶段，市人大常委会立法工作领导小组围绕决定草案是否具体管控中心城区的建筑高度、管控标准是什么等核心争议问题总共进行了十六轮意见征集，并对征集到的300余条意见进行了一一研究、甄别和吸纳，也即每一轮进行调研、召开会议后立即将征求到的意见体现在决定草案文稿中，之后又对修改后的决定草案文稿征求意见，从而确保审议质量、避免重复调研和征求意见，最终在数次修改后在草案中明确了对丽江市中心城区建筑高度进行具体管控的表述和具体的管控范围、管控高度数字，也即在最后报省人大常委会批准的文本中，将建筑高度单独作为一条：“八、建筑高度实施分区上限管控。严格中心城区高度控制，在国土空间总体规划中提出三个分区建筑高度控制要求，在详细规划以及专项规划中明确三个分区具体地块的建筑高度。传统建筑风貌区遗产区建筑檐口高度控制在6.5米以内，缓冲区建筑檐口高度控制在8.5米以内；传承建筑风貌区西山片区北片区（长水路以北）建筑檐口高度控制在12米以内、南片区（长水路以南）建筑檐口高度控制在 14 米以内，玉龙县城火车站区域建筑檐口高度控制在 40 米以内，其余建筑檐口高度控制在 24 米以内；本土现代建筑风貌区建筑檐口高度控制在 80 米以内。确因公益性公共建筑功能需要超出限高的建筑纳入详细规划依法审定。”

在立法过程中有不同意见是非常正常的，作为立法者，既要汇聚民意、尊重专业，更要坚持原则、守好底线，做到持心如衡，以理为平。虽然在决定立法起草的提前介入阶段，起草部门由于在规划领域的专业和权威，其观点对提前介入的委员会产生了一定影响，但是一方面人大审议的主体是人大常委会委员，委员们行权履职中提出的观点和在多轮广泛征求意见中征集到的观点并没有受到起草单位的影响；另一方面恰恰是因为起草阶段的提前介入，使提前介入的委员会熟悉了解了实践情况、相关专业知识，从而使人大审议阶段对较为专业的条款进行修改具备了相应基础。通过充分发挥审议阶段作用，既避免了提前介入起草阶段受起草单位要求对高度进行原则性管控意见的影响，又在立法过程中有效征求了人民群众意见、凝聚了最大公约数，所以最终市人大常委会形成的决定草案虽然作了较大的修改，但是也得到了起草单位的认可。

（三）委托第三方起草质效有待提升

在丽江市 2022 年至 2023 年的地方立法工作中，各起草部门在工作中不同程度的委托第三方参与立法工作，具体的情况为：(1) 在对丽江市拉布海进行保护的立法过程中，政府起草阶段的起草部门在初期委托本地律师事务所起草条例草案，律所参与了初期的部分调研、会议，负责草案初稿的草拟，律所的工作主要集中在初稿形成阶段。(2) 在决定草案的立法工作中：起草部门未委托第三方起草，起草单位的法律顾问（本地律所）参加了部分意见征集会议。(3) 在《丽江市城市生活垃圾分类管理条例（草案）》的立法过程中：起草单位的法律顾问（昆明律所）负责草案初稿的草拟，未参与相关调研，律所的工作主要集中在初稿形成阶段。综合近年来委托第三方起草地方性法规草案，起草质效有待提升，主要原因如下。

第一，对于起草部门委托第三方起草事宜，市人大常委会的立法领导工作小组或立法协调小组并没有提前介入，所以第三方仅参与了部分调研、部分会议，对立法的整体进程、发现问题不能全面掌握。

第二，由于初期合同约定和单一起草部门经费有限，第三方仅参与起草部门负责的初期部分工作环节，对后续的政府阶段环节和人大审议环节未能继续参与，专业第三方参与的整体效果难以充分发挥。

第三，第三方基本为律师事务所，对于专家学者等第三方缺乏了解和接洽渠道、没有合作经验、缺少合作机制，且政府起草阶段一般由起草单位自行委托。

第四，由于委托方是起草部门，第三方更多是站在起草部门的角度进行起草，市人大常委会提前介入期间更多是通过起草单位“传话”沟通，整体草案也未能对提前介入提出的问题进行有效解决。

六、如何优化提前介入工作

（一）坚持党的领导，进一步完善提前介入细化机制

坚持党的领导，是设区的市立法工作必须坚持的基本原则，是必须遵循的客观规律，是保持正确方向的指向标。在相关地方性法规草案起草过程中的全过程提前介入的实践经验显示，目前提前介入细化机制是行之有效的，能够加强协调指导，整合立法资源，节省立法成本，充分发挥市人大常委会在地方立法中的主导作用。而且，通过将立法工作纳入依法治市考核、设立依法治市办催办督办制度使提前介入工作有了一定的刚性约束。总结而言，目前发挥人大主导作用的全过程提前介入细化机制特点为：

第一，市人大常委会参与地方立法必须从立法项目立项开始，并在起草阶段全过程提前介入、参与全部立法调研工作，才能够始终和起草部门保持一致的工作节奏，进而才能从实际出发提出问题、给出建议、及时指导，通过立法协调小组等平台真正地发挥主导作用。

第二，市人大常委会通过立法工作领导小组让一审的负责委员会和二审的负责委员会共同参与提前介入，能够将一审委员会具体业务优势和二审委员会法律专业优势充分发挥，并在

提前介入过程中就明确了后续审议的重点、争议焦点和难点。

第三，市人大常委会提前介入起草过程，能够在政府阶段的过程中就充分发挥基层立法联系点、立法咨询专家库、法律顾问的外脑作用，更好地实现民主立法。

第四，应在现有细化机制的基础上对提前介入的具体标准、程序要求方面紧抓关键节点进行探索，使提前介入机制能够不断优化并发挥更大的作用。笔者建议，可以在设区的市的制定地方性法规条例或者政府立法工作规章中明确将提前介入意见报告市人民政府常务会的相关内容。比如："起草部门、单位在报请市人民政府常务会研究时，应当报告有关委员会提前介入时提出的书面意见。"又比如："由市人民政府及有关部门、单位牵头起草的地方性法规，应当在报请市人民政府常务会研究前将草案送审稿、起草说明、注释稿和其他有关参阅资料提交有关委员会并且听取有关委员会意见，将有关委员会意见报告市人民政府常务会。"

（二）避免部门视角、模糊审次的可能风险

对于起草过程中存在部门视角，笔者认为是一件正常不过的事情，立法者必然受限于时代与个人的局限，带有一定的主观性。因而提前介入政府起草阶段受到部门视角的影响也是必然的。但是即便仅仅针对部门视角这一问题，提前介入也是利大于弊的：只有通过提前介入了解起草部门对立法中条款的意见和理由、熟悉立法相关的专业知识和本地实际，才能对是否

存在部门视角有判断能力，也才能对涉及部门视角的条款有审议、修改的基础和能力储备。由于立法成果必然是经过法定程序的集体智慧结晶，可以有针对性地化解立法起草中的部门视角：第一，做好可能存在部门视角的准备去提前介入，对涉及扩大主管单位权力、减少主管单位责任、增加公民或其他组织义务等方面的条款进行审慎研究；第二，将人大审议阶段的意见征求（特别是作为法规案审议主体的常委会委员的意见）做到实处，坚持开门立法、阳光立法、为民立法，践行立法全过程人民民主，拓宽征求意见渠道，认真研究不带有部门视角的意见建议反馈。

模糊审次相较于部门视角，更具有阶段性特点：提前介入阶段越俎代庖，超出提前介入的内容干涉具体的草拟工作；或在审议阶段流于形式，没有发挥实质审议作用，只是起到了流程作用。相应地，为避免模糊审次的风险，就需要在提前介入阶段严格按照提前介入的内容开展工作，明晰工作要点；在审议阶段要借助前期提前介入掌握的情况更好地开展工作，而非让审议和征求意见只是走形式。

（三）提前介入与委托第三方起草工作的优化思路

对于委托起草模式，需要从立法项目的专业性来考虑委托的具体标准，包括委托程序、受托对象的资格条件和业务能力、具体的权利义务，并且细化对受托对象进行立法起草过程所需要的调研论证、资料收集等必要步骤的有效支持。比如委托之前，就应该考虑受托对象的专业领域，有没有参与该领域地方治理的实际经验，如果只是停留在理论角度，即便符合逻辑，但是否具有可行性特别是可操作性仍需要审慎考量。

对于条例草案起草过程中存在的第三方未能参与全过程、存在部门视角等问题，可以探索通过立法协调小组建立市人大常委会与市政府就委托第三方参与地方性法规起草的具体意见：

一是在合同签订上进行统一要求，对具体委托第三方合同进行固定要求以适应立法工作的实际需要，形成较为成熟的聘用要求、聘用模式；

二是对全市已进行的委托第三方进行的立法工作进行总结，对能够高质量完成立法工作的第三方进行推荐和优先使用，对选聘第三方参与立法工作的备选范围进行综合统筹和优化，尝试拓展委托第三方的范围。

总而言之，设区的市围绕实施性、补充性、探索性的功能开展地方立法，是为了通过法定程序使党的政策、中央精神、国家法律落地生根，解决好法治通达群众、通达基层的“最后一公里”问题，为地方治理体系和治理能力现代化提供有力支撑。习近平总书记强调：“人民群众对立法的期盼已经不是有没有，而是好不好、管用不管用、能不能解决实际问题。”在全面提升地方立法质量的背景下，以设区的市在地方立法中如何通过提前介入充分发挥人大主导作用是一个有意义的探索题目。

笔者结合丽江市的地方立法实践，对提前介入机制的形成和介入过程中存在的部门视角、模糊审次、委托第三方起草质效有限等问题进行了深入的分析，提出了针对性的解决思路。对设区的市立足自身职能定位，有效发挥人大在立法中的主导作用，提升地方立法质效具有一定的借鉴意义。

七、基层立法联系点：打通民意征集“最后一公里”

习近平总书记指出，“一个国家民主不民主，是不是真民主、好民主，关键在于是不是真正实现了人民当家作主。要看人民有没有投票权，更要看人民有没有广泛参与权”。作为地方立法践行和体现全过程人民民主的生动实践，建设运行好基层立法联系点是学习贯彻习近平法治思想和习近平总书记关于基层立法联系点的重要讲话批示指示精神的必然要求，是推动人大立法工作与时俱进、创新发展的重要环节。基层立法联系点是指各级人大常委会设立的协助收集立法工作相关信息、参与立法工作相关活动的基层单位和其他组织。建设好基层立法联系点，可以发挥其接地气、察民情、聚民智的“直通车”作用，通过广泛听取基层群众意见建议，充分体现人民群众的意愿和诉求，打通立法民意征集的“最后一公里”，有力推动民主立法进程。

笔者在查阅学习基层立法联系点相关论文、文章时，发现有观点认为设区的市本身就是基层，再设立基层立法联系点是否有实际价值是值得商榷的，也有观点认为基层立法联系点征集的意见是否会有被采纳的优先权，特别是基层立法联系点的功效必然要以征集来的意见作为评价的指标情况下，所以就会“必然”导致它的意见在立法中有优先权。对于前一个问题，即便设区的市本身就是基层，但是立法权的行使涉及本行政区域内按百万计数的人民群众权益，通过基层立法联系点这一“直通车”了解民意、汇聚民智、普及法律是非常有必要的，所以《立法法》在2023年的修改中才会将基层立法联系点明确规定在第七十条中，以求更好深入听取基层群众和有关方面对法律草案和立法工作的意见。对于后一个问题，则只要立法工作机构对征集来的意见按照质量而非来源进行研究判断即可避免所谓的“优先采用”，且立法工作机构系对基层立法联系点进行日常管理的机构，对基层立法联系点征集的意见进行优先采用并不利于地方立法过程中基层立法联系点的作用发挥和立法能力建设。

（一）组织建设和阵地建设

吸纳社会公众参与地方立法的目的，是通过征集民意诉求和意见建议，取得最大公约数，并使地方立法通过接地气具有更强的执行性和可操作性。但是实践当中，一方面，立法文本很可能因专业术语、立法技术等原因，使其规定的具体条款和内容不易为社会公众理解而无法提出意见；另一方面，专业的法律问题很难引起社会公众的关注，大家对立法的兴趣可能还是集中在直接关乎日常生活的民生领域，比如教育文化、社会保障、环境治理、卫生健康、食品安全等。而立法联系点就是立法机关和人民群众之间的桥梁和“直通车”，在地方立法从立项起草到审议评估乃至宣传实施的全过程中，有效传递信息给群众并收集处理立法建议，然后及时、全面地反馈给立法机关，最终让有益的意见建议体现在起草过程和最终文本上。所以，如何根据地方立法权限和本地实际，结合行业、区域、发展情况等特点划出若干个相对固定的地方基层立法联系点是一个重要的问题。

2021 年 5 月，按照“稳步推进基层立法联系点工作，发挥基层立法联系点在实现全过程人民民主中的作用”的工作要求，丽江市人大常委会制定了关于市人大常委会基层立法联系点如何开展工作的相关办法，并随后建立了四个基层立法联系点。四个基层立法联系点的设立，主要按照体现广泛的代表性和地域性、立足立法工作实际需要、优先考虑具有较好立法工作基础或者工作人员法律素质较高的单位或者组织等方面进行严格筛选、认真研究后确定，力求达到以点带面的示范引领意义。联系点主要的工作职责有 11 项：（1）组织征集对市人大常委会立法规划、立法计划建议项目的意见建议；（2）组织征集并按时反馈对本市地方性法规（草案）、决定决议（草案）和全国人大、省人大法律法规（草案）的意见建议；（3）参与地方性法规制定过程中的立项、调研、听证、论证等立法活动；（4）组织收集并反馈地方性法规实施中的问题以及对丽江市立法工作的意见建议；（5）收集并反馈有关规范性文件的落实情况以及对市人大常委会规范性文件备案审查工作的意见建议；（6）结合本地区本单位实际，开展地方性法规的普法宣传工作；（7）学习市、县（区）人大机关刊物、法规汇编、立法技术规范等相关学习资料，及时熟悉相关法律、法规知识；（8）开展独立调研，向市人大常委会工作机构提交调研报告；（9）根据邀请，旁听市人大常委会立法有关会议，列席立法工作会议，参加业务培训等活动；（10）建立工作台账，保存好工作档案，每年年底向常委会法工委提交书面的年度工作总结；（11）完成需要联系点承担的其他工作。

要能胜任工作职责，基层立法联系点的建设必然要做好组织建设和阵地建设两个基本要素：

第一是组织建设。立法联系点的工作开展必然需要负责人、联络员、信息采集员形成因地制宜的有效组织架构。联系点确定负责人是为了明确日常工作和组织协调、联系服务等工作开展的责任人。联络员则协助负责人开展立法联系的具体事务性工作。信息采集员（也可以称为立法信息采集点信息员），则必须要吸收有经验、有热心、熟悉基层的人员，形成相对固定的能够广泛有效收集人民群众对立法工作意见建议的信息员队伍。比如丽江市依托四个基层立法联系点就建立了一支包括专兼职工作人员、立法联络员、立法信息采集员、律师专家、其他工作人员的工作队伍，因地制宜设计了工作机制（高校结合科研团队、律所结合专业团体、人大代表工作站结合镇、站工作开展）。

第二是阵地建设。立法联系点的固定办公场所既是开展工作的依托，也是有效进行宣传的载体。固定的立法联系点办公场所应当悬挂立法联系点标志牌，设立对外的立法征求意见栏、宣传栏，发布征求法规意见公告，宣传已颁布实施的地方性法规，让来访的群众直观地感受到有形的立法联系工作。比如，有的立法联系点就在学校、医院、超市、市场以及人口流动较为密集的地方多设置流动立法建议收集箱，让信息渠道分布更广泛。同时，立法联系点的建设应当勤修“内功”，结合自身特点按要求设立相关工作制度，丰富完善开展立法联系工作的各环节工作规范，做好台账档案。

（二）意见征集：做好“六员”

在对基层立法联系点整体工作要点的归纳提炼上，云南康滇律师事务所基层立法联系点提出的“六员”给笔者留下了深刻的印象：(1) 将充分发挥律师社会接触面广、了解基层社情民意的优势，通过基层立法联系点广泛收集基层立法意见与建议，充当“立法信息收集员”；(2) 将密切联系群众，扮演上情下达、下情上达的“立法联络员”；(3) 将充分发挥律师专业优势，积极参与立法调研工作，充当地方人大立法的“调研员”；(4) 将积极建言献策，充当提升地方人大立法水平的“参谋员”；(5) 将尽力克服基层群众和社会组织不了解立法程序、立法技巧、立法手段的不足，努力充当基层群众和社会组织参与立法的“辅导员”；(6) 将通过基层立法联系点，积极开展普法宣传和依法治国宣讲工作，充当面向百姓的“法制宣传员”。结合这“六员”，总结思考立法联系点开展工作的整个流程，笔者认为以下的细节是做好相关工作的方向。

第一，在领受任务阶段，要有针对性。立法机关不能仅仅是将相关需要征求意见建议的法规草案文件发给立法联系点，还需要结合各个立法联系点的特点，有一定针对性地布置任务。而立法联系点也应当组织联络员、信息员对法规主要问题、关切问题、焦点问题掌握清楚，才能接地气地开展意见征集工作。立法联系点对于较为简单明了的法规文本可以直接交由联络员组织意见征集，但是对于重要、复杂的法规文本，则应该从征集对象范围、征集内容重点、征询形式几方面制定方案并组织实施。比如对生活垃圾分类相关的法规，立法联系点就应该对其覆盖区域内的居民进行分类，确保征集意见对象的范围全覆盖、都能发出声音，对垃圾分类方式、处理方式、罚则等影响大家切身利益的条款重点征求居民意见建议，并且根据之前征求意见掌握的情况灵活设定信息员单独采集、召开座谈会、召开视频会、个别征询居民等方式进行意见征集。

第二，征集意见方式，要有操作性。这个操作性既是指信息采集员开展工作的操作性，比如通过线上线下、微信电话、扎堆聊天、召开会议等多种形式有效的收集意见建议，这一点，相信基层立法联系点是最有经验的。比如在征集立法意见的方式上，某基层立法联系点为确保立法工作“更接地气”、更高质量地开展，建立“工作小组+法律顾问+信息员”工作队伍，吸纳“两代表一委员”、离退休老干部、企业技术员等人员，凭借其专业知识储备和丰富的实践经验，提高立法建议的实用性；注重发挥退休老干部、基层老党员、老战士、老教师、老专家等作用，形成了“人大代表+‘五老’人员+网格员+群众”的联系网络，将工作触角延伸到生产生活的第一线，将党的理论方针和惠民政策贯穿立法联系点活动全过程。同时，征求意见的可操作性也是指在征集意见过程中采用能激发群众热情的方式，让群众能够愿意说、善于说。比如先要用接地气的语言解释好文本内容和重点条款，说明白法规条文对群众的影响、和群众的关系，让群众便于、乐于说出某某条文好不好，好在哪里，不好在哪里，需要怎么调整。在笔者个人的理解上，基层立法联系点要考虑的是如何更好地征求立法意见建议，包括引导普通人更好理解专业的法律术语的含义、有效整理口语化表达的意见建议，提建议的能力也是要通过不断熟悉、不断实践才能更好提升。

第三，整理意见建议，要有客观性。联系点整理信息员收集到的意见时，应尽量做到只是整合相同意见、剔除无关意见，而不能对群众意见进行大幅改动，或者直接提供自己的意见来代替群众的意见。立法联系点意见征集必须具有客观性，只有原汁原味的意见建议，哪怕不好听，或者比较尖锐，才能更好地反映群众呼声，让立法更好地达成最大公约数。但是否客观，也需要主观进行判断。所以如果采取立法联系点同时提供原始收集材料和整理后的意见的方法，则有助于确保上报整理意见建议的客观性，避免因主观判断标准不一带来的过度过滤。特别是在记录的时候一定要实事求是，不能在收集阶段便选择性记录或者对群众的发言进行限制。

第四，对于意见建议的反馈，要有及时性。对于群众热心提出的意见建议，如果对是否采纳及其采纳的理由反馈不及时，这对于热心群众的积极性、参与感、获得感都是一种打击。同时，立法联系点在地方性法规出台后，应当结合立法联系点的日常工作开展专门的普法宣传。

（三）更好打通民意征集“最后一公里”

丽江市人大常委会四个基层立法联系点建设以来，积极参与地方立法活动，访民情、听民声、汇民智，为践行全过程人民民主、提高立法质效，发挥了重要作用。我们也在征求法律草案意见当中探索了一些创新做法：为践行全过程人民民主、拓宽公众有序参与立法，发挥层立法联系点民意“直通车”作用，市人大常委会法制工作委员会于 2023 年 2 月下旬委托基层立法联系点组织举行决定草案听证会、9 月中旬委托基层立法联系点云南康滇律师事务所开展《丽江市城市生活垃圾分类管理条例（草案）》专家论证会。委托之后，法制工作委员会全程介入指导、全程审核把关，经过前期方案制定、公告、报名、资料送达等准备工作，使立法听证会、专家论证会顺利举办。委托基层立法联系点开展立法听证会、专家论证会是丽江市人大常委会践行立法全过程人民民主，坚持开门立法、阳光立法、为民立法的生动实践、重要环节。让基层立法联系点参与立法听证、专家论证全过程的新探索，对打通民意汇集“最后一公里”和发挥基层立法联系点“民意直通车”作用效果良好、意义重大。当然，除了前述的亮点创新，在日常的组织建设、阵地建设、工作开展中也发现了一些问题，比如有的提出意见建议的能力有待加强，有的工作积极性还有待提高，制度上也还没有形成有效的考评、激励和退出的细化机制。

那么，在地方立法的新征程上，如何才能更好地做好基层立法联系点的立法能力建设工作呢？

考虑到地方立法是一项政治性、政策性、法律性、程序性都很强的工作，基层立法联系点要围绕提升地方立法质量为核心，正确把握立法工作的客观规律，注重提升基层立法联系点制度化、规范化水平，进一步提升立法能力。

一要善于运用社会上的各种资源，多角度、全方位、深层次参与地方立法工作，包括法规草案起草、调研、论证、听证、立法评估、法规清理等环节。

二要依托自身工作实践，积极为地方立法建言献策，既要善于发现问题、剖析根源，更要能提出有针对性、有操作性的解决方案，充分发挥在地方立法工作中的参谋助手作用，成为科学立法的重要平台。

三要充分发挥扎根基层、贴近实际、面向群众的优势，加强硬件配备，建立健全相关制度机制，明确职责分工，细化工作流程，将自身建设成为基层群众直接参与立法活动的重要载体，扩大基层群众对立法工作的有序参与，及时反映基层群众对丽江市地方立法的意见和立法需求。要拓宽人大代表参与地方立法渠道，把代表之家作为联系点的平台，实现立法活动与人大代表之家活动的有效衔接，充分发挥人大代表的主体作用。要注重交流方式多样化，帮助基层群众将立法意见更好地进行专业化处理，确保基层群众意见传递的准确与便捷，更好地吸纳基层群众立法意见。

（四）立法咨询专家的外脑作用

基层立法联系点是公众立法参与的方式之一，不是孤立的，正如 2022 年我们在建立基层立法联系点的同时也开始聘任第五届人大常委会的立法咨询专家库成员。在基层立法联系点制度规范的过程中，我们应当探索结合立法咨询专家制度、立法听证制度、立法论证制度，以更好提升公众参与立法的质量。立法咨询专家是指经常委会聘任的为立法工作提供相关意见、建议、信息及各种专业知识的人员，一般通过自荐或者推荐产生。立法咨询专家库，是常委会为推进民主立法、科学立法，便于向专家进行立法咨询而建立的智力资源库。

根据丽江市人大常委会聘任、管理立法咨询专家库的相关办法，立法咨询专家顾问的人选，应当是从事法律、经济管理、行政管理、城乡建设与管理、环境保护、历史文化保护等学科教学、研究工作的专家、学者，以及长期从事与立法相关工作的实务工作者。在确定立法咨询专家人选时，为了适应新时代人大工作的需求，主要考虑了五个因素：一是政治可靠，能忠实践行习近平法治思想，坚持党的领导，增强“四个意识”，坚定“四个自信”，做到“两个维护”，自觉与党中央保持高度一致，无任何历史问题和不当言行；二是业务过硬，在本领域具有一定成就和社会影响力，能力突出，表现优秀；三是履职积极，有较强的履职热情，具备履职条件，服从工作安排，积极参与人大常委会咨询工作；四是专业匹配，符合人大立法、议事、决策所需的专业属性；五是年龄合适，原则上兼顾各年龄段，既考虑工作连续性，又吸纳年轻代表人士，保证工作传承有序。之所以有这样的要求，就是为了选出一批具有扎实理论功底、过硬专业知识和丰富实践经验的优秀学者、实务专家，为提升立法科学化、民主化、精细化水平提供强大智力支撑，助推地方立法工作高质量发展。

立法咨询专家库的选聘过程主要为推荐或者自荐、审核、常委会主任会议研究讨论通过、聘任、到期续聘或者自动终止。专家库设立后，对个别专家的调整，由常委会主任会议讨论决定。专家库成员采用聘任制，每届聘期与市人民代表大会届期相同。专家库成员的职责主要为：（1）应邀参与拟定立法规划、计划；（2）应邀参加法规案的调研考察和论证工作；（3）应邀参与地方性法规案的起草和修改工作；（4）应邀参与上级人大常委会征求法律法规草案意见活动；（5）应邀参加“立法回头看”等法规质量评估工作；（6）接受日常立法工作业务咨询。在履行职责时需要遵守保密纪律，对交办事项也应当科学、客观、公正地完成。相应的，专家库成员的权利主要为：（1）对所参与的立法项目、论证会议或者被咨询事项的相关内容以及与其参与事项有关的情况有知情权、询问权；（2）对所参与的立法项目、论证会议或者被咨询事项提供专业指导，独立发表对相关专业事项的评价和意见；（3）在受聘期内，由于个人身体、工作变动等特殊原因，可向专家库管理部门辞去专家库成员资格。

在按照程序聘任立法咨询专家后，更重要的是充分发挥好立法咨询专家库的外脑作用，积极征求专家的意见建议，加强专家咨询成果的运用，依托多方资源优势，正确处理好“人大主导与各方参与、立法成本与立法效益、立法数量与立法质量、立法与执法”四对关系。在立法工作中善于统筹发挥基层立法联系点、立法咨询专家库专家和听证、论证等制度机制的作用，从而更好突出丽江特色、体现丽江需求、服务丽江发展，立足“小切口”，做足“小快灵”，切实提升立法质量，真正使所立之法务实管用，实现法规政治效果、法律效果、社会效果的有机统一。

八、立法调研：绝知此事要躬行

在2022年的时候，丽江市人大常委会开始常态化开展“跟着习近平总书记读好书”系列活动，开展这个活动的目的是通过互相推荐书籍、分享读书心得，从而养成爱读书、读好书、善读书的良好氛围，进而以理论上的清醒保证政治上的坚定。在活动中笔者接触到了领导同志推荐的《之江新语》一书。这本书辑录了习近平同志担任中共浙江省委书记期间在《浙江日报》专栏“之江新语”以“哲欣”笔名专栏发表的232篇短论。里面的文章都是从实际出发，且有深刻而独到的见解，对我们改进工作作风，做一名脚踏实地的勤勉干部有很好的指导意义。而在具体的地方立法工作中，要实现全面推进科学立法的目标，就必然要求提高立法质量、让立法尽可能的符合实际情况、取得最大公约数，所以笔者想结合学习《之江新语》中的文章和参与丽江地方立法调研工作的实践，谈一谈自己的个人思考。

（一）恰如“十月怀胎”“一朝分娩”

调查研究就像“十月怀胎”。《之江新语》一书中写到调查研究就像“十月怀胎”，决策就像“一朝分娩”。立法中面对有争议的问题，绝对不是一个人或者一堆人，不做调查研究，坐在房子里苦思冥想就能产生的。立法调研要像“鸬鹚”那样沉下去，不能学“鸭子”浮在水上。我们必须要谦虚、耐心，把自己当作“小学生”，到实地同真正明了实情的各方面人士沟通讨论，才能取得真实、扎实的调研结果。当开始加强丽江市中心城区建筑风貌管控立法调研时，笔者本以为古城的管控不会有过多的问题，但是没有想到在立法过程中世界文化遗产丽江古城保护管理局的同志反而非常积极地反映问题：古城景区的景观风貌管控主要依据 2006 年的《丽江古城传统民居保护维修手册》、2007 年的《丽江古城环境风貌保护整治手册》和 2014 年的《世界文化遗产丽江古城保护规划》，执法依据的法律效力级别需要提升，实际执法中刚性不足，对古城景区周边社区、村落的风貌保持缺乏有效的管理。后续环节的意见征集中，也有人陆续提到古城周边建筑风貌、招牌设置是否文明、广告是否符合城市形象等问题。这也让笔者非常深刻地感受到立法工作中做好调研是非常重要的，市人大常委会提倡的地方立法全过程提前介入就是让我们第一时间到第一线了解实际的情况。对照书本和实践，让笔者对 2022 年相关立法工作中各位领导亲自实地到村民家中当面交流、到垃圾场去亲眼观察各种细节和状态、到外地去实地走访调研具体运转机制有了更深刻的理解。

比如调研拉市海保护立法时，我们就直接到了居民家里，还要老人出来把狗拦着才能走进家中。曾有一位在乡镇司法所工作的同志说他去开展工作必须带一根笔直一米以上的棍子，上山可助力，进村能撵狗，在此刻笔者也不禁感同身受并愿意身体力行。我们坐到了本地农村人家常见的厨房方桌旁，梁上悬挂着腊肉火腿，旁边是火灶和木柴，与带我们来的村支书和在家的老爷爷刚好坐满了一桌 8 人。面对面的听老爷爷一家对海淹田补偿标准、农作物种植限制、候鸟保护乃至护林防火等拉市海保护涉及的诸多问题，很多话语不像书面材料的精致和斟酌，但是具有生命力，直白地表述了很多没有现实经历就不会感受到的细节。我们去实地做的调研，和田野调查有相似之处，村主任、乡镇工作人员的介绍类似于客位的解释，村民的表述则属于主位研究。

比如调研生活垃圾分类管理立法时，我们不仅去了垃圾场看各类垃圾是如何处理的，也去了试点小区看具体的垃圾前端收集处理流程。在小区垃圾站，要在摄像头下刷卡才能倒垃圾、厨余垃圾是需要先在专用垃圾桶塑料挡板上检查清楚才能倒下去，然后生态酵素的制作、对应垃圾分类的各种专用颜色的垃圾转运车等细节都给笔者留下了深刻的印象。而在调研城市路上走了许久也没有见到垃圾桶，也给笔者带来新的思考。

同时，对调研问题的深入分析，笔者发现还需要善于活用身边的教学资源。丽江市人大的各位领导都有着丰富的实践经验和深厚的理论功底，可以说是非常好的“调研”或者说求教对象。比如在清水历史文化名村立法调研过程中和日常工作接触中，笔者深感市人大社会建设委员会主要负责人的胸怀格局、随和大气，他提出的“文化和旅游合在一起，就是‘诗和远方’走到了一起。对于文化和旅游的融合，要坚持‘宜融则融、能融尽融’的原则”“20 年，丽江从无人知晓蜕变成世界旅游目的地，要说二者的关系，就是丽江旅游在发展中紧紧抓住文旅融合。理念决定方向，在正确理念的指导下，丽江旅游才能快速发展”等思路，给笔者这样一直从事法律工作的旅游门外汉指明了学习的方向，深感在历史文化保护立法中一定要抓住机会多多请教。

（二）深、实、细、准、效：以“无厚”入“有间”

调研工作务求“深、实、细、准、效”。正如《之江新语》第一篇文章《调研工作务求“深、实、细、准、效”》所强调的，“深”、“实”和“细”就是听实话、摸实情、办实事和深入分析问题，掌握全面情况。想要在立法工作中实现实事求是的目标，就必须通过参与整个过程的调研、讨论，才能了解实际情况，最终不夸大不缩小地推进工作，达到“准”和“效”。

就比如2022年文山州工作人员来丽江考察文明行为促进条例时，讨论到“条例如何长牙齿”时，处在执法第一线的交警同志就对《丽江市文明行为促进条例》的刚性约束进行了高度评价，因为创建文明城市对于骑行电动车有戴头盔的需要，而条例的相关规定让他们的执法活动开始变得有法可依，对于骑行者的劝说也更加有底气、更能让人接受。

调研想要达到“深、实、细、准、效”，就需要掌握正确的工作方法。《之江新语》在引用“工欲善其事，必先利其器”的基础上，强调了正确的方法是做好工作的重要保证。我们既要大处着眼，学习曹冲称象，善于把具体工作这头“象”置于全局这条“大船”上来定位和谋划，又要学习庖丁解牛，以有效抓手之“无厚”，入关键环节之“有间”，拿出具体的工作措施，抓好落实，取得实效。通过调研选准方式是用对方法的核心所在。在建筑风貌管控立法工作中，有三种备选的立法方式：制定政府规章、制定条例和制定立法性决定。立法工作领导小组按照“效果要灵，为了解决问题而立法”，通过调研和反复讨论、研究，最终创新以“决定”形式为建筑风貌管控立法。对立法方式这一最关键的工作方法，正是做到了着眼于大格局，找准了“小切口”，选好了具体方法，才使我们能够在时间较紧的情况下有条不紊地倒排工期、推进工作。

大家常说，调查研究是人大的看家本领，除了前文提到的“深、实、细、准、效”，我们也在不断创新调研方式。2022年至2023年成书期间，丽江市人大常委会机关对如何改进调研做了大量的工作，秘书长以形成长效机制为主题教育调研课题，成果的转化为我们开展调研在内的各项工作打下了制度基础，办公室主任以开展好调研工作为主题教育调研课题，成果转化为我们优化调研工作提供了细化机制，而这两个调研课题（包括成果转化）是对2022年来市人大常委会机关开展调研工作的一个总结提升，之前已经有很多的尝试和优化。比如“四不两直”[1]，2022年丽江市人大常委会提倡这种调研方式之后，我们很多时候是到了现场完成了调研再进去找人沟通或者都不需要找人沟通了，因为已经了解了实际情况。笔者印象比较深的一次就是我们直接到了某个基层立法联系点，看具体

[1]“四不两直”是指不发通知、不打招呼、不听汇报、不用陪同接待，直奔基层、直插现场。

的阵地设置、制度公示、宣传工作和当时的工作状态，工作人员看到我们时我们已经完成对外围的观察走入了办公室，对整体工作有了初步的感性了解，等负责人过来时已经把工作开展的痕迹资料基本看完了。又比如，创新方式采用电子调查问卷进行提高立法工作质量的调研。经过审慎地思考，为了保证问卷的质量，最终采用了实名制的调查方式，从本地立法的现状、存在问题、期望等方面涉及了十余个选择题和五个填空题，也在其中聚焦打造世界文化旅游名城、乡村振兴示范区、长江上游重要生态安全屏障三个定位征求对立法计划规划的意见建议。用较小的时间成本和组织成本较为广泛地征求意见建议，也可以算是在调研方式探索上某种程度的“小切口”和“小快灵”了。

（三）理论源于实践并指导实践

结合理论学习将调研成果转化为立法工作成果。《之江新语》一书中提到，我们学习理论也要有王国维治学提出的三种境界：一是要有“望尽天涯路”那样志存高远的追求，耐得住“昨夜西风凋碧树”的清冷和“独上高楼”的寂寞，静下心来通读苦读；二是要勤奋刻苦，下真功夫、苦功夫、细功夫，“人憔悴”也心甘情愿；三是要独立思考，学用结合，在学习和实践中“众里寻他千百度”，学有所悟，用有所得，才能最终“蓦然回首”，在“灯火阑珊处”领悟真谛。

“为学之实，固在践履。”理论学习的三种境界既是我们提高党性修养、提升业务能力的目标，同时也是自我鞭策的要求。比如具体业务工作方面：在事关千家万户的地方立法工作中，随着工作要求的不断提高，鞭策得我们必须结合工作深入学、持久学、终身学，并不断进行严谨审慎的思考，才能将调研的成果通过严格遵守立法程序和立法技术规范转化为高质量的立法文本。

“纸上得来终觉浅，绝知此事要躬行。”以上是笔者学习《之江新语》一书过程中，结合本职工作从书本到实践、实践后再温故的一点个人思考。通过总结，也让笔者更深刻地感受到学习是解决问题的唯一办法，而一本可以反复学习的好书就是千金难得的良师益友。

九、立法技术规范：从定方向到打毛刺

勤学立法技术规范，才能对一部法规的定方向、建框架、打毛刺等流程和细节心有定计、手上不慌。立法作为一种创制行为规则的活动，具有客观性、规律性和科学性，是一项专业要求很强的工作，一般分为 10 个基本步骤：（1）作出法律起草的决策；（2）确定起草机关；（3）组织起草班子；（4）明确立法意图；（5）进行调查研究；（6）搭架子和拟出法案提纲；（7）正式起草法案；（8）征求有关方面意见和协调论证；（9）反复审查和修改；（10）形成法案正式稿。这些程序步骤的落实推进中都离不开立法技术规范，比如对于法律文本的打磨就要严格依照立法技术规范。立法技术规范通常是对立法形

式、法律结构、语言表达等方面的规范，立法技术规范针对立法工作中经常遇到的、带有共性和普遍性的有关法律结构、文字等立法技术层面的问题，是立法实践经验的总结，反映着立法活动的内在规律。小到前文提到的标点符号，再到使用双音节词、部门名称等法言法语，大到立法形式、法律名称都需要严格按照立法技术规范。可以说，在起草法律法规草案整个立法过程中，必须要采用最适当的法律结构和立法技术方法，使整体框架和条文能够准确反映立法针对的现实问题和实质的解决办法。

实践当中笔者主要学习了全国人大常委会法工委 2009 年拟定的《立法技术规范（试行）（一）》、2011 年拟定的《立法技术规范（试行）（二）》和《云南省人民代表大会常务委员会立法技术规范》，以及横向的政府立法技术规范（用于备案审查工作中参考）。可以说一部法律的定方向、建章立制、完成框架到打毛刺都离不开立法技术规范作为“模具”。通过严格遵守立法技术规范，按照统一的规范和要求进行地方立法，从而避免出现形式与内容不统一、权利与义务相错位、法律用语不规范、条文逻辑不明晰以及法律规范表述模糊甚至存在歧义等问题。进而在法律专业方面保障了法规质量和后续的有效实施。我国早在制定“五四宪法”时，就指出了搞宪法是搞科学。而在新的“科学立法、严格执法、公正司法、全民守法”十六字方针，就更加强调了立法需要尊重客观规律。那么，法律就理应成为科学严谨、用语准确的典范。用法律智慧、法律思维、法言法语，把党中央决策部署通过法定程序转化为法律规范，这既是立法工作的要求，也是法律本身的形态美所在。正是因为立法技术规范的重要性日益凸显，2023年《立法法》再次修改后将全国人大常委会工作机构编制立法技术规范列入修改新增内容之中。

（一）定方向

法律的名称是衡量立法技术水平的重要标准之一，能够直观地表明法律调整的对象、效力等级和适用范围，并且简练准确的文字表述能够划清与其他法律的界限。法律的名称作为法律的必备要件和首先被社会公众感知的法律要件，它的科学化、完善化，对立法、司法、守法以至法学研究的科学化、完善化，都有重要意义。通过规范、科学的法律名称，使法的渊源体系外部形式统一协调，便于分类、整理和适用、遵守，因而是提高立法质量必须注重对待的问题。在我国，法律的名称就是“中华人民共和国某某法”。自2021年1月1日起施行的《民法典》在立法技术上有三个显著的创新，第一个就是使用了法典作为法律标题，是中国特色社会主义法律体系中的第一部以法典名称命名的法；第二个创新是形式上是编纂，而非汇编、制定或者修订；第三个创新是结构创新为分编，物权编下设立了五个分编，合同编下设立了三个分编。法规（主要包括党内法规、行政法规、地方性法规、军事法规、监察法规等）的名称一般采用条例、实施办法、实施细则、办法、规定、决定。条例用于对某一方面事项作出的全面、系统的规定；实施办法和实施细则一般用于对贯彻实施法律而作出的比较具体、详细的规定；办法和规定用于对某一方面事项作出的比较具体或者专项性的规定；决定用于对某项重大问题作出的安排或者部署。

题注是法律、法规标题下用以反映法规文本的形成过程或者显示经过不同立法阶段的提示性文字，一般在括号内标注。《宪法》[1] 的题注就是“1982 年 12 月 4 日第五届全国人民代表大会第五次会议通过　1982 年 12 月 4 日全国人民代表大会公告公布施行　根据 1988 年 4 月 12 日第七届全国人民代表大会第一次会议通过的《中华人民共和国宪法修正案》、1993 年 3 月 29 日第八届全国人民代表大会第一次会议通过的《中华人民共和国宪法修正案》、1999 年 3 月 15 日第九届全国人民代表大会第二次会议通过的《中华人民共和国宪法修正案》、2004 年 3 月 14 日第十届全国人民代表大会第二次会议通过的《中华人民共和国宪法修正案》和 2018 年 3 月 11 日第十三届全国人民代表大会第一次会议通过的《中华人民共和国宪法修正案》修正”。通过题注可以一目了然地了解法律的形成过程。而笔者设区的丽江市人大常委会的地方立法需要经省人大常委会会议审议批准，所以新立法的题注为“×年×月×日×××第×届人民代表大会常务委员会第×次会议通过　×年×月×日云

---

〔1〕 参见新华社：《中华人民共和国宪法》，载中国政府网，https：//www. gov. cn/guoqing/2018-03/22/content_5276318. htm。

南省第×届人民代表大会常务委员会第×次会议批准”；修订经批准后的题注为“×年×月×日×××第×届人民代表大会常务委员会第×次会议通过　×年×月×日云南省第×届人民代表大会常务委员会第×次会议批准　根据×年×月×日×××第×届人民代表大会常务委员会第×次会议《关于修改〈××条例〉的决定》修正　×年×月×日云南省第×届人民代表大会常务委员会第×次会议批准”。

（二）建框架

从总体框架看，法律一般由总则、主体、附则构成。

从具体结构看，《立法法》第六十五条第一、二款规定：“法律根据内容需要，可以分编、章、节、条、款、项、目。编、章、节、条的序号用中文数字依次表述，款不编序号，项的序号用中文数字加括号依次表述，目的序号用阿拉伯数字依次表述。”在整体框架设计上，一般法律往往从章开始设置。对于法规内容较多，需要明确划分若干层次的法律，可以按总分结构设章，在设章的法律法规中，章是整体结构中连接法的整体的最主要的因素之一。章可以分类为总则、分则和附则。总则一般主要为立法目的及依据、适用范围、基本概念的解释、法规的基本原则、执法主体的职责、权限等总括性的有必要在总则中规定的内容。分则主要为公民、法人和其他组织的权利和义务、行政许可、行政强制、法律责任等相关内容，一般作为法规的第二章至倒数第二章。附则作为法规的最后一章，内容一般包括：施行日期或者法规废止事项和专业名词、术语的解释，最常见的就是本法自××××年×月×日起施行。各章应列有标题，并按照统一的序数连贯排列、具有独立的内容，各章之间应有内在的联系并且要做到内容和逻辑上的不抵触、不重复。各章应当有能够概括本章主要内容的标题，除作为附则的章以外，每章一般不得少于三条。而进行“小快灵”的地方立法则根据实际情况可能不设章节。法规内容单一、条文数量不多的情况下，不使用多重结构，而是使用单一结构——不分章并按法规内容的逻辑关系分条排序。也就是说，能不分章则不分章，有几条写几条。节是法律法规种中低于章并隶属于章的一个结构要件。节只能在设有章的法律法规结构中存在，但并非必须要设节。章内是否设节取决于该法自身的性质、内容多寡、篇幅长短。通常是在章的内容较多的法中才使用节这个要件或符号。

条是绝大多数成文法的构成要件，也是立法当中构成法律法规整体的最重要、最常用的要件。条的内容应该有相对的独立性、完整性。条文的内容关键在于字数要适当，太短则较为琐碎，太长则不容易阅读和理解，且要具备相对于文本草案其他条款的独立性，一条所规定的内容要能够完整自洽。在一个条文中规定几个具有不同内容的规范或非规范性内容，或是把同一个内容分散到几个条文中加以规定，是立法者的大忌。款则是出现在条包含两层以上的相互关联内容时，款的重要性和使用频率仅次于条。一个条文的内容有两层以上的意思需要表示时，便需要运用款这一要件进行细化表述，一款只能规定条文中的一层意思，同一层意思的内容亦只能规定在同一款中。款往往以自然段的形式表现在文本中，款的内容在法的整体中亦应具有相对独立性和完整性。项、目是包含于款之中、隶属于款的一种要件，项是对款分层意思的分别细化和具体列举，如果还不够，那就只能项下再用目了。但是目在一般法律法规的结构中极少出现。起草条文时，要根据整体的框架，设计每一条的条旨和法意。条旨即本条之宗旨和欲规定之事项，在草案起草过程中设定条旨是方便起草的有效方法，而且现在很多出版的法条或者一些地方提交的法律文本，往往也会在每条之前不删除条旨，以方便大家阅读理解。法意则是本条所要表达的具体内容是肯定还是否定、禁止抑或允许，进行法律处罚又或者是开展引导鼓励，也即中心思想。

常见的条款就有立法目的和立法依据条文，也就是常见的放在第一条的“为了……制定本法”，这一条当中的立法目的一般是按照逻辑顺序进行准确精要的表述，立法依据通常会和立法目的合并简要表述。比如《民法典》第一条就是“为了保护民事主体的合法权益，调整民事关系，维护社会和经济秩序，适应中国特色社会主义发展要求，弘扬社会主义核心价值观，根据宪法，制定本法”；其中便是从民事主体的合法权益开始由微观到宏观、具体到抽象的顺序排列。当然，法律的位阶越高，制定的依据越少，作为众法之母、效力最高的《宪法》则是在序言中明确了“本宪法以法律的形式确认了中国各族人民奋斗的成果，规定了国家的根本制度和根本任务，是国家的根本法，具有最高的法律效力”。地方立法则制定的依据多一些，比如丽江市的《丽江市泸沽湖保护条例》[1]（已废止）在第一条中列举的法律依据就有《环境保护法》《水法》《水污染防治法》等（只是列举了主要法律依据）。所以从立法的依据就可以明显感到《宪法》的地位，确实是定了最大的规矩和方圆。法律则一般不明示某部具体的法律为立法依据。地方性法规如果是依据法律授权立法的，则会表述为："根据《中华人民共和国××法》第××条的规定，结合××实际，制定本（实施）办法（或者条例）。”常用的其他共性条款还有适用范围条款、定义条款、法律原则条款、政策宣示条款、权利义务条款、主管部门条款、法律责任条款和法律关系适用条款等。

适用范围也是必备条款，主要是对法律适用的空间、人、行为和物的范围进行界定，最常用的是“空间—行为”方式表述。比如《民法典》[2]第十二条就规定：“中华人民共和国领域内的民事活动，适用中华人民共和国法律。法律另有规定的，依照其规定。”每部法律的适用范围都不一样，同样，效力越高，适用范围越广。

---

〔1〕 参见丽江市人大常委会：《丽江市泸沽湖保护条例》，载丽江市人大常委会官网，http：//www. lijiangrd. gov. cn/xljrd/c100788/201912/b61ff7b4a8274919926702621468c09e. shtml。

〔2〕 参见《中华人民共和国民法典》，载中国人大网，http：//www. npc. gov. cn/npc/c2/c30834/202006/t20200602_306457. html。

定义条款则是对整个法律中贯穿始终的基本概念之内涵外延进行明确的界定，如果规定适用范围，则定义条款在适用范围之后规定。就是对文本中所称的某一概念是指什么在开头说清楚以避免歧义。比如《检察官法》第二条就表述“检察官是依法行使国家检察权的检察人员，包括最高人民检察院、地方各级人民检察院和军事检察院等专门人民检察院的检察长、副检察长、检察委员会委员和检察员”。

法律原则条款，即对整个法律所依据、贯穿的准则进行表述，一般是放在比较前的位置，比如《民法典》第四条就规定了平等原则，即“民事主体在民事活动中的法律地位一律平等”。

政策宣示条款，顾名思义，也即对国家的政策通过法律规定进行宣示，比如《爱国主义教育法》〔1〕第七条就规定：“国家开展铸牢中华民族共同体意识教育，促进各民族交往交流交融，增进对伟大祖国、中华民族、中华文化、中国共产党、中国特色社会主义的认同，构筑中华民族共有精神家园。”

权利义务条款中一般直接用“权利”“自由”“有权”“可以”或者“义务”“应当”“必须”“不得”“禁止”来进行表述，也是比较常见的条款。在同一条文中，一般不同时设定几种不同种类或者不同性质的义务。一般法规中用应当规定

---

〔1〕 参见《中华人民共和国爱国主义教育法》，载中国人大网，http：//www.npc.gov.cn/npc/c2/c30834/202310/t20231024_432535.html。

义务时，就不用必须加强语气。

授权条款则往往在法律中明确规定某一方面的具体办法、制度机制、措施方法等授权由某主体进行制定，比如《青藏高原生态保护法》[1] 第六十二条规定："青藏高原省、自治区和设区的市、自治州可以结合本地实际，制定青藏高原生态保护具体办法。"授权性规范一般使用"有权""可以""允许""由"等来进行表述。

主管部门条款则是在法律中表述负责某项工作的具体部门，一般不会写具体名称，而是采用固定表述或者"某某主管部门"的表述，比如《爱国主义教育法》中就是使用"中央爱国主义教育主管部门""地方爱国主义教育主管部门"这样的表述。这也是为了避免因机构职责调整而频繁修改法律，所以在法律规定中主管部门表述一般不直接写部门名称。条款之中会对各部门所涉及的具体责任进行划分明确，因此立法过程中也会征求各部门的意见建议。

法律责任条款则是对行政责任、民事责任、刑事责任等的规定。法律责任条款设置需要遵循"行为模式—法律责任"的原则，法律法规中有禁止性规范的行为模式，在法律责任中应当有相对应的法律责任条款对处罚进行规定；反之亦然。一般此类条款的设置会在行为归纳表述、条文对应表述、综合表述三种之中选一种统一表述以保持一致。而罚款的数额无论是

---

〔1〕 参见《中华人民共和国青藏高原生态保护法》，载中国人大网，http：//www.npc.gov.cn/npc/c2/c30834/202304/t20230426_429053.html。

绝对值、相对值还是比例，都宜适当和明确。违法行为造成的后果可以由违法行为人消除的，可以在设置行政处罚前规定“责令限期改正”；违法行为人改正后，不会造成实际损害后果的，不宜再规定行政处罚。需要对领导追责的，则一般表述为“直接负责的主管人员”，而不是直接表述为领导，需对具体工作人员追责的则表述为“其他直接责任人员”。

法律适用关系条款则是在新法中明确对涉及相关法律有关规定的适用问题。比如《检察官法》[1] 第六十九条规定：“有关检察官的权利、义务和管理制度，本法已有规定的，适用本法的规定；本法未作规定的，适用公务员管理的相关法律法规。”

附则部分常在末尾，设有章的法律法规文中附则通常单列为最后一章。对于法律法规中有必要出现的专业名词、术语，确实需要进行通俗、明确、简练的解释时，就一般放在附则之中，并且应该对内涵和外延做出准确的界定，使公众能够不产生歧义地理解相应的概念。除了专业名词解释、施行日期，附则中还可能有授权性条款、废止性条款等。授权性条款是指对有权制定本法律或者法规实施细则的主体进行明确。废止性条款则是在新法律或者法规中对需要取代的旧法律或者法规进行废止，比如《民事诉讼法》[2] 第三百零六条规定：“本法自

---

〔1〕 参见新华社：《中华人民共和国检察官法》，载中国政府网，https://www.gov.cn/xinwen/2019-04/23/content_5385566.htm。

〔2〕 参见《中华人民共和国民事诉讼法》，载中国人大网，http://www.npc.gov.cn/npc/yhcslm/cslm12/202310/t20231025_432575.html。

公布之日起施行，《中华人民共和国民事诉讼法（试行）》同时废止。”

（三）打毛刺

除了通过条款建立框架结构，要善用立法语言来添砖加瓦，最终铸就大厦。科学的立法语言文字，既是保证立法质量的必不可少的条件，也是保证法律法规有效实施的有效工具。立法语言文字是立法主体表述立法意图、目的和体现立法政策的一种专门载体。立法语言的句式应当完整、明确，符合语法规范，词语搭配合理，做到清楚明白、审慎规范、简洁精练、庄重严肃。一个法系、一部法律之内的语言文字应当做到协调一致，注意采用符合立法语言文字要求的统一术语，同一个概念只能使用同一个词汇来表达。立法语言不能是形容的、夸张的、抒情的、比拟的、象征的，而应该是准确的、简洁的、清楚的和通俗的。在句子结构方面，应注意运用短句和简单句式，尽量避免使用长句和复杂的句子结构。简洁凝练是立法语言的一个重要特征，对于可有可无的词应当去掉，因为法庭、执法部门会考虑成文法的每一个字词，并尽可能明确地解释其意义，所以多余的字词只会产生误导。立法语言文字同时也应用语简浅、易于理解，与大众常用语言文字相切近。

立法技术规范对一些常见的语言文字用法也有明确的规定。比如数字在表述比例、分数、百分比时，用中文小写数字，而对年、月、日或者金额、重量、长度、面积等比较精确数目则使用阿拉伯数字。“以上”“以下”“以内”包括本数；“不满”“超过”“以外”不包括本数。指示代词一般用其他，并列连词一般是用“和”“以及”，而“以及”表示其后的并列成分属于从属地位。立法时避免使用生僻词和容易模糊性的口头用语、修饰词，不生造词句。

一般使用“可以”“应当”“或者”“如果”“按照”等双音节词，不用“可”“应”“或”“如”“按”等单音词，基本上我们看到的法律、法规都是适用前述的双音节词。笔者对这一规范的理解是，通过使用双音节词避免出现一个单音词对应多个同义双音节词的情况，导致表述不准确。比如“应”就可能对应“应该”“应当”，而“应该”相较于“应当”，语义上更偏向一种基于理论上的理所当然提出的建议，则仅使用“应”会造成表述有弹性。

工作时间一般分为工作日和自然日两种，“日”和“工作日”在法律时限中的区别是：“日”包含节假日，“工作日”不包含节假日。对于限制公民人身自由或者行使权力可能严重影响公民、法人和其他组织的其他权利的，应当用“日”，不用“工作日”。比如《刑事诉讼法》[1] 第一百零五条第四款就规定“期间的最后一日为节假日的，以节假日后的第一日为期满日期，但犯罪嫌疑人、被告人或者罪犯在押期间，应当至期满之日为止，不得因节假日而延长”，毕竟要考虑“在

---

〔1〕 参见全国人民代表大会：《中华人民共和国刑事诉讼法》，载国家法律法规数据库 2018 年 10 月 26 日，https：//flk. npc. gov. cn/detail2. html？ZmY4MDgwODE2ZjEzNWY0NjAxNmYxZDFiODFiMDEzNTE%3D。

押”这一特殊状况。而《行政复议法》第八十八条第二款就明确规定了：“本法关于行政复议期间有关‘三日’、‘五日’、‘七日’、‘十日’的规定是指工作日，不含法定休假日。”《云南省人民代表大会常务委员会立法技术规范》在“第一部分　地方性法规技术规范”中的“五、法规的基本用语”“（二）工作时间的表述”中则明确规定：“一般在10日（含本数）内界定为工作日，并在表述时明确为×个工作日；超过10日的界定为自然日；情况特殊，也可以选择10日内为自然日。”〔1〕

以上是对立法技术规范内容的简要介绍，其他的还有法律结构规范、条文表述规范、常用词语规范、修改形式规范、废止形式规范等诸多内容，就不在此处一一举例了，有兴趣的读者朋友可以去研读一下笔者提到的规范原文，想来必有收获。而且对技术规范的学习很适合固定一个期限进行温故，结合实践再学习一遍确实有新的感悟，很适合相信并且践行日拱一卒无有尽、功不唐捐终入海理念的法律人。

十、案例与立法：法律的生命在于实践

我国是成文法国家，从春秋郑国子产铸刑鼎开始，我国就是一个成文法主导的国家。与此同时，案例也一直是成文法的有效补充，具有一定的效力。可以说，案例的使用和我国的成

〔1〕《云南省人民代表大会常务委员会立法技术规范》，载云南人大网：https://www.ynrd.gov.cn/html/2014/lifadongtai_0613/2231.html，最后访问时间：2014年6月13日。

文法传统、现状是相契合的。如何建立案例特别是指导性案例的有效适用机制，对于法律的实施有很大的意义，不仅能给成文法打上“补丁”、促进法律的正确实施，也能为立法提供珍贵的“素材”、推进新制定法律的施行。比如说，在地方立法过程中，相关案例可以指引我们避免犯同类的错误，而在地方立法调研过程中，对于立法项目涉及领域的典型案例（广义解释）可以有助于我们提升立法的科学性。在地方立法施行之后，如果能有一些典型的适用案例，则能有力地促进地方性法规的普法，甚至可以将有无适用的典型案例作为地方性法规立法后评估的内容。

需要说明的是：案例，从广义的角度理解，包含了个例、实例、个案。案例既可以指针对具体问题的真实发生的典型事件，也可以指研究过程中某类事件的现实例子，在本书中主要是指前一种定义。

（一）案例：成文法的有益补充

成文法是由国家享有立法权的机关依照法定程序制定和公布的法律，我国系成文法国家。判例法泛指可作为先例据以决案的法院判决，通常与成文法相对而言，判例法是英美法系法律的一个重要渊源。

以《刑法》为例对英美法系判例法和大陆法系成文法进行利弊分析和比较：

英美法系判例法的有利之处在于判例法与遵循先例原则使

公民具有预测可能性（不完全）、判例法与遵循先例原则限制了司法机关。其弊在于判例法至少在程序上违反民主主义原理，意味着法官可以创制新罪名；法官造法如同驯犬，等待犯错后给予制裁。因为判例法实际上是溯及既往的法律，它要求公民遵守行为时并不存在、只是事后才存在的判例法，损害了公民的预测可能性和《刑法》的保障机能。

大陆法系成文法的有利之处在于司法机关只能根据《刑法》定罪量刑，这便限制了司法权力、公民可以根据成文《刑法》预测自己行为的性质与后果，从而在法律禁止之外享有充分的自由。弊端在于因此从法律的定义本身来看，它是难以满足一个处在永久运动中的社会的所有新的需要的。这便导致成文《刑法》一定程度上缺乏灵活性、发展性、具体的妥当性。法官在某种情况下，可能为了追求成文《刑法》的具体妥当性，而采取违背制定成文法初衷的措施。同时，《刑法》必须以较少的条文，网罗极为复杂的犯罪，其结果便是使用一些概括性、抽象性的用语。用语的上述特点，给成文《刑法》留下了非常大的解释空间。法官可以在用语可能具有的含义内造法，但又声称自己没有造法；法官甚至可能在用语可能具有的含义之外造法，同样声称自己只是解释《刑法》。

罪刑法定是近现代大陆法系国家学者眼中刑法的根本原则，主要是成文法主义、禁止事后法、禁止不利于被告人的类推解释、禁止不定刑与绝对不定期刑四种，这四种要求同样也体现在我们国家的《刑法》之中。毕竟，涉及人类自由的刑法需要由事先公布的成文法来确定，从而限制司法者的权力。随着成文法的公布，“刑不可知，则威不可测”的秘密执法逐渐受到限制。这样，不是贵族的人的尊严和权利也能得到一定的保障，所以说，尊重人权主义是罪刑法定原则的思想基础之一，只有预测了什么行为是犯罪会被法律惩罚，才能指引自己的行为，避免被施以不恰当的刑罚。

不过由于成文法的条文较为抽象，所以理论上任何一个法院都可以不遵循其他法院作出的判决，而以自己的方式对成文法的条文作出解释，也没有任何法院的判决能够以某个法院在以前的判例中曾如此判决而宣称自己合法，这样就会导致同样情节在不同历史时期和不同地方法院甚至不同舆论关注度下同案不同判。那么，同一部《刑法》，如果有两个人有同样的犯罪情节，却可能因为法院不同判决结果有人重、有人轻，甚至有一定可能这两个人是罪与非罪的区别。

普通法的补丁是衡平法原则和限制与区分先例的技术，成文法的补丁则是由缓解僵硬规范的一般条款从内部保证；并由解释从外部保证。

用判例法来补充成文《刑法》，仍然有两点不足：(1) 判例法最多补充成文《刑法》空白，而不能补足成文《刑法》的其他缺陷。(2) 判例法本身的非民主性与溯及既往的缺陷仍然不能由成文法克服。也就是说，判例法不能解决成文法现有的问题，同时还会把自己溯及既往、法官造法不民主的缺点带过来。

相对于法律带给老百姓的预测可能性，法院的判决带给老百姓的预测可能性程度更高，因为这样的判决是法律的实际使用，普通人自然更关注实际使用的法律，因为普通人更希望知道《刑法》适用的结果——会判几年？能出来不？而且对于判决的比对如果显示是一致的，会让人们更加相信法律，因为判决的稳定性证明了法律的靠谱和权威，也能使老百姓能够准确地预测法律的事实。法律也因判决从纸上来到现实中，成为真正的法律。

《刑法》没有被正确适用的危害性很大，不该罚者被罚，应罚者不罚或轻罚，则会让人们认为成文《刑法》只适用于胆小者与倒霉者，对于其他人而言只是摆设。

我国采用司法解释搭配成文《刑法》，但是仍然可能存在下列问题：(1) 司法解释在表述方式上如同成文《刑法》，人们仍然需要对之进行解释；司法解释者出现解释不当的现象，在其具有法律效力的情况下，可能导致全国性的适用法律不当。(2) 由于司法解释来源于最高审判机关，下级审判机关的判决面临着上级审判机关的监督、审查，即使下级审判机关认为司法解释有错误也只能遵守，可能造成司法解释的效力与权威高于成文《刑法》的不正常现象。(3) 下级审判机关可能成为适用司法解释的机器，而没有任何能动性，审判人员的素质难以提高。

在 21 世纪初期未建立指导性案例之前，张明楷等教授建议高级人民法院开庭审案，制作有充分理由的判决书，用其中的判决理由和判决理由所形成的规则指导下级法院，进而确保同案同判，从而限制司法权力，增强公民的预测可能性，真正实现罪刑法定原则。同时，判决的法律根据是《刑法》而不是司法解释。在此基础上，可以逐步形成上级法院的判决对下级法院判决的指导与约束作用。也就是说，对下级法院法官在同类案件中解释案件实行了统一标准。在肯定了上级法院判例的合理性的前提下，下级法院遇到相同或类似的刑事案件时，应当作出与上级法院判决相同或类似的判决。只有在社会形势、占支配地位的正义观念发生了显著变化、成文《刑法》作出修改的情况下，才允许以充分理由作出不同的判决。这些年来最高人民法院的多批指导性案件和说理非常充分的刑事审判参考也印证和实践了张明楷教授的判断和建议。最高人民法院和最高人民检察院也有相应的自上而下的指导性案例制度和案例指导制度。通过层层遴选指导性案例的方式促进上下各级司法机关对法律规范的认识统一、适用一致。这些案例主要是应当在事实认定、证据运用、法律适用、政策把握、办案方法等方面，最终实现指导办案、统一适用功能，也即能够在个案当中正确适用我国的法律。

法律因其特殊性，制定和修改都需要经过法定程序和慎之又慎的立法过程，所以法律文本具有稳定性和原则性的特点。在日新月异的社会发展和技术浪潮带来的新变化面前，我们很难也不适宜通过频繁的修改法律适应新的变化，而更恰当的方式是在原有的法律框架内寻找适用办法。而这些新的细节中如何统一适用法律的标准，就有赖于指导性质的案例让整个司法系统办案人员都统一认识。通过充分发挥典型案件示范引领作用，用公正审判凝聚人心，以司法裁判引领风尚，大力弘扬法治精神，努力让人民群众在每一个司法案件中感受到公平正义。

（二）案例：提供立法事实

法律根植于物质的社会、生活关系。科学立法的基本原则要求一切立法的开展都应建立在客观现实、客观需求和客观规律的基础之上，我们选定立法目标、开展立法工作，都应当有事实上的根据，也即立法事实。在实现科学立法目标的过程中，需要丰富方式方法，广泛采取座谈会、书面征求意见、调查研究、列席和旁听、公民讨论、专家咨询和论证、媒体讨论、信访等形式，深入了解各有关方面的情况、诉求和原因，进而尽量精炼客观地总结立法事实。对总结的立法事实能否被采纳也要实事求是地进行论证。也即通过立法事实对因需、适时进行支撑，让立法事实成为立法科学性、可行性、必要性的支撑材料。

比如醉驾入刑的例子。所谓醉驾是一个通俗性称谓，即醉酒驾驶机动车，是我国《刑法》第一百三十三条规定的危险驾驶罪的情形之一。按照国家有关标准，对于血液中酒精含量达到 80 毫克/100 毫升的机动车驾驶者，应依法追究刑事责任，处拘役，并处罚金。在 2011 年 5 月醉驾入刑之前，我国对于没有发生严重后果的醉驾行为只有行政处罚措施，最重为行政拘留。而在醉驾入刑以后，一切都变得不同，十几年过去了，很多现实问题值得法律界回顾与思考。

2008 年 12 月发生的引发社会广泛关注的孙某某醉酒驾车致多人死伤案。[1] 在该案中，孙某某大量饮酒后驾驶一辆小轿车在市区先撞上了与其同向行驶的一辆轿车，之后，孙某某驾车逃离现场并呈“S”形高速前行约 2 公里，至限速为 60km/h 的某路段时，以超过限速 2 倍以上的高速越过道路中心黄色双实线，先后撞向对面正常行驶的四辆轿车，最终造成四人死亡、一人重伤及公私财产重大损失的严重后果。经鉴定，孙某某驾驶的小轿车在连续碰撞四辆车前瞬间的行驶速度为 134～138km/h，孙某某血液中的酒精含量为 135.8mg/100ml。该案经二审，最终以危险方法危害公共安全罪改判一审的死刑为无期徒刑，剥夺政治权利终身。2009 年 6 月发生的南京张某某醉驾致 5 人死亡（其中有一名孕妇）[2] 该案中，张某某酒后驾车至南京江宁区岔路口地区，连撞 9 人，导致 5 人死亡。当时的目击者称“从第一撞击点到最后撞击点，大概有 250 米”。最终张某某被以危险方法危害公共安全罪被判处无期徒刑，剥夺政治权利终身。这两个案件都是醉酒驾驶，

---

〔1〕 参见交通言究社：《通过典型案件来看如何认定与惩治“高危驾车”危害公共安全犯罪行为》，载搜狐网 2019 年 3 月 22 日，https：//www.sohu.com/a/303237849_601552。

〔2〕 参见《南京张某某醉驾致 5 死 4 伤　一审判处无期徒刑》，载央视网 2009 年 11 月 28 日，https：//news.cctv.com/special/nanjingcrash/shouye/。

放任危害结果发生的主观故意（间接故意）非常明显，社会危害性极大，情节特别恶劣，后果特别严重，对被害人及其家属造成了无法弥补的损失。

当时公安部在全国范围内开展了为期两个月的严厉整治酒后驾驶行为专项行动。之后，有政协委员在 2010 年全国两会期间提交了关于针对醉驾设立有关刑法罪名的相关提案[1]，提出对于没有造成严重后果的饮酒驾驶行为的，虽然威胁到了公共安全，但是法无明文规定不为罪，不利于对酒驾案件的处理。而从现有《刑法》规范上看，无论是交通肇事罪还是以危险方法危害公共安全罪，都不能准确地反映出以醉驾方式危害公共安全行为的罪质特征，且我国《刑法》中并没有专门针对此类犯罪的具体条款。法律有了漏洞就必须正视，施杰建议《刑法》增设危险驾驶罪，将酒后驾车、醉酒驾车、吸毒后驾车、高度疲劳驾驶、飙车等行为纳入；针对造成严重结果的、高度危险性的醉酒、吸毒、超速等驾驶行为，提高交通肇事罪的量刑幅度，以求刑罚与犯罪行为的危害性相适应。具体可将危险驾驶罪规定为危险犯，即只要实施了酒后、醉酒驾车或者其他危险驾驶行为，即便没有发生死伤后果，也应当认定为犯罪。将过去的违法行为犯罪化，对尚未造成危害结果的高度危险的醉酒、吸毒、超速等驾驶行为处以 3 年以下有期徒刑并予以罚款。以上等建议受到全国人大常委会的高度重视并采

---

〔1〕 参见《政协委员建议：针对醉驾增设“危险驾驶罪”》，载中国日报网，http：//www.chinadaily.com.cn/dfpd/2010qglianghui/2010-03/02/content_ 9527201.htm。

纳。之后，危险驾驶罪正式被吸纳在《刑法修正案（八）》中，并于2011年5月1日正式实施，自此，醉驾在我国正式入刑。在2015年8月发布的《刑法修正案（九）》中对这一罪名又增加了两类具体的危险驾驶行为，即从事校车业务或者旅客运输的人员严重超载、超速以及违规运输危险化学品，危及公共安全的行为。同时，该法条还增加了对于机动车所有人、管理人的处罚规定，机动车所有人、管理人若有对这两类行为负有直接责任的，按照法条前款规定处罚。由此可见，法条对于危险驾驶罪采用了封闭列举的方式规定了四类危险驾驶行为。孙某某、张某某的案件至今看来仍然让人感到对案件中无辜受害人的同情和痛惜；但是这两个案件也是我国立法进程中重要的立法事实，最终推动了法律的修订，对推动我国法治进步，完善立法，惩治“恶疾”，促使全社会自觉遵守公序良俗等起到了重要作用，具有重大意义。

醉驾入刑至今，“喝酒不开车，开车不喝酒”已经成为社会生活中被公众广泛接受的共识。虽然有一些观点认为醉驾案件入刑以来犯罪数量巨大、占用大量司法资源，导致一些隐形的社会问题（比如挪车、隔夜查出醉驾、行使距离短、对犯罪嫌疑人近亲属的深远负面影响、各地执法尺度不一等），但是这些问题可以从科学确定入罪标准、统一执法尺度、完善行刑衔接、探索轻微犯罪记录封存等方面的措施得到解决。我们必须要看到的是，醉驾入刑以来对因酒驾、醉驾肇事导致的伤亡事故降低起到了极大的作用。比如中共中央宣传部在2022

年7月25日举行的“中国这十年”系列主题新闻发布会中介绍自2011年醉驾入刑以来，全国机动车增长89%，驾驶人增长123%，但11年来全国交通安全形势总体稳定，累计减少数万起酒驾醉驾肇事导致的伤亡事故，充分体现了醉驾入刑坚持生命至上的立法初衷。[1]

以上是一个司法案例作为立法事实影响立法的例子。虽然目前对如何认定、采用立法事实并没有正式的规定。但是，在立法过程中关注和审慎认定立法事实作为立法的事实依据，是有积极意义、值得探索的课题。尤其是如何认定立法事实，正如诉讼、执法要以事实为依据，以法律为准绳，立法亦如是。立法事实一般是指对立法工作具有意义的事实，能够反映立法项目所涉及领域带有普遍性、紧迫性的问题，需要通过立法予以规定、调整。但是需要注意的是，法律是社会控制系统中的一种，并不是社会生活各方各面的问题都适宜通过立法予以解决，所以对于相关立法事实的收集、判断需要持审慎的态度。当然，什么是立法事实，立法事实是否存在，是否具有客观性，是否适宜在立法工作中采纳，都需要全面、客观地研究和论证之后才能得出结论。

综上所述，笔者认为，真实的、合适的案例就属于立法事实的一种，对其的甄别、吸纳能够对立法工作起到正向的作用。法律的适用过程，也即从抽象规范到具体事实的过程，比

---

〔1〕 参见长治网警：《中宣部新闻发布会：介绍公安机关推进更高水平平安中国建设成效》，载百度网2022年7月21日，https://baijiahao.baidu.com/s?id=1739436008871679470&wfr=spider&for=pc。

较重演绎。而立法的过程，也即从具体事实到抽象规范，比较重归纳。法律的生命不在于逻辑，而在于经验，事实就是经验。每一个典型案例中对个案的处理，也就是法律真正生命力的直观体现。笔者在法学院学习的过程中，日益感受到案例在教学中的比重正在增加。而在参与立法工作过程中，感受到我们到第一线调研、开门立法广泛征求意见，就是为了避免我们沉迷于“法律规范”的世界，忽视了从充满生命力、不断推陈出新的现实世界中吸收新的信息。而案例就是一种较为适宜的对我们不熟悉领域的社会事实的“他者”观察。

科学立法需要通过调研去印证预设的观点是否成立，使用常识、逻辑去科学地认定立法事实。如同打官司的时候，证据要经过举证、质证才由法庭结合庭审情况进行认定，立法事实也应当经过举证（是否客观真实）、质证（是否有针对性）再进行最后认定（是否有立法必要性）。

客观真实主要是避免被片面的意见或者部分的事实所影响，不经过逻辑推理和验证就直接对存在偏差的信息新闻信以为真。这就要求我们不能只是看新闻、刷手机、坐在办公室和会议室里接受信息，而是要到实地去用自己的双眼看。针对性则是我们掌握的信息案例是否与正在进行的立法项目有关联性，是否存在符合逻辑的因果关系，而不是想当然得出“我觉得有关系”的结论。至于认定，即我们所调研到的事实是否有必要作为立法项目的支撑材料进行综合的判断。

(三) 案例：推动新法实施

法律的生命力在于实施，法律的权威也在于实施。典型案例不仅在推动法律的统一、准确适用方面作用越来越大，而且在普法当中的作用越来越大，特别是新制定、新修订法律法规出台后的典型案例，能够通过“小切口”讲好法律法规中的大道理，提高普法的效能，用看得见的方式，更好让文本上的条文深入人心，更加“丝滑”地转变为社会现实中运转的规则。

比如《民法典》实施后，最高人民法院就适时推出了人民法院贯彻实施《民法典》典型案例。其中第二批的第二个案例是关于见义勇为的李某良、钟某梅诉吴某闲等生命权纠纷案。[1]《民法典》第一百八十三条规定：“因保护他人民事权益使自己受到损害的，由侵权人承担民事责任，受益人可以给予适当补偿。没有侵权人、侵权人逃逸或者无力承担民事责任，受害人请求补偿的，受益人应当给予适当补偿。”该案系李某林在没有法定或者约定义务的前提下见义勇为，在吴某闲跳入长江时施救而不幸溺亡。后李某林的父母李某良、钟某梅以吴某闲等人为被告诉至法院，请求判令吴某闲等赔偿因李某林死亡产生的各项赔偿款 80 万元。审理法院适用《民法典》“见义勇为损害救济规则”，遂综合考虑李某林救助行为及所

---

〔1〕 参见最高人民法院：《人民法院贯彻实施民法典典型案例（第二批）》，载中华人民共和国最高人民法院网 2023 年 1 月 12 日，https：//www. court. gov. cn/zi xun-xiangqing-386521. html。

起作用、原告受损情况等，判令吴某闲补偿李某良、钟某梅 4 万元。肯定李某林的见义勇为精神，通过以案释法树立是非标杆，积极倡导了崇德向善的社会风尚。

而推动地方性法规从纸面到现实，打通实施落地的“最后一公里”，防止重立轻用的现象发生，就需要实践中的运用和普法，而地方性法规的行政执法、司法适用和普法宣传也是相互促进、相互结合的。我们普法的显性阵地是面向社会大众，不那么显眼的阵地则是法规进法院、进行政执法部门。建立对地方性法规列入普法、进入执法、融入司法、纳入监察的制度机制是必然的趋势。

笔者在检索相关资料时，就发现一些地方在地方性法规的运用上进行了颇有亮点的探索，类似的案例公布和新闻并不少见。比如，2019 年时，浙江省金华市为了提升普法时效，就在《金华市养犬管理规定》施行半年之后，收集、整理并向社会公布了当地的地方性法规十大典型执法案例。[1] 里面有对在城市重点管理区域未经登记饲养的犬只，根据《金华市犬类管理规定》第八条第二款、第十六条第一款第二项、第二十三条的规定，对犬主处以罚款人民币 500 元整的行政处罚。还有其他对犬只未佩戴犬牌活动、未拴狗绳且未佩戴嘴

---

〔1〕 参见金华普法：《金华发布地方性法规十大典型执法案例（养犬篇）》，载微信公众号“金华普法”2019 年 7 月 25 日，https：//mp. weixin. qq. com/s? __ biz=MzAxNDM3Mjk0Ng= = &mid = 2652288899&idx = 1&sn = d62fffe83ea63befaec56e2cabd0c5d9&chksm = 80764ebeb701c7a88db71ee9bf792fe302361654aca4e912c62adf591e4ec678bfd01d1d041d&scene=27。

套、拴养在公共场地等行为作出罚款、收容犬只等处理结果。犬类管理一直是城市治理的一大难题，饲养宠物犬的人不断增多，也产生了更多的社会问题，不仅是环境卫生、犬吠扰民，也存在宠物狗伤人、在公共场所影响他人的情况，而这些问题并不能全部通过友好协商来妥善解决。通过制定针对性的地方性法规，在开展大量宣传教育普法工作的基础上，针对那些无视公德、漠视法律法规的市民依法处置，并公布典型案例，从而更好地通过看得见的方式促进地方性法规实施、提升市民文明养犬意识。又比如2023年泸州市地方性法规融入司法的典型案例新闻[1]，以一个老人和子女的纠纷入手，在当地市中院调解成功后，根据《泸州市文明行为促进条例》第二十七条鼓励和支持村（居）民议事会等组织开展文明行为促进和监督活动的规定，联系老人所在村的村民小组，聘请村民小组长作为社会观护员（社会观护制度是法院运用社会力量，由法院委托的社会观护员对涉案有关背景情况进行社会调查，对涉案人员权益受侵害情况及时干预，对判决、调解后的执行情况进行跟踪考察的一项制度），对调解后的沟通履行进行跟进协调。地方性法规既是对现有法律、行政法规的细化和补充，也是结合地方具体情况和实际需求量身定制的。可以说，在案件审理、司法建议、释法说理中，地方性法规可以发挥更大的作用。

---

〔1〕 参见四川法治报：《从“纸上”到“庭上”，泸州地方性法规这样融入司法》，载四川法治报官网，https://www.scfzbs.com/sz/202308/58948069.html。

再如丽江市的《丽江市人民代表大会常务委员会关于加强丽江市中心城区建筑风貌管控的决定》实施后的典型案例——某汽车园区建设项目建筑外立面整改案例。在 2023 年 6 月 1 日《丽江市人民代表大会常务委员会关于加强丽江市中心城区建筑风貌管控的决定》实施后，某县政府高度重视，发现某汽车园区存在与周边建筑区域建筑风格风貌不协调、立面材质过于新型化、玻璃幕墙面较大等情况，迅速召开整改专题会议，根据《丽江市人民代表大会常务委员会关于加强丽江市中心城区建筑风貌管控的决定》的规定制定改造方案，采取了增设斜檐和坡屋面、屋顶线条颜色调整、对玻璃幕墙增设灰色方管线条、补充道路节点区域公共绿地等措施，使该建设项目建筑外立面与周边区域建筑风貌风格相协调。

作为国家立法、省级立法的延伸和补充，地方性法规结合本地实际所进行的精细化立法，更加有利于依法行政、争议解决。典型案例恰恰起到将法律价值由条文到实践这一关键环节完美结合的作用。比如在司法领域，地方性法规可以作为裁判文书中进行判决的依据，让裁判文书的说理更加符合本地实际，更加容易被理解，更具可执行性和可操作性。同时，对于一些司法当中遇到的问题，除了作出判决外，还可以利用地方性法规提供的法治治理资源，更好地化解矛盾。立法成果的运用，是地方性法规的生命和权威的直观体现，为后续的立法工作、修订优化提供立法事实依据。

十一、"三者有机统一"应当贯穿地方人大工作全过程各方面

党的二十大报告明确提出："必须坚定不移走中国特色社会主义政治发展道路，坚持党的领导、人民当家作主、依法治国有机统一，坚持人民主体地位，充分体现人民意志、保障人民权益、激发人民创造活力。"

在我国国家的制度设计完善、治理体系现代化过程中，"坚持三者有机统一"通过人民代表大会制度这一国家根本制度而得到了可靠、有效的制度载体、实施平台和运行轨道，而人大工作只有坚持党的领导才能始终坚持正确的政治方向，才能平稳有序高效推进人大各项工作，更好地保障人民当家作主，推进依法治国不断走深走实。

在紧跟习近平总书记奋进新征程上，我们要充分发挥"三者有机统一"的政治优势和巨大功效，就要充分认识到在地方人大工作中，既要紧紧围绕党的中心任务开展工作，更要在地方人大行使职权过程中牢牢把握人大制度和工作在坚持党的领导、人民当家作主、依法治国三者有机统一之中的职责和定位，让践行"三者有机统一"和保障全过程人民民主贯穿在地方人大工作的全过程、各方面。

（一）"三者有机统一"的内在逻辑

只有了解了"三者有机统一"的历史由来和其中的政治、法理逻辑，才能让我们充分理解坚持"三者有机统一"最根

本的是坚持党的领导，而党领导人民治理国家的基本方式是依法治国，人民当家作主不仅为坚持党的领导提供了坚实的群众基础，也是社会主义民主政治的本质特征：在长期的历史探索和实践过程中，中国共产党领导人民打江山、守江山，历史和中国人民选择了中国共产党，中国共产党领导人民建立了新型的国家政权、制定了体现党和人民统一意志的宪法和法律，而宪法和法律的实施又为保障人民当家作主提供了坚实的制度保障。

历史和实践充分证明，人民代表大会制度是坚持党的领导、人民当家作主、依法治国有机统一的根本政治制度安排，在党中央集中统一领导下，人民代表大会制度能够把三者真正打通、有机统一起来：

1. “三者有机统一”最根本的是坚持党的领导。中国共产党的领导是中国特色社会主义制度的最大优势，没有党强有力的领导，各项事业都难以进行下去，依法治国也难以得到保障，人民当家作主更无从实现。在中国这样拥有 14 亿人口、情况极其复杂的大国建设法治，更需要有自上而下坚强统一的领导，要有统一的意志，坚决果断一体推行。党和法、党的领导和依法治国是高度统一的。正是基于这样的情况，党的十八届四中全会提出了建设中国特色社会主义法治体系，建设社会主义法治国家的总目标，并强调指出，党的领导是中国特色社会主义最本质的特征，是社会主义法治最根本的保证。

2. 人民当家作主是社会主义民主政治的本质特征。党的主张需要经过人民民主程序的检验，实现与人民意志的统一，人民代表大会制度便是沟通党的意志和人民意志的桥梁。比如通过选举表决和立法程序，由人民选出的代表反映人民的意见和建议，把人民的意志与党的意志融合在一起，通过人大决议决定和制定修订法律等载体表达出来。

3. 依法治国是党领导人民当家作主、治理国家的基本方式。党领导人民制定、实施法律，党自身也必须在宪法和法律范围内活动，严格地依法办事、依法行政、依法司法，就是在执行党的相关政策，党的领导和依法治国目标相一致，都是为了更好地实现人民当家作主，三者辩证统一于社会主义民主政治的实践中，从而实现了党的领导、人民当家作主和依法治国的有机统一。

把党的领导贯彻到依法治国全过程和各方面，是我国社会主义法治建设的一条基本经验。我们只有正确学深悟透“三者有机统一”的内在逻辑，才能深刻地理解习近平总书记一针见血指出的“‘党大还是法大’是一个政治陷阱，是一个伪命题”。党和法的关系是一个根本问题，法是党的主张和人民意愿的统一体现，党既领导人民制定宪法法律，也领导人民实施宪法法律，党自身必须在宪法法律范围内活动。而党的领导核心作用和依法治国通过人民代表大会制度得到全面贯彻和有效执行。

（二）保障人民当家作主的根本政治制度

“政之所兴在顺民心，政之所废在逆民心。”

习近平总书记对于国家制度是否民主、是不是真正做到了人民当家作主提出了“八个能否”和“四个要看”、“四个更要看”的标准。人民代表大会制度坚持以人民为中心，“人民”二字贯穿其制度设计、运行和监督的全过程，在设计理念、运行机制、监督方式等各方面体现和保证了国家权力始终牢牢掌握在人民手中，切实有效地保障了人民当家作主。而人民代表大会作为人民行使国家权力的机关，保证了人民依法通过各种途径和形式管理国家和社会事务，真正成为国家和社会的主人。

1. 保障人民当家作主是长期实践、不断巩固、发展完善的过程。民主大厦建得成非一日之功，从《陕甘宁边区选举条例》用投豆等方式进行选举到新中国成立后制定第一部选举法，再到 1978 年 12 月召开的党的十一届三中全会在深刻总结我国法制建设经验和教训的基础上提出“为了保障人民民主，必须加强社会主义法制，使民主制度化、法律化，使这种制度和法律具有稳定性、连续性和极大的权威，做到有法可依，有法必依，执法必严，违法必究。从现在起，应当把立法工作摆到全国人民代表大会及其常务委员会的重要议程上来”推进民主政治立法，直至今日以宪法和选举法、代表法、组织法等组成的法律体系（特别是至 2020 年已进行第 7 次修改的选举法）为人大代表从选举产生到依法行使权力进行了明确的规定，为人民当家作主提供了严谨科学的制度支撑和明确有效的实现形式。

2. 保障人民当家作主是人民至上、真实管用、充满活力的民主。全过程人民民主坚持以人民为中心的发展思想，始终把人民放在最高位置，充分彰显人民至上的价值追求。从1978年至今，我国已经完成了12次乡级人大代表选举、11次县级人大代表选举，现有的277万多名五级人大代表在党的领导下不脱离生产生活、代表人民意志和利益参加行使国家权力，大到坚持“人民至上，生命至上”，投身脱贫攻坚战、抗击新冠疫情的人民战争，小到在人民代表大会上的每一次发言都代表人民的意志，代表们在履职中始终确保人民的心声得到最大限度反映，人民的利益得到最大限度体现。

3. 保障人民当家作主是价值明确、制度严谨、形式有效的根本制度。在人大工作实践过程当中，全过程人民民主是一个贯穿从选举到决策直至到监督的完整的全闭环过程。在这个制度安排下，人民通过普遍的民主选举，产生自己的代表，组成各级人民代表大会，各级人民代表大会都对人民负责、受人民监督；其他国家机关都由同级人民代表大会产生，对人大负责、受人大监督，这些国家机关的权力都来自人民代表大会，追根溯源，都来自人民。这充分证明了人民代表大会制度坚持“三者有机统一”有利于保障公民知情权、参与权、表达权、监督权的行使全覆盖，进而最大限度地全方位保障人民当家作主。

（三）从六个方面加强和改进新时代地方人大工作

党和国家的中心任务是由社会主要矛盾决定的。在中国共产党第二十次全国代表大会上，习近平总书记指出，从现在起，中国共产党的中心任务就是团结带领全国各族人民全面建成社会主义现代化强国、实现第二个百年奋斗目标，以中国式现代化全面推进中华民族伟大复兴。

党的二十大准确把握主要矛盾，明确党的中心任务，推动中华民族伟大复兴不可逆转的历史进程。伟大的事业在继往开来中推进。习近平总书记在中央人大工作会议上强调，“在全面建设社会主义现代化国家新征程上，我们要毫不动摇坚持、与时俱进完善人民代表大会制度，加强和改进新时代人大工作”，并从六个方面作出部署、提出要求。这也是地方人大将践行“三者有机统一”和保障全过程人民民主贯穿工作全方位各方面所应做到的必然要求：

1. 必须加强党对人大工作的全面领导。一是要深刻领会“两个确立”，坚决做到“两个维护”。清醒认识“两个确立”是党的十八大以来我们党作出的重大政治抉择，是新时代十年最重要的政治成果，是实现新时代十年伟大变革的根本原因，对新时代党和国家事业发展、对推进中华民族伟大复兴历史进程具有决定性意义，自觉用习近平新时代中国特色社会主义思想统揽和指导人大工作。二是要深入学习贯彻习近平总书记关于坚持和完善人民代表大会制度的重要思想，紧紧围绕党的中心任务开展人大工作，坚定不移贯彻落实坚持党的全面领导这一最高政治原则。三是要深度坚持党对地方人大工作全方位各环节的全面领导，坚持重要会议、重要立法、重要工作、重大事项及时向同级党委请示报告，确保人大工作始终在党的领导下进行。

2. 必须全面贯彻实施宪法，维护宪法权威和尊严。一是要始终坚持围绕中心、突出重点、增强实效，加强对法律法规实施情况的监督，确保国家机关都在宪法法律范围内履行职责、开展工作。二是要依法发挥规范备案审查监督作用，从形式审查和实质审查两个方面入手，努力实现有件必备、有备必审、有错必纠。三是要全面实施宪法宣誓制度，增强被任命人员的政治意识、宪法意识、责任意识、公仆意识，依法加强干部任后履职监督，督促被任命人员依法行政、公正司法、履职尽责、为民谋利。四是要持续深入开展宪法法律宣传教育，健全党员干部学习宪法制度，全面落实宪法宣誓制度。

3. 必须找准“小切口”，善用“小快灵”，以良法促进发展、保障善治。一是要坚持党对立法工作的领导。始终把坚持党的领导贯彻到立法工作的全过程和各方面，确保地方立法工作正确的政治方向。严格执行请示报告制度，将党委的重大决策部署和主张通过法定程序上升为人民的共同意志和行为规范，更好地发挥立法对经济社会发展的引领、推动、规范和保障作用；对于市委决策部署、交办的市人大立法任务要全力以赴抓好贯彻落实。坚持党领导立法工作的制度机制，认真落实党的领导入法入规，落实社会主义核心价值观入法入规，把党言党语转换成法言法语。重大立法项目，立法中的重大问题和立法中的重大事项，及时主动向市委请示报告，自觉把坚持党的领导、人民当家作主、依法治国有机统一贯穿于立法全过程，使地方立法准确体现党的主张。二是要深入推进科学立法、民主立法、依法立法。聚焦丽江，坚持改革决策与立法决策相衔接，加强重要领域和新兴领域立法，把好立项关，始终坚持围绕中心、服务大局、突出重点，围绕贯彻落实党中央大政方针和市委决策部署，聚焦城乡建设与管理、历史文化保护、生态文明建设、基层治理，研究编制立法规划和计划，科学合理确定立法项目，增强立法工作的统筹性、针对性、前瞻性。注重开展“小切口”“小快灵”立法，以良法引领改革、推动发展、保障善治。三是要切实提高地方立法质量和效率，把好起草关和审议关。要抓好抓实法规草案的牵头起草工作，针对拟制定的条例，完善“立法工作专班”机制，最大限度整合立法资源和力量。对政府或其他方面负责起草的法规草案，做好提前介入、协调配合、督促推动等工作，及时研究解决立法中的重大分歧和问题，推动按计划提请审议。要在审议阶段认真组织立法座谈会、征求意见会、分组审议会议、公开征求意见等，研究吸纳常委会组成人员、人大代表和各方面的意见建议，防止立法中的利益偏向，在集思广益、凝聚共识的基础上作出科学决策，确保法规文本质量。四是要坚持践行全过程人民民主。坚持立法为了人民、依靠人民，问计于民、问需于民，民主立法、开门立法，凝聚各方面智慧和力量做好立法工作，切实将全过程人民民主要求落实到地方立法中，努力让每一部法规都满载民意、贴近民生、顺应民心，使立法过程成为满足人民需要、扩大人民参与、接受人民监督的生动民主实践。要丰富和拓展公众有序参与立法的途径，做好法规草案公开征求意见工作，建好用好基层立法联系点、代表活动阵地（“站”“家”“室”），灵活运用调研、座谈、论证、听证、评估等方式，把立法工作建立在坚实的民意基础上；完善人大代表参与立法工作的制度机制，邀请人大代表特别是相关领域或具有相关专业背景的代表参加立法调研和审议，重要法规草案印送全体代表征求意见，认真研究吸纳代表提出的意见建议并及时沟通反馈。加强立法全过程宣传解读，采取访谈对话、线上互动、意见征集、开设媒体专栏等形式加强立法宣传，使立法过程成为普及法律知识、弘扬法治精神的过程。

4. 必须用好宪法赋予人大的监督权，以问题为导向实行正确监督、有效监督、依法监督。一是要通过依法监督支持重点工作，保障丽江高质量发展。紧紧围绕全市工作大局，做到市委工作重心在哪里，人大工作就跟进到哪里，力量就汇聚到哪里，作用就发挥到哪里，围绕重点任务，综合运用多种方式，开展正确监督、有效监督、依法监督。二是要加强调研、报告、评议，聚焦中国式现代化要求，突出丽江特色，重点围绕育产业促增收、兴文化强旅游、增绿色建低碳等方面经常性深入调研督导，助力高质量跨越式发展。三是要通过强化监督理念，聚焦政治属性、公平正义、强基固本、提质增效细化监督举措，对做好普法宣传和矛盾纠纷排查化解进行专题调研，加强人大司法监督工作对于维护社会公平正义、推进国家治理体系和治理能力现代化具有重要意义。

5. 必须充分发挥人大代表作用，做到民有所呼、我有所应。一是要坚持尊重代表主体地位，牢固树立服务代表意识，不断深化和拓展代表工作的内容和形式，积极探索服务代表的新方法、新途径，全力支持和保障代表更好依法履职。二是要强化代表学习培训，努力提高学习培训效果，通过提高代表的政治理论素养、法律知识水平和履职能力，学以知责、学以明法、学以致用，为依法正确履行职责、更好地发挥代表作用奠定坚实的基础。三是要加强代表建议办理，规范程序抓督办。通过完善强化建议交办工作、督促落实办理责任、坚持代表全程参与、强化沟通抓推进、突出重点抓督办、科学评价抓落实等举措推动代表工作再上新台阶。

6. 必须强化政治机关意识，加强人大自身建设。一是要牢牢把握人大机关的政治属性，坚持以政治建设为统领，以主题教育为契机，以模范机关创建为支撑，结合作风革命效能革命和市委“争一流、促跨越”行动有关要求，全面加强人大机关思想、组织、作风、能力建设。二是要坚持全面从严治党，严格执行各项制度，以二十大擘画的宏伟蓝图统一思想、统一意志、统一行动，继续组织开展多种形式的理想信念教育和警示教育，坚定不移推进全面从严治党，持续抓好清廉机关及清廉家风建设。三是要努力建设坚持中国共产党领导的政治机关、保证人民当家作主的国家权力机关、全面担负宪法法律赋予的各项职责的工作机关、始终同人民群众保持密切联系的代表机关，努力打造政治坚定、服务人民、尊崇法治、发扬民主、勤勉尽责的人大工作队伍，为发展全过程人民民主、保障人民当家作主作出新贡献。

历史和现实不断告诉我们，只有坚持党的领导、人民当家作主、依法治国三者有机统一，坚定不移走中国特色社会主义民主政治发展道路，不断推进社会主义民主政治制度化、规范化、程序化，才能真正保障人民当家作主，更好地发挥中国特色社会主义政治制度的优越性，为党和国家兴旺发达、长治久安提供更加完善的制度保障。

十二、人大代表的履职尽责和参与立法

履职，就是履行职务，而职务，就是职位规定应该担任的工作。人大代表职务，就是代表人民的利益和意志，依照《宪法》和法律赋予本级人大的各项职权，参加行使国家权力。人大代表的这种职务及其作用的定位，是由人民在国家政治生活中的地位决定的，是由人大代表的性质决定的。笔者曾有幸被选为丽江市古城区第四届人民代表大会代表，在本书中将结合自己的履职和参与立法经历，对如何认识人大代表的职务、如何履行好人大代表职务的思路，与大家交流一下人大代表如何参与立法的思考。

从法律规定的要求和实践情况来看，笔者认为作为人大代表的职务内容主要是两个期间、三种方式；而作为区级人大代表，在履职上又具有两个特点。

（一）人大代表履职的两个期间、三种方式

首先，两个期间是指闭会期间和开会期间。

人大代表开会期间的主要工作有以下内容：（1）参加审议各项议案、报告和其他议题并发表意见；（2）依法联名提出议案、质询案、罢免案等；（3）提出建议、批评和意见；（4）参加本级人大的各项选举和表决等。在开会期间人大代表履职所涉及的立法工作主要为审议常委会工作报告中的立法部分和代表大会立法。常委会工作报告当中会对前一年度立法工作和下一年立法工作部署进行明确，而且在会前、会中都会向代表征求修改意见，所以是一个比较好的参与立法工作的机会。笔者在任期参加区人民代表大会会议的直接感受是大家的认真和尽责。在政府、法院、检察院报告的预审会上，参会的代表来自各行各业，都不是“举手代表”，小到一个标点符号、一个数据、一个词语，大到一个观点、一个结论、一个目标，都能够结合自身专业如实、坦诚地发表自己的看法，很大一部分意见也很快体现在了出炉的报告成稿上。而在正式开会期间，笔者也感受到了各位代表，特别是老代表们能够切实做到受选民所托，“真代善表”，所提出所反映的问题都是和选区群众切身利益实际生活相关的，并且具有相当的可操作性。作为新任代表，对于老代表们在履职时展现出的对选区的熟悉和紧密联系，笔者认为是需要自身努力提高的主要方面。特别是开会期间的“真代善表”，是离不开闭会期间的不做“形象

代表”和积极履行职责的。虽然区人大会不涉及代表大会立法，但是代表大会是代表参加人数最多、履职范围最广、受百姓关注最多的会议，做好代表大会期间代表的立法参与，是可行且必要的。比如2019年2月的丽江市第四届人民代表大会第二次会议就审议通过了《丽江市人民代表大会及其常务委员会制定地方性法规条例》，取得了很好的社会效果。当然，这离不开会前有计划组织代表开展视察和调研活动，了解各方面对法规草案的意见，说明立法的基本情况，组织代表参加立法履职培训等举措。

而在闭会期间，人大代表的主要工作有以下内容：（1）组成代表小组开展活动；（2）参加人大常委会组织的视察和专题调研；（3）应邀参加人大常委会组织的执法检查和人大专门委员会、常委会办事机构和工作机构组织的工作调研等；（4）列席或者应邀列席人大的有关会议；（5）提出建议、批评和意见；（6）参加履职学习培训；（7）其他联系人民群众的活动等。

对于上述的参加活动、反馈意见和参加培训、出席列席会议，从法律的角度讲，笔者认为作为新任代表应当明确认识到开会期间和闭会期间的各项工作都是人大代表的法定义务，没有孰轻孰重之分，不做“会后就了”的代表，积极地参与闭会期间的活动，多向老代表请教。因为闭会期间的履职情况和效果，是开会期间履职质量的基础。

其次，三种方式是指根据法律规定和实践情况来看，人大代表执行职务有三种方式：第一种是人大代表全体参加执行的，如出席会议和参加审议、选举和表决，参加常委会组织的视察、履职学习等。第二种是部分代表参加执行的，如联名提出议案、质询案、罢免案或者提议组织特定问题调查委员会、临时召集本级人大会议，参加代表小组活动、常委会组织的专题调研，地方人大代表联名提出本级国家机关有关职务人选等。第三种是代表个人执行的，如审议时询问，持证视察，提出约见，列席人大有关会议和参加特定问题调查委员会，参加常委会组织的执法检查以及个人提出建议、批评和意见和以其他方式联系原选区选民或者原选举单位等。

笔者认为，在以上三种方式当中要特别注重第二种、第三种方式，也就是部分代表或者代表个人执行职务。因为在当选人大代表期间，笔者系专职执业律师，所以，笔者在工作中更多体会到人大的权威。大到法律法规的通过，小到小区民生工程、垃圾分类管理等问题的解决，无论大事小事，人大的权威和努力都发挥了关键的作用。作为代表，特别是新任代表，如果不能正确认识人大的权威，正确履行人大代表职务，不作为或者乱作为，都是失职的表现。

（二）区人大代表履职的两个特点

要正确履行人大代表职务，特别是履行个人职务，就要在认识区级人大代表的两个特点的基础上正确履职。

第一个特点是本地性。一方面，区人大代表的产生不同于国家、省、市人大代表，人大代表是选民直接投票选举产生的，选民和人大代表相互认识，也生活在一起，彼此了解，与选民的联系是非常紧密的。所以人大代表的一言一行、一举一动，大家都看在眼里，记在心里，代表说的每一句话，做的每一件事，都直接关系到代表在选民心中的形象和地位。所以，这就要求人大代表要珍惜荣誉，无论是履职还是本职工作，都应当重视自己的代表形象，让选民更信任人大代表。另一方面，由于大部分的区级代表是本地选出的兼职代表，所以个人职业活动是人大代表的经济生活来源，代表们的主要精力仍会放在职业活动中，这就要求代表们既要在本职工作作出成绩，也要优先执行代表职务，积极履行职责，更要心存敬畏，将工作和履职分开，绝不能利用代表身份或执行代表职务牟取个人利益，自觉维护人大代表的尊严和形象。

第二个特点是复杂性。在中国特色社会主义进入新时代，我国社会主要矛盾已经转化为人民日益增长的美好生活需要和不平衡不充分的发展之间的矛盾。人大代表来自人民，在履职过程中，必定要接触社会的方方面面事务，同时要和社会各个阶层的人打交道，也会面对复杂的人和事。那么，作为区级代表，笔者所在的代表团就是直面这一矛盾在社会生活中体现的一级代表。比如，2017 年笔者所在代表团的人大代表建议就主要是对社区垃圾清运、消防设施、供电设施、市场升级这几方面民生问题的建议，以后相关的民生问题将会更多。而通过和几家主管部门的多次谈话了解，有一些问题现在就能解决，也正在解决；而有一些问题就存在现实的症结，需要时间。作为在群众和部门中间的代表，笔者认为人大代表们就需要正确的认识履职的复杂性和正确的处理履职的复杂性。

首先，要摆正自己的立场，提升自己的能力，在处理这些问题时讲政治、守规矩，勤勤恳恳的依法履行职责；既要勤走动，真正了解真实问题，也要勤学习，勤宣传，能够如实地反映群众普遍反映的重点问题给相关部门，也能积极地宣传国家的法律政策，做好上情下达，下情上传，切实发挥好人大代表在党和政府与人民群众的桥梁纽带作用。

其次，对于复杂的问题，人大代表要秉持公心，代表群众、信任政府。代表要反映社情民意、代表群众的利益说话。代表要善于质疑、要善于发现和纠正政府工作中的不足甚至错误，提出问题，监督政府改正和提高自己的工作。但同时代表要信任政府、相信政府是在尽心尽责努力工作的，既要表达群众的愿望和要求，实施必要和有效的监督，也要理解和体谅政府工作中的局限和困难，给政府工作留出时间和空间，这就是支持。如果没有对群众的负责和对政府的信任，代表的工作就会走入误区。

最后，在认识到履行工作的复杂性时，笔者认为代表应当充分认识个人与组织的关系。代表工作需要每一个代表自觉主动积极参与，又要围绕常委会和人大工委的意图目标进行。工作过程中要充分尊重重视组织的作用，就笔者个人而言，笔者在以后的个人履职工作中，如果遇到复杂、较难的问题，笔者的处理思路是及时向街道人大工委和区人大常委会汇报，请求领导的关注、关心和指导，以使履职行为更加合法、合理、有效。当时所在的代表团团长（两任街道党工委书记）、街道人大工委主任、街道办事处主任和其他老代表、办事处工作人员也很关心笔者这样的新代表，注意通过传帮带让笔者尽快适应新角色，使笔者受益匪浅，能够顺利履职，也是因为适应较快，积极履职，区人大常委会主任、分管“法口”的区人大常委会副主任、“法口”负责同志、区人大常委会秘书长、选联委负责同志也常争取参与履职活动的机会给笔者，让笔者在实践中不断成长、提升了履职尽责的能力，对区人大常委会和西安街道各位领导、各位同志的关心、帮助，笔者一直心怀感激。

（三）代表履职和参与立法紧密结合

地方立法是地方人大及其常委会的一项重要职权，是对各种社会关系的调整，也是对利益重新再分配的过程，必然会涉及社会各阶层、各群体的切身利益，与人民群众息息相关。践行全过程人民民主充分发挥人大代表在地方立法中的主体作用是推进科学立法、民主立法、依法立法，提高立法质量的重要举措，也是保障人民当家作主、完善人民代表大会制度的内在要求。在立法工作方面，人大代表行权履职主要涉及以下方面：（1）是立法计划、规划编制时征求人大代表意见，包括代表提出立法议案或者意见建议。（2）在法规起草阶段，邀请代表参加起草、调研和论证工作。(3)在法规审议阶段邀请代表列席会议；在法规实施后，积极组织人大代表监督法律法规的贯彻实施，开展法规实施情况的调研、执法检查和立法后评估。所以代表的履职和参与立法工作其实是紧密结合的，笔者翻阅以前自己存下的一些资料，发现之前任职期间，区人大常委会曾向笔者征集过《丽江市文明行为促进条例（草案）》《丽江市人民代表大会及其常务委员会制定地方性法规条例（草案）》的意见建议，对《丽江市古城区违法建筑处置实施细则（试行）》等规范性文件也反馈过书面意见。后来，笔者也因为积极参与区人大常委会组织代表开展的法治相关工作，提了不少书面意见，在任期中被选举为区人大法制和司法监察委员会委员，有了更多参与立法工作的机会。

笔者梳理了一下自己提出的人大建议，发现不少其实和规范性文件相关。比如2017年向本地法院提出的建立协助调查机制的建议，主要内容建议古城区人民法院试行间接调查方式，建立协助调查机制的流程和标准并进行公开，根据合法合理的申请向当事人签发协助调查通知书，由其携带到有关部门就涉讼事实进行调查取证。可依据《民事诉讼法》的规定制作协助调查通知书，在调查取证时向协助义务人送达，并由其签收，在协助调查通知书中应载明如下内容：协助调查通知书应载明签发人员信息和联系方式，进行调查取证当事人的身份信息，协助调查通知书取证的生效时限（避免当事人延误取证），协助调查的取证内容，协助义务人履行义务的时间限制。希望通过建立协助调查机制，减少人民法院在案多人少的情况下还要抽调人员去调查取证的压力，提高当事人调查取证的成功率，降低人民群众的诉讼难度、诉讼成本，从而进一步提高司法公正与效率，增强司法权威和司法公信力，更好地保护当事人的合法权益。

笔者后续还向物业主管部门提出过关于建立物业服务企业长效监督考核机制的相关建议，主要是对物业取消准入资质后，出于进一步规范物业服务企业的经营行为，提升其服务水平，切实维护业主的合法权益，进一步促进物业服务市场的健康发展的考虑，特建议依据相关法律规定，结合社情民意，建立古城区物业服务企业长效监督考核机制，进行长期考核打分、公示红黑榜等措施。后来笔者也参与了对物业管理情况的调研，对报告提出了建议加入“对近三年未正常移交资料和押金的物业公司查实后在三微一端公示，引导物业公司的规范化运作”“住建部门探索建立直接移送业主资料的机制，以避免因业主资料不全而拖延业委会成立”“探索建立全区统一的业委会筹备小组成立流程，即报名、公示、异议处理统一标准，制定全区统一的业委会筹备组议事规则”“住建部门选取合适小区进行手机或电子表决投票机制试点并作为典型推广”“注重发挥党员在业委会建设中的先锋模范和引领作用，鼓励党员和退休干部进入业委会和对业委会成员进行培训。在社区治理过程中注意引导、鼓励业委会发挥作用”等书面意见。

在 2020 年，笔者结合之前提出的意见和自己的实践经历，保持着对物业问题的长期关注，再接再厉提出了关于推进基层治理和优化业委会工作指引方面的人大代表建议，对之前提出的意见进行了总结并提出了更加有针对性的措施，比如提出了：（1）建议对业主委员会骨干成员给予培训机会，物业之所以问题矛盾多和纠纷多，业主委员会成员的培训少不专业也是原因之一，不能只培训物业公司而忽略业主委员会的作用。（2）需要进一步探索部分小区业主委员会和群众自治性组织不委托物业自行治理的模式——结合 2020 年社区成立服务公司的情况，对于小区的安保巡逻、绿化卫生、设备检修、建筑维护等需要采用业主委员会直接聘请和部分外包的方式进行。（3）虽然对物业进行红黑榜公示条件不成熟，但是物业更换移交中好聚好散少，不欢而散多，前任物业不移交资料和押金引发矛盾多，故建议对未正常移交资料和押金的物业公司查实后在主要媒体公示，引导物业公司的规范化运作等内容。笔者还提出了其他诸如出台相关规范性文件的建议，当然，笔者当时对规范性文件的理解还停留在红头文件的感性阶段和司法考试的基本知识认识上，并没有深入的了解。

笔者履职期间还提出了关于建立、推行古城区城市管理失信行为管理办法的人大代表建议，主要为："社会信用体系建设包括政务诚信、商务诚信、社会诚信和司法公信，城市管理领域信用建设属于其中的社会诚信范畴。主要是在城市管理领域记录行政相对人的失信行为，建立诚信档案，通过建立《城市管理失信行为管理办法》进行信用等级评价，实施分类管理。同时将相关失信记录纳入征信体系，实施失信联动惩戒。建立和推行《城市管理失信行为管理办法》的实施能够提高相对人的自律意识，促进城市管理工作的长效管理。具体的管理办理建立思路即在一个自然年内采取计分制对自然人或法人违反城市管理相关法律法规规定被责令限期整改逾期未整改的、违反城市管理相关法律法规规定被处以行政处罚的、无正当理由拒不履行城市管理相关执法部门作出的行政处罚决定的、在古城区范围内实施违法建设的、阻碍行政执法人员依法执行职务的、乱贴乱涂小广告的、损毁或占用公共绿地的行为分别扣取不同分数。并通过对扣分情况划分档次，对于扣分达到一般失信行为标准的报送市信用办备案。对于扣分达到较重失信行为标准的，根据相关失信惩戒办法，进入市公共信用信息系统黄名单，社会法人有效期三年，自然人有效期三年。对于扣分达到严重失信行为标准的，根据相关失信惩戒办法入市公共信用信息系统黑名单，并向社会公开，社会法人有效期七年，自然人有效期五年。同时，对存在失信行为的相对人，结合失信严重程度，将按照相关规定分别实施信用联动惩戒。建立和推行丽江区《城市管理失信行为管理办法》，将有利于提升城市管理效能，倡导诚实守信的社会氛围，有效惩戒失信行为。”

笔者也曾结合律师工作实践，在市政协会上提出了关于进一步优化丽江市认罪认罚从宽制度中值班律师机制的相关建议，主要内容为：在深化认罪认罚工作的背景下，结合司法实际不断探索、优化值班律师的工作机制，有利于加强认罪认罚从宽制度的积极有效适用。一是完善值班律师机制，探索工作细则。探索符合实际的值班律师工作机制和配套措施才能有效、长效地发挥值班律师的作用。对于如何严格落实保障犯罪嫌疑人、被告人法律帮助权，建立值班律师统筹调配和跨区域协作工作机制，为值班律师开展法律帮助工作提供便利条件和规范指引等方面应结合丽江市实际探索有效的工作细则。同时，对于在疫情期间丽江市保障律师诉讼权利、借助远程视频技术创新履职方式、严格落实值班律师制度方面的经验也可继续探索、完善和应用。二是完善值班律师的考核制度，加强激励指引。在探索更好为值班律师开展法律帮助工作提供便利条件、制度保障和规范指引的同时，应积极推动建立值班律师工作考核机制，通过对法官、检察官、被告人的反馈调查，建立值班律师工作表现档案，作为值班律师的考核依据，并将考核结果与值班律师资格年审、律师评级、办案补贴挂钩，记入律师诚信服务记录。同时，也应在业务培训、表彰先进方面注重对值班律师的激励指引，通过广泛宣传先进事迹、典型案例来树立值班律师良好形象。三是优化值班律师资源配置，强化经费保障。针对值班律师资源配置不均，可能影响犯罪嫌疑人、被告人获得及时法律帮助的问题，特别是考虑到绝大部分一审刑事案件在基层法院审结的情况，建议统筹调配全市值班律师资源，结合丽江市刑事律师专业化发展规划，建立跨区的值班律师派驻机制。针对值班律师履职保障，建议将法律援助值班律师与法律援助辩护律师实行分类管理、按需调配，并配套制定区别于法律援助辩护律师的值班律师服务标准、补贴标准和质量评估标准。

除此之外，笔者还参与了《监察法》贯彻实施情况等一些执法检查活动。现在想来，在闭会期间笔者不知不觉就参与了不少的立法工作，不仅是提出对地方性法规草案的意见建议，也包括提出台各种规范性文件的意见建议，因为广义上讲，地方性法规也属于学术上的规范性文件，所以笔者把规范性文件相关的代表活动也算在参与立法工作的经历之中。同时，履职期间参加的多次人大代表培训中都安排有立法理论和实践的培训，使笔者更加深刻认识到参与地方立法不仅是行使代表法定权利，也是在履行代表义务，还提升了行权履职的能力。

总而言之，人大代表的行权履职和参加立法工作是紧密结合的，既需要人大代表珍惜荣誉、积极学习履职、努力做到真代善表；也需要人大常委会加强统筹服务、充分听取意见、重视立法议案办理。比如对人大代表的保障方面，市人大常委会选举联络工作委员会（2024 年已更名为代表工作委员会）的负责人是一位干脆利落、雷厉风行的领导，近年来丽江市人大常委会制定出台了关于加强全市人大代表活动阵地规范化建设的实施意见，推进 6 个代表之家、66 个代表工作站和 440 个联络室规范化建设，形成了“家”“站”“室”纵向贯通、信息联通新格局，成为人大代表密切联系人民群众的“连心桥”、提升素质能力的“加油站”、履职尽责的“服务站”，为以后人大代表的行权履职和参与立法工作提供了优质的保障。而且现在设立基层立法联系点、建立人大代表网络履职平台、委员会联系代表、代表联系群众等制度机制的创新优化也为引导代表在立法工作全过程和参与广度深度上发挥其主体作用提供了更大的保障。作为人大代表，更应该提高政治站位、专业水平和法律素养，充分发挥在地方立法工作中的作用，不仅要熟悉立法工作机制和程序，还应该通过立足基层一线的优势，深入调查研究，将现实情况、群众期盼反映到立法各环节的意见征求和审议发言、议案提出之中，并在法规实施后结合自身参与立法的经历、配合做好法律法规宣传普及和对法律法规运用实施的监督工作。

第二章　城乡建设与管理地方立法之《丽江市人民代表大会常务委员会关于加强丽江市中心城区建筑风貌管控的决定》

在 2022 年，设区的市通过决定形式出台地方性法规是一件比较少见的事情，大家很容易把决定当成是规范性文件或者重大事项决定而不是地方性法规，甚至在《丽江市人民代表大会常务委员会关于加强丽江市中心城区建筑风貌管控的决定》的市人大审议阶段，在征求意见过程中，还是有个别人提到“规范性文件如何如何”。当然，笔者之所以对上述决定印象深刻，不仅是因为它是创新性、专业性的立法，更因为它是笔者从头跟到尾的第一部地方性法规，从建议立项、列入立法计划、制定起草方案、落实方案、审议、报批、实施等环节完整的经历了一遍，就像是全程体验一个孩子的孕育到诞生，感觉更加亲密。由于本篇主要围绕《丽江市人民代表大会常务委员会关于加强丽江市中心城区建筑风貌管控的决定》的内容进行写作，有别于本书的其他几篇，所以将决定全文列举如下，以带来更好的阅读体验。

《丽江市人民代表大会常务委员会关于加强丽江市中心城区建筑风貌管控的决定》[1]

（2023 年 4 月 28 日丽江市第五届人民代表大会常务委员会第九次会议通过　2023 年 5 月 31 日云南省第十四届人民代表大会常务委员会第三次会议批准）

为了建设高品质城市，打造世界文化旅游名城，营造宜居宜业宜游的人居环境，保持城市建筑风貌，根据有关法律、法规，结合本市实际，对加强丽江市（以下简称市）中心城区建筑风貌管控作出如下决定：

一、加强中心城区建筑风貌管控，要全面贯彻新发展理念，坚持适用、经济、绿色、美观的建筑方针，尊重自然地理

〔1〕 参见《丽江市人民代表大会常务委员会关于加强丽江市中心城区建筑风貌管控的决定》，载丽江人大网 2023 年 5 月 31 日，http：//www. lijiangrd. gov. cn/xljrd/c100788/202305/bfb39bcddc394aa9aa5d59aa0d6b2b0d. shtml。

环境特征，强化城市设计引领，优化城市格局和空间形态，延续历史文脉，体现城市精神，展现时代风貌，彰显丽江特色。

二、本决定所称中心城区范围包括主城片区、新团片区、西山片区、玉龙县城片区等，具体范围在市国土空间总体规划中确定。

三、市人民政府应当加强对中心城区建筑风貌管控工作的领导，建立健全协调机制，组织编制相关规划设计导则，统筹推进中心城区建筑风貌管控工作。

古城区（以下简称区）、玉龙纳西族自治县（以下简称县）人民政府应当履行属地责任，组织落实中心城区建筑风貌管控工作。

市、县（区）人民政府自然资源和规划、住房和城乡建设、文化和旅游、发展改革等部门和古城保护管理机构按照各自职能职责，共同做好中心城区建筑风貌管控相关工作，并加强组织实施和监督指导。

四、中心城区建筑风貌管控要求，应当纳入国土空间总体规划、详细规划以及村庄规划编制内容。

编制和实施国土空间总体规划，应当科学确定中心城区整体空间格局和城市建筑风貌定位，统筹划定历史文化保护范围，合理布局视线廊道、景观廊道、通风廊道、开敞空间等，加强对城市公共空间、滨水、临山区域以及城市主干道天际线的规划设计和控制引导。

编制和实施详细规划，应当统筹城市景观和环境容量，优化建设用地布局，遵循城市绿线、蓝线等管理规定，结合中心城区建筑风貌分区，加强城中村建筑风貌管控和引导，分类细化城市建筑风貌管控规定，把握建筑空间尺度，依法合理设定容积率、建筑密度、绿地率、建筑高度等技术指标。

编制和实施村庄规划，应当根据村庄地域特征、传统风貌、民居特色以及村民生活习惯等因素，统筹村落空间特色要素，确定建筑风貌特征，加强村庄风貌管控和引导。

五、城市设计应当立足城市空间格局，结合城市自然山水、历史文脉、景观视廊和周边环境，对建筑群落的空间布局、建筑风貌、环境设计以及建筑高度、体量、尺度、色彩、材质、风格等作出设计引导，对重要地段、公共广场、公园湿地、交通走廊、滨河空间和其他重要景观风貌节点的建设项目开展引导管控，保护丽江古城和玉龙雪山等景观视廊，构建城市与古城、雪山、蓝天、山水、田园、村庄相互映衬的景观，营造错落有致、层次分明的建筑天际线，形成特色鲜明、视线通透、协调有序的城市建筑风貌。

六、建筑设计应当依据建筑功能，彰显各自特性，强化对建筑高度、体量、造型、色彩等的设计引导，加强对建筑立面、建筑屋顶、景观绿化、附属小品的一体化设计，注重吸纳传统民居建筑文化特色，鼓励传承与创新，促进新老建筑风貌协调，延续城市特色风貌。

山地建筑应当依山就势、因地制宜、错落布局，弱化建筑体量，与周边环境融合协调。

七、中心城区建筑风貌按照传统建筑风貌区、传承建筑风貌区、本土现代建筑风貌区实施分区管控；文物保护单位建筑风貌按照文物保护法律法规实施管控。

传统建筑风貌区为世界文化遗产丽江古城遗产区和缓冲区；传承建筑风貌区为西山片区、玉龙县城片区以及主城片区除世界文化遗产丽江古城遗产区和缓冲区以外区域；本土现代建筑风貌区为新团片区。

八、建筑高度实施分区上限管控。严格中心城区高度控制，在国土空间总体规划中提出三个分区建筑高度控制要求，在详细规划以及专项规划中明确三个分区具体地块的建筑高度。传统建筑风貌区遗产区建筑檐口高度控制在6.5米以内，缓冲区建筑檐口高度控制在8.5米以内；传承建筑风貌区西山片区北片区（长水路以北）建筑檐口高度控制在12米以内、南片区（长水路以南）建筑檐口高度控制在14米以内，玉龙县城火车站区域建筑檐口高度控制在40米以内，其余建筑檐口高度控制在24米以内；本土现代建筑风貌区建筑檐口高度控制在80米以内。确因公益性公共建筑功能需要超出限高的建筑纳入详细规划依法审定。

九、建筑面宽实施分类管控。传统建筑风貌区建筑物连续面宽控制在30米以内；传承建筑风貌区以及本土现代建筑风貌区临街、临城市广场、临公园绿地新建低层和多层主体建筑连续面宽控制在60米以内，高层建筑连续面宽控制在50米以内。标志性建筑、重要公共建筑连续面宽确需突破的纳入详细规划依法审定。

十、建筑屋顶管控。传统建筑风貌区的建筑采用双坡悬山或者双坡硬山屋顶，延续传统民居屋顶的形式、材料、坡度以及细部做法。

传承建筑风貌区以及本土现代建筑风貌区的建筑屋顶按照建筑层数实施管控。低层建筑采用深出檐双坡屋顶；多层建筑采用坡屋面为主、平坡结合的屋顶；高层建筑屋顶应当根据建筑功能决定屋顶形式，体现本土建筑特色，保持街区建筑整体协调。建筑屋顶太阳能设施、突出屋面的设施构造间应当与主体建筑一体化设计；鼓励有条件的实施屋顶绿化。

十一、建筑色彩应当与建筑场景相融合，建筑基调色选用灰白色为主的中性色系，采用低明亮度、中低纯度色彩。

十二、建筑材质应当与自然环境、民族文化相融合，与建筑风格、使用功能相匹配，采用美观大方、耐久性好的绿色环保建筑材料，鼓励使用地域性特色材料。

传统建筑风貌区的建筑屋面应当使用传统的灰色青瓦；传承建筑风貌区以及本土现代建筑风貌区的斜坡屋面和斜檐材质应当根据建筑类别、体量、高度确定。

十三、文化宣传、户外广告、商业牌匾、城市照明、电力通讯、标志标识的设置应当符合相关规范和标准要求，体量、形式、色彩应当与建筑风格、城市风貌以及周边环境相协调。

十四、任何组织或者个人不得违反法律、法规规定，擅自拆改、增建建（构）筑物，擅自改变原有的建筑立面、色彩和形状。对违反管控要求的行为，按照有关法律、法规予以处理或者处罚。

十五、市、县（区）人民代表大会常务委员会应当采取执法检查、代表视察等方式加强对本决定实施情况的监督。市、县（区）人民政府应当加强对中心城区建筑风貌管控工作的监督检查，定期向本级人民代表大会常务委员会报告中心城区建筑风貌管控工作情况。

十六、本决定自2023年6月1日起施行。

一、在建筑风貌管控立法中保护历史文化

党的二十大报告提出："加大文物和文化遗产保护力度，加强城乡建设中历史文化保护传承。"在城乡建设中系统保护、利用、传承好历史文化遗产，对延续历史文脉、推动城乡建设高质量发展、坚定文化自信、建设社会主义文化强国具有重要意义。经济全球化、建筑现代化、生活方式趋同化的浪潮冲击下，我们居住的城市建筑外观也自然模糊了地域性、突出了同质性。特别是在城市化进程中，由于大量人口快速进入城镇，随之产生了快速建设城市建筑的需求。这也使一些地方采用了更为节约成本的做法，比如设计图纸、进行大拆大建等，而对保持城市品质，保护建筑特色重视不够。而随着我国的城市开发建设进入存量提质改造和增量结构调整并重，从"有没有"转向"好不好"的阶段。避免千城一面、万楼一貌，塑造每个城市的特色风貌正当其时，也是走以人为本、四化同

步、优化布局、生态文明、文化传承的中国特色新型城镇化道路的必然要求。

什么是一座城市的特色风貌？就笔者理解而言，如果作为本地人，我们在电视里看到自己城市的城区全貌 10 秒钟或者超过 5 个以上的镜头，仍然要通过文字提示才能知道是哪座城市，那可能这座城市的特色风貌已经被淹没在了同质化的“钢筋混凝土森林”之中了。一座城市的自然环境是其特色的土壤，正如同建筑是从土里生长出来的，城市也是在自然环境中生长出来的。就如同 3D 城市重庆、高原水乡丽江、百湖之市武汉等，生长于斯，自然依赖于斯，打上了自然环境的烙印。历史文化的积淀则是一座城市的灵魂，时光长河冲刷下的老建筑和历史文化街区，彰显了这座城市的气质，也让人们知道城市的根在何处，魂从何来。历史文脉需要这些积淀下来的老建筑、历史文化街区来承载，城市的发展也需要对城市的建筑基因进行继承创新。

历史文化是一座城市的灵魂。对于正在飞速发展、日新月异的城市来说，延续悠久历史留下的丰富文化遗产、深厚人文底蕴，就需要通过制度形式固化有效的经验做法，对紧迫的实际问题提供针对性的制度依据，让历史文化在城市发展中得到更加系统的制度保护和更好的保护利用。鉴于此，优化城市空间格局和建筑风貌是我国“十四五”新型城镇化过程中的一个重要课题。

为进一步在城乡建设中加强历史文化保护传承，“让丽江就是丽江，让丽江还是丽江”，云南省丽江市在制定《丽江市人民代表大会常务委员会关于加强丽江市中心城区建筑风貌管控的决定》过程中，立足本地实际，以建筑风貌管控为切入点，将历史文化保护传承内容纳入决定的立法目的、立法原则、规划编制、城市设计、建筑设计和对世界文化遗产丽江古城及周边城区分区管控等条款的具体规定中，以立法性决定促进丽江市中心城区历史文化保护传承与城乡建设融合发展。

城市之魂，文以化之，文以铸之。城市建设中对历史文化的保护传承既要保护单体建筑，也要保护街巷街区、城镇格局，还要保护好历史地段、自然景观、人文环境和非物质文化遗产，需要做到空间全覆盖、要素全囊括。立法文本的起草过程中，通过将对历史文化保护传承所涉及要素的具体要求写入立法目的、立法原则、规划编制、城市设计、建筑设计、分区管控和高度、面宽、屋顶、材质等条款中，为丽江市将历史文化保护传承与建筑风貌管控紧密结合、全面融入城市建设发展提供坚实立法保障，以法治力量赓续城市文脉。

一是在立法目的和原则中明确历史文化保护传承要求。城市与建筑风貌是城市外在形象和内质精神的有机统一，体现城市文化素质。《丽江市人民代表大会常务委员会关于加强丽江市中心城区建筑风貌管控的决定》将保持城市建筑风貌写入立法目的，并在第一条中紧密结合城市整体建设的原则，将延续历史文脉、彰显丽江特色作为《丽江市人民代表大会常务委员会关于加强丽江市中心城区建筑风貌管控的决定》的立法原则。这两条系按照立法权限结合现行丽江市管控规定、规划指标、最新研究成果，在充分征求主管部门、社会各界意见并进行论证、听证后完成具体条款的文本草拟。

二是将历史文化保护传承明确为规划内容。在《丽江市人民代表大会常务委员会关于加强丽江市中心城区建筑风貌管控的决定》第四条不仅规定了对城市编制和实施国土空间总体规划应当科学确定城市建筑风貌定位，统筹划定历史文化保护范围，还针对中心城区的村庄进一步细化规定编制和实施村庄规划应当根据村庄地域特征、传统风貌、民居特色以及村民生活习惯等因素，统筹村落空间特色要素，确定建筑风貌特征，加强村庄风貌管控和引导。关于适用范围，在审查过程中，因在政府起草阶段法律顾问、立法专家提出“适用范围建议予以明确，建议援引丽江市国土空间总体规划划定的中心城区范围”。考虑到《丽江市国土空间总体规划（2021—2035年）》尚在制定中，对中心城区的范围尚未明确，而加强建筑风貌管控应覆盖丽江坝区整个建成区域的实际，《丽江市人民代表大会常务委员会关于加强丽江市中心城区建筑风貌管控的决定》按照规划体系的构成，将中心城区建筑风貌管控要求纳入了国土空间总体规划、详细规划、村庄规划等，并在《丽江市城市总体规划（2010—2030）》划定的“中心城区”范围基础上，将中心城区范围界定为“丽江市主城片区、新团片区、西山片区、玉龙县城片区等”，同时为以后丽江市国土空间总体规划划定中心城区范围预留了空间。这一条对遵循城市绿线、蓝线管理规定也做了要求，为了便于理解，对二者概念简要进行介绍：城市绿线主要指城市各类绿地范围的控制界线，城市蓝线主要指城市规划确定的江、河、湖、库、渠和湿地等城市地表水体保护和控制的地域界线。

三是在城市设计和建筑设计中明确历史文化保护传承要求。城市设计是落实城市规划、指导建筑设计、塑造城市特色风貌的有效手段，贯穿于城市规划建设管理全过程。通过城市设计，从整体平面和立体空间上统筹城市建筑布局、协调城市景观风貌，体现地域特征、民族特色和时代风貌。《丽江市人民代表大会常务委员会关于加强丽江市中心城区建筑风貌管控的决定》在第五条中明确规定城市设计应当立足城市空间格局，结合城市自然山水、历史文脉、景观视廊和周边环境进行引导管控，最终实现保护现有的丽江古城和玉龙雪山等景观视廊，构建城市与古城、雪山、蓝天、山水、田园、村庄相互映衬的景观，营造错落有致、层次分明的建筑天际线，形成特色鲜明、视线通透、协调有序的城市建筑风貌的目的。在第六条中对建筑设计中除了对设计引导的规定外，专门强调要注重吸纳传统民居建筑文化特色，鼓励传承与创新，促进新老建筑风貌协调，延续城市特色风貌。

四是统筹发展与保护，实事求是通过分区管控保护历史文化。《丽江市城市总体规划（2010—2030）》第四十五条对丽江城市规划区空间结构规划为形成“一核四环五区”的功能结构分区。“一核”即世界文化遗产丽江古城。“四环”即指以丽江古城为中心形成的四个环状功能区：第一环是世界文化遗产丽江古城保护缓冲区；第二环是城市基本功能区；第三环是城市田园风光带；第四环是城市环山民俗文化生态带。“五区”是指玉龙雪山省级旅游开发区、拉市海民俗文化旅游休闲度假区、古城国际空港经济区、玉龙南口工业园区、金山高新技术产业经济区。不同城市片区承载着不同的定位和功能，《丽江市人民代表大会常务委员会关于加强丽江市中心城区建筑风貌管控的决定》第七条按照《丽江市城市总体规划（2010—2030）》对城市功能结构的分区，结合丽江本地历史文化保护传承实际，明确丽江市中心城区建筑风貌按照传统建筑风貌区（世界文化遗产丽江古城遗产区和缓冲区）、传承建筑风貌区（西山片区、玉龙县城片区以及主城片区除世界文化遗产丽江古城遗产区和缓冲区以外区域）、本土现代建筑风貌区（新团片区）实施分区管控；文物保护单位建筑风貌按照文物保护法律法规实施管控。

五是对高度、面宽、屋顶、材质等要素结合本地历史文化传统细化条文规定，进行刚性约束。该决定结合立法过程中对世界文化遗产丽江古城保护的相关规定、调研论证和公开听证成果，按照有利于保持和传承中心城区建筑风貌的考虑，结合丽江市实际，以立法形式明确了丽江古城及周边城区的建筑要素要求。

二、此决定非彼决定

作为一名丽江人，不用去到多远的其他城市，哪怕是去昆明就能直观地在城市建筑风貌上感受到其与丽江的区别。但也正是生活在丽江，抬头便能见到雪山，极大地增强了我们的幸福感、获得感，这也是居民和游客对丽江建筑风貌期待较高的一个原因。所以对建筑风貌管控既是建设世界文化旅游名城的现实需要，更是功在当代，利在千秋的事情，如何管控决定了我们将留给子孙后代一个怎样的丽江城。

（一）“小切口”怎么切？

经过前期的工作，2022 年 7 月市人大常委会召开了保持丽江城市风貌地方立法工作座谈会。这次会议主要是对丽江的城市风貌是怎样一个状况、有没有必要立法保护、采取什么方式立法保护三个问题进行了研讨。在会议开始阶段，其实大家主要还是把重心放在了我们的城市风貌怎么样上，因为只有理清了这个问题，才能明确我们到底要保护什么的问题。不过在这里主要想说明对决定这一立法方式的选择，所以对前两个问题会在后文详细说明。当时经过讨论，对于如何进行丽江城市风貌（或城市景观风貌，具体的“小切口”还没有很明确）立法，主要有三种方式：

第一种是采取制定政府规章的形式，可以争取比较快的周期内出台，但是效力较低，而且还涉及后续是否将规章进一步升级为地方性法规的问题。根据《立法法》第九十三条第五款的规定，应当制定地方性法规但条件尚不成熟的，因行政管理迫切需要，可以先制定地方政府规章。然后实施满两年再提请本级人民代表大会或者其常务委员会制定地方性法规。

第二种是采取制定条例的形式，效力高，整体周期较长，因为立法周期往往按年计算，对于需要尽快予以明确的城市风貌管控问题来说可能反应没有那么迅速。

第三种采用人大常委会作出决定的形式。决定属于具有法律效力的地方性法规，整体程序相对制定条例简单一些，并且不分章节，条文较少，能更好地实现“小快灵”。

这里要重点说一下决定形式的立法，因为政府规章和人大条例相对来说是大家比较熟悉的，而作出决定则属于一个比较新的立法趋势。从2016年开始拥有立法权以来到准备制定决定的2022年7月，市人大常委会已经制定了7部地方性法规，经验也比较充分充足。相关立法工作的负责人不仅处在地方立法的第一线，同时也对立法的理论前沿非常关注。

（二）立法性决定

对于决定来说，当时的说法主要有立法性决定、法规性决定，用来和政府规范性文件的决定、人大重大事项的决定相区别。这种立法形式比较新，所以当时提出来之后还进行了更多的讨论和进一步的论证。

一方面，主要是从立法法和立法技术规范的角度找寻了相关规定，明确了决定就是6种可以采取的名称之一，只是有一些要求，比如说《云南省人民代表大会常务委员会立法技术规范》中明确规定了法规的名称一般采用条例、实施办法、实施细则、办法、规定、决定。“条例”一般是用于对某一方面事项作出的全面、系统的规定；“实施办法”和“实施细则”一般用于贯彻实施法律而作出的比较具体、详细的规定；“办法”和“规定”则用于对某一方面事项作出的比较具体或者专项性的规定；“决定”则用于对某项重大问题作出的安排或者部署。那么，对于贯彻“小快灵”理念属于创新性立法的中心城区建筑风貌管控来说，决定无疑是一个较为适宜的形式。并且当时笔者通过国家法律法规数据库和网络检索发现了相关的一些先例，如江苏法治报 2021 年的《简单 灵活 实用 淮安人大探索创新巧用“立法性决定”》[1] 报道中就提到，2021 年 2 月 1 日起在淮安市行政区域内实施的《淮安市人民代表大会常务委员会关于加强安全生产管理的决定》，是全国首例设区市人大常委会以“决定”形式立法，也就是在设区的市人大这一层面首次出台立法性决定。这些相关的地方性法规和见诸报道的近期先例，也显示了制定决定虽然是创新但时机恰恰适宜。另一方面，是找寻全省相关的决定立法的情况。这一方面，主要是省一级的先例，同时我们在初步确定立法思路后便向省人大常委会法工委发送了请求指导的函。发函次日，省人大常委会法工委的相关处室同志便直接与市人大常

〔1〕 参见江苏法治报：《简单 灵活 实用 淮安人大探索创新巧用“立法性决定”》，载微信公众号“江苏法治报”2021 年 1 月 28 日，https：//mp. weixin. qq. com/s?__biz = MjM5OTM1Njg3Mg = = &mid = 2651175381&idx = 3&sn = 1b7a1d75437c817f69bd52f0bae63da3&chksm = bccda9728bba2064282f52f9921930cb6bd345de15617acdc5004e2e1e96130d7b0e992be60d&scene = 27。

委会对接，详细介绍了相关的立法情况、经验，并在了解我们立法思路的基础上给了很好的意见建议。

需要说明的是，本书中“立法性决定”一词的使用主要是针对设区的市人大的立法性决定，对于不同层级人大的立法性的决定有很多专家学者的观点，在学理上也多有深入的剖析论述，本书作为记录法律实践的书籍，主要将切入点锁定在设区的市人大一级上。同时，人大的决定有立法性质的决定、重大事项的决定、人事任免的决定等，对于不同决定之间行使何种权力的区分确实需要进行明确，比如 2014 年广东高考文综试卷第 30 题对设立公祭日是全国人大常委会行使立法权还是决定权就有一定的争论（试题答案是立法权）。[1] 具体到本书中的《丽江市人民代表大会常务委员会关于加强丽江市中心城区建筑风貌管控的决定》，则因为其是法定主体按照法定权限和立法程序制定（起草审议批准公告等）的，其内容也是依照立法技术规范拟定的，所以是立法性决定，我们在制定过程（立法也是普法的过程）和宣传报道中也应注意强调这一点。

（三）用准一个顿号

虽然我们最终选取了创新的立法性决定作为“小切口”的具体切入方法，但是对立法工作的严谨要求是不会有差别

[1] 参见杨国富、徐敏：《准确理解立法性决定科学界定人大职权》，载参考网，https：//www. fx361. com/page/2020/0902/6993776. shtml。

的。即便一个顿号，也是力求用准用好，反复研究考虑。

记得《民法典》刚出台时，微信朋友圈的编辑朋友大部分都发了“提心吊胆终于放下”的朋友圈状态，原因就在于《民法典》第一千二百六十条也就是最后一条在各个法律名称之间如《婚姻法》、《继承法》、《民法通则》之间使用了顿号，而一般书名号之间不常用顿号。这个顿号也让笔者感到难受，然后经过一番检索，笔者才认识到根据全国人大常委会法工委的《立法技术规范（二）》，法规名称的书名号间一般是用顿号，而根据 2012 年实施的《标点符号用法》（国家标准），则在书名号间不加顿号，所以在全国人大制定法律的层面，就应该按照立法技术规范，用准这一个顿号。所以当时我们在研讨中认为在地方立法过程中，也可以参照这一用法，所以政府提交的议案稿就进行了相应的适用：根据《中华人民共和国城乡规划法》、《中华人民共和国土地管理法》、《中华人民共和国建筑法》、《云南省城乡规划条例》等法律、法规，结合本市实际，作出如下决定。虽然后面因为《丽江市人民代表大会常务委员会关于加强丽江市中心城区建筑风貌管控的决定》原创性的比例比较高，直接援引的条款比较少，就没有列举相关法律依据了。按当时研讨间隙，有人开玩笑时说的：“总不能把立法法写成立法依据嘛。”当然，玩笑归玩笑，不列法律依据的依据是《云南省人民代表大会常务委员会立法技术规范》中的规定：“无直接上位法的，一般不需列举，可以表述为‘根据有关法律、行政法规’。”而云南省人大的立法技术规范用的是“根据有关法律、行政法规”，《丽江市人民代表大会常务委员会关于加强丽江市中心城区建筑风貌管控的决定》的立法过程中我们对这一问题也多次进行了研究论证。

同样地，立法过程中对于简称、部门名称、双音节词等问题都是严格参照立法技术规范进行。比如决定最终的第三条第二款的内容就有“古城区（以下简称区）、玉龙纳西族自治县（以下简称县）人民政府应当履行属地责任”，其中括号内的简称上不加双引号也是源于立法技术规范。像部门名称，则也是精准适用简称，一方面是按照整体条文的内容明确列举的具体部门，另一方面是对于实践中已有固定表述的部门适用准确的名称，在数次修改和多次向相关部门征求意见后，最终将议案稿中的“自然资源和规划、住房和城乡建设、城市管理、文物及文化遗产保护管理、市场监管等部门按照各自职能职责，加强联动形成合力，做好中心城区建筑风貌管控工作”修改为“市、县（区）人民政府自然资源和规划、住房和城乡建设、文化和旅游、发展改革等部门和古城保护管理机构按照各自职能职责，共同做好中心城区建筑风貌管控相关工作，并加强组织实施和监督指导”，特别是将世界文化遗产丽江古城保护管理局的表述综合实际使用情况和精准表述的需求，明确将古城保护管理机构作为其规范性简称。至于双音节词，则是法规中一般使用“可以”“应当”“或者”“如果”“按照”，不用“可”“应”“或”“如”“按”等，此处不再一一举例。

在事关千家万户的地方立法工作中，不断提高的工作要求使我们必须结合工作深入学、持久学、终身学，并不断进行严谨审慎的思考，才能将调研的成果通过严格遵守立法程序和立法技术规范转化为立法文本。我们的自我学习之路也要有王国维治学提出的三种境界：一要有“望尽天涯路”那样志存高远的追求，耐得住“昨夜西风凋碧树”的清冷和“独上高楼”的寂寞，静下心来通读苦读，毕竟立法需要“板凳甘坐十年冷”的精神；二要勤奋刻苦，下真功夫、苦功夫、细功夫，“人憔悴”也心甘情愿，才能做好法律工匠，不断用心打磨、雕琢自己的“艺术品”；三要独立思考，学用结合，在学习和实践中“众里寻他千百度”，学有所悟，用有所得，才能最终“蓦然回首”，在“灯火阑珊处”领悟真谛，对征集到的不同立法意见建议作出科学合理的判断。而学习成果的直接体现便是一部部地方性法规的法律文本，里面的用词遣句、标点符号都体现了立法的严谨性和法条背后立法人的精益求精。这样的标准和要求也贯穿了《丽江市人民代表大会常务委员会关于加强丽江市中心城区建筑风貌管控的决定》的整个立法过程。

三、何为风貌？城市风貌还是建筑风貌

“风貌”一词泛指人文特征和地质风貌，这个词最早是用来形容个人的风采、特征与外貌，比如唐代诗人皎然《送顾处士歌》中的句子：“吴门顾子予早闻，风貌真古谁似君。”所以我们想要通过立法形式保护的，从某种角度讲，便是丽江

这座城市的风采、特征与外貌，用笔者个人的感性理解，便是城市的“肉体”与“灵魂”。

（一）丽江的城市特色风貌

个人可以感性感叹，但是立法需要理性逻辑和精确表述，所以还是要从立法的角度确定什么是风貌、此次的切入点是城市风貌还是建筑风貌。经过一番探索和论证，对于风貌的概念在地方立法中可以参考的有下列内容：

1.《青岛市城市风貌保护条例》第八条就将城市风貌的概念定义为“体现本市地域特色和历史文化传承，具有生态、景观或者历史、文化、科学、艺术价值的自然风貌和人文风貌”，然后将自然风貌定义为“海岸线、海湾、海岛、海滩、礁石、岬角以及山体、河流、湖泊、丘陵地形、湿地、植被等构成”，将人文风貌定义为“反映本市历史文化传承的城区、街区、镇、村和建筑物、构筑物、街道、院落、名胜古迹等”。

2.《威海市城市风貌保护条例》第三条则是将城市风貌保护的概念定义为“对影响城市风貌特色的自然要素、人文要素和空间控制要素进行综合性的管理与控制，达到保护城市的空间格局、历史风貌、地域特征和文化特色等目的的行为”。

3.《浙江省城市景观风貌条例》第三条则将城市景观风貌定义为“由自然山水格局、历史文化遗存、建筑形态与容貌、公共开放空间、街道界面、园林绿化、公共环境艺术品等要素相互协调、有机融合构成的城市形象”。

4.《成都市城市景观风貌保护条例》第三条将城市景观风貌的概念定义为“体现本市地域特色、历史文化传承和公园城市等特征，具有自然生态或者人文价值的城市形象”。

结合上面列举的定义，可以说，对近百年来日益集中于城市中生活的人类而言，城市风貌是一个不断发展的宏大命题，既是一个地理区域的概念，是包含无数人在其中生老病死的人类聚居地；也是一个文化概念，延续着历史文脉、使历史和当代相得益彰。千城千面，对于城市风貌或者城市景观风貌有各种各样的描述，比如青岛的城市风貌就很有特点地列举了包含海岸线、礁石、岬角、山体、河流等内容的自然风貌外延和包含城区、街区、院落、名胜古迹等内容的人文风貌外延，其他城市或者省份的相关条例则没有列举相关的外延要素，但总体而言都是围绕一个城市的自然地理和历史人文两个方面的风貌进行内涵的界定，并对外延所涉及的要素进行或抽象、或具体的列举。

对于丽江而言，有着高原山城水乡的特色和“雪山古城、诗画丽江”的形象。但是丽江的城市风貌是什么，特别是在立法层面怎么界定，是绕不开的问题。

其一，在保持丽江城市风貌地方立法工作座谈会上，丽江市自然资源和规划局对丽江的城市概况和风貌特殊进行了专业的分析。丽江的基本情况为：丽江市位于青藏高原东南缘，滇西北高原，金沙江中游，总面积 2.06 万平方千米，市区中心位于东经 100°25′，北纬 26°86′。1986 年 12 月丽江市被确定为国务院公布的第二批国家历史文化名城，1997 年 12 月丽江古城被联合国教科文组织列入《世界文化遗产名录》，2003 年 7 月 2 日“三江并流”登录《世界自然遗产名录》，2003 年 8 月东巴古籍文献被联合国教科文组织列入《世界记忆遗产名录》。

其二，丽江的城市规划和特色风貌为：聚焦三个遗产桂冠，历届市委市政府始终高度重视城市风貌与历史文化特色的保护和传承，发展至今丽江市中心城市逐渐形成以世界文化遗产为核心、香格里大道为城市中轴，主城区外围田园风光带及多条城市空间廊道交错环绕（“一带多廊”），中济海、清溪水库、狮子山三个城市景观生态中心错落分布（“三中心”），主城区十二个风貌片区（“十二片”）为支撑的城市空间格局，“山环水绕、田城相拥”的城市特色风貌日趋明显。当然，前述的丽江城市特色风貌是在规划的角度上所进行的界定，当时的会议中市自然资源和规划局的同志还对中心城区细分的历史文化风貌区、旅游商贸风貌区、城市生活风貌区、特色住宅风貌区、田园村落风貌区进行了详细的介绍，这里就不一一展开了。

其三，根据笔者的检索和学习，丽江古城有别于其他地方的特色在于历史文脉和积淀下来的人居环境。丽江古城从 12 世纪开始逐步成为中国川（四川）滇（云南）藏（西藏）贸易的重要物资集散地，是南方丝绸之路与茶马古道的交汇点。丽江古城是纳西族、汉族、藏族、白族等各民族经济、文化交流的重要枢纽。8 个多世纪的文化和技术交流形成了融汉族、藏族、白族各民族精华，并独具纳西族特色的建筑、艺术、城镇规划和景观以及社会生活、风俗习惯、工艺美术等人文特征，尤其宗教建筑及其他建筑中的壁画展现了儒家、道教和佛教等多种宗教相容并存、和谐相处的生动景观。丽江古城是一种建筑、建筑整体、技术整体及景观的杰出范例，展现历史上一个（或几个）重要阶段。丽江古城的三个组成部分白沙、束河和大研古城充分体现了不同历史阶段的社会经济文化发展，充分利用自然的山体、水系，形成了融合纳西族、汉族、藏族和白族人民居住传统的杰出聚落。丽江古城山水、树木和建筑融为一体，营造“天人合一”的人居环境。北侧以深入平坝的山体为屏障，东面和南面为田园平川，拥有非常良好的风水关系和生态格局。自雪山而下的水系呈脉络状分布，穿越村镇与农田。黑龙潭与散布的井、泉构成完整的水系，供全城消防、居民生活、生产用水之需。同时，水系入墙绕户，穿场走院，形成主街傍河、小巷临水、跨水筑楼的独特建筑、城市形态和景观，构成了人与自然和谐共生的人居环境，充分体现了人类对土地使用的聪明智慧。

那么，通过对以上三点的归纳，笔者对于丽江的城市特色风貌便有了一个初步的概念，结合着保护好丽江的好山好水、历史文化、城市风貌，留住丽江城市特有的地域环境、文化特色、建筑风格“基因”的立法初衷，讨论的重点就聚焦在了选择一个怎样的“小切口”上。

（二）城市风貌保护中的问题

立法是要解决实际问题的，当天的会议讨论和会后的进一步调研论证，也对当前丽江城市风貌保持存在的问题进行了总结和归纳。总而言之，虽然丽江古城风貌保护相对较为完整，古城保护、文化传承、风貌延续、高度控制等强化城市风貌保护的规划策略也在实际中得到很好运用，但是还存在以下主要问题：

一是古城景区的景观风貌管控主要依据2006年的《丽江古城传统民居保护维修手册》、2009年的《丽江古城环境风貌保护整治手册》和2014年的《世界文化遗产丽江古城保护规划》，执法依据的法律效力级别需要提升，实际执法中刚性不足，对古城景区周边社区、村落的风貌保持缺乏有效的管理。这个问题是古城保护管理局参会同志提出来的，其实笔者一直以为古城的管控已经是很完善的，因为作为丽江人每隔一两年会因为朋友过来或者各种原因去一趟古城，个人的感觉确实是修旧如旧、各种建筑风貌都保持得很好。直到此次从事一线管理工作的同志从他们的视角提出，才发现还是存在一些管控上的难点问题。

二是“城中村”“城郊村”的风貌管控一直是工作难点，存在行政管理的交叉和“飞地”，并且因为村落的建筑规划审批流程与城市建筑不一致，对村民自建房的管控难度较大，部分路段、“城中村”等区域出现了风格色彩迥异的建筑，一定程度上影响了街区的风貌。这个问题也是后续立法中一直关注的重点、难点问题，征求意见中也有很多相关的意见建议反映。

三是城区各个片区规划要求不一，城市风貌保持中要考虑各片区的差异性，对管控设计的因地制宜标准要求较高，重点路段、重点节点、中心广场等区域景观视线廊道空间预留不足，城市形象特色不明显，对主城区建筑风貌保持中平衡民族性、创新性和时代性的问题也有待解决。其实笔者个人提到风貌时候，第一反应就是在丽江城里面（特别是在南北向公路上）基本上抬头就能见到雪山蓝天，但其实雪山景观视廊只是建筑风貌管控的一个重点，其他需要管控的问题还很多，这一方面的问题最终是通过坚持原则、尊重专业来解决的。

四是城市的范围、城市风貌的内涵和外延（是否使用城市景观风貌）的界定和管控、职能职责均需要论证和明确，同时在界定前述问题的基础上需要解决城市风貌的具体管理部门和相应职责，以增强执法的操作性和针对性；且丽江市国土空间规划正在编制过程中，对于具体的规划调整也会有变动影响。对于和规划的关系、规划与决定的衔接，是贯穿决定制定的一个难点问题，在整体框架和具体细节上也是经过审慎地反复研究论证后最终决定。

五是城市建筑仅是城市风貌的一个元素，城市风貌涉及诸多元素，对于需要系统性管理的城市风貌，地方立法能否起到实际效用要充分考虑差异性、实操性、时代性。城市风貌、城市景观风貌还是城市建筑风貌用哪一个的选题问题则是决定立法正式程序启动前的一个主要问题。在会议上，经过比较热烈的讨论，城市风貌的内涵和外延比较大且没有相关的规章或者规范性文件，城市景观风貌则如何处理城市周边的景区成为立法难点，最后大家普遍觉得从目前的实践基础来看，以城市建筑风貌作为“小切口”，不仅更符合地方立法的“小快灵”标准，而且对于目前城市风貌管控中的突出问题更具有针对性、可操作性。

笔者觉得立法在有一点上和学术论文写作是比较相近的，那就是良好的选题是成功的一半，对于决定写什么的“小切口”开在哪里，就决定了怎么写和写得好不好。从个人的观点来说，建筑其实就是贯穿城市与周边自然环境、城市内部片区的核心元素，况且建筑本就是人类文明的浓缩精华，以之作为破题的“小切口”，是很“犀利”的。

（三）立法的必要性和可行性

在本章中，笔者想延展说一下立法必要性和可行性问题。

对于立法的必要性，在调研中反映出两种意见：一种意见认为目前城市风貌管控体制运转顺畅、管控效果好，立法的内容与现有机制大同小异，实际效用有待论证；另一种意见认为丽江城市风貌保持事关长远但缺乏综合性、系统性管控规定、古城景区及周边风貌保持急需一部地方性法规支撑，丽江城市风貌相关管控系统性和执法刚性不足、游客和居民对丽江城市风貌保持的期待较高等问题充分反映了需要通过地方立法加以规范。多数人同意后一种意见，即进行城市风貌立法对丽江城市建设有利、对丽江长远城市发展有利，是推进城市内涵式高质量发展、满足人民群众美好生活、贯彻中央决策部署的需要（《中共中央国务院关于进一步加强城市规划建设管理工作的若干意见》于2016年2月6日发布，强调：贯彻“适用、经济、绿色、美观”的建筑方针……着力塑造城市特色风貌……）。对于丽江城市风貌立法时机问题，多数意见认为目前本市风貌管控的相关机制顺畅、效果良好，立法的基础条件较好，而适应经济社会发展和满足人民美好生活的需要也急需一部综合性管控城市风貌的地方性法规，制定地方立法的条件和时机趋于成熟。

立法的可行性体现在以下几个方面：一是立法的权限，保持城市风貌的立法内容属于设区的市城乡建设与管理的立法权限，立法的适用范围为主要为中心城区和丽江古城，属于丽江市人大常委会的立法权限范围。二是立法的社会基础，丽江的城市景观风貌正受到社会各界越来越多的重视，得到了广大市民和游客的关注，对城市景观风貌进行立法是对群众期盼的回应。三是立法的实践基础，丽江市的城市风貌工作机制顺畅、效果较好，且有多年来行之有效的管控手段和创文、创卫等活动中的联合执法等工作机制，这些都为城市风貌立法提供了实践基础和经验支撑。四是立法的借鉴基础。近年来《浙江省城市景观风貌条例》《青岛市城市风貌保护条例》《成都市城市景观风貌保护条例》《威海市城市风貌保护条例》《泸州市历史风貌建筑保护条例》等条例的出台以及各地的相应做法和经验，为城市风貌地方立法提供了可资学习借鉴的基础。因此，从立法的权限、社会基础、实践基础和学习借鉴基础来看，进行城市风貌相关立法是可行的。

需要说明的是，在决定立法的必要性、立法的方式、立法的“小切口”确定后，我们随即按程序启动了相关立法工作，主要为向党委请示报告后将决定列入立法计划、制定立法工作方案、政府起草（人大全过程提前介入）、人大审议、向省人大报批、颁布实施。相关程序性的内容和其他立法没有大的差异，所以放在后一部分的立法机制中和其他丽江市的立法一并详述。在后文中主要还是以建筑风貌管控立法的实体内容为主线，围绕着让笔者印象深刻的问题和大家做一个交流。

四、建筑高度：从争议焦点到亮点

（一）持心如衡　以理为平

立法不是一杯茶、一台电脑然后复制粘贴即可交差了事，也不是如某些人说的给台电脑一晚上再加几包烟一杯茶就搞出来了。草案的文本，从提出到每一次、每一处修改，背后都凝聚着争取和辩论，而无数这样的冲突和妥协才是最后形成的最大公约数。公约数，从笔者个人的感受来看，不一定是大家都满意的，但至少是大家都能够接受的。而要实现最大公约数，必然要深入了解不同意见的依据，进行反复的权衡考虑，才能作出最后的取舍。

如果还存在一个“ctrl+c”和一个“ctrl+v”就可以一晚上搞出来一篇法规草案的想法，恰恰是对立法工作的不了解，对法律作为国之重器的重要性认识不到位，把充满博弈的立法过程想成了一团和气的过家家，把存在立法风险需要审议、审批和备案审查的立法想象成了走过场。

法律区别于其他规则的显著特点在于国家强制力保障其实施。传统的“灋”字蕴含着公平正义的追求：“灋，刑也。平之如水，从水。廌所以触不直者去之，从去。”其既包含“刑”字本身，也承载平、正之义。

律字则是一个形声兼会意字，“彳”表示行走；“聿”指握笔写字，故，“律者，所以范天下之不一而归于一，故曰均布也”。恰恰是因为法律的“均布”，对立法过程中的广泛征求意见、公示公开等环节才会有严格的程序要求。在实际立法过程中，也不乏我们或者立法涉及的单位驱车千里当面沟通的情况。或者说，这样的情况还并不少。除了对立法工作的重视关注外，也是因为法律文本还没有最后审议通过和公布，就还有修改的机会，就还可以争取。审议时对立法工作的汇报，必不可少的就是改了哪里、为什么。

立法有一点和学术是比较像的，那就是很多人以为学术或者说立法都是一团和气、你好我好、点到为止的局面，不会有什么大的意见，开会都是大家同意就结束了，但其实并不然。就好像笔者上研究生一年级时开始研究导师沈寿文教授的文章时，发现沈教授喜欢在论文开头把相关专业论文的观点列举一遍，然后就会从以上观点存在什么问题开始深入的剖析，从此学会了“批评性引注”这个名词。而在立法过程中有不同意见是非常正常的，作为立法者，既要汇聚民意、尊重专业，更要坚持原则、守好底线，做到持心如衡，以理为平。

（二）发现问题　归纳焦点

如何草拟管控建筑高度作为《丽江市人民代表大会常务委员会关于加强丽江市中心城区建筑风貌管控的决定》中最敏感的问题之一，其立法难度是最大的。

第一个争议就是决定与规划的关系。经过反复地研究，最终的结论如下：《丽江市人民代表大会常务委员会关于加强丽江市中心城区建筑风貌管控的决定》属于地方性法规，是法规性质的决定，市县国土空间规划原则上为行政规定，村庄规划属于详细规划的一种，有自治规范的性质。决定内容来源于规划，又高于规划，决定用来指导规划，国土空间规划、详细规划、村庄规划、专项规划与决定保持一致。为了充分发挥规划引领作用，《丽江市人民代表大会常务委员会关于加强丽江市中心城区建筑风貌管控的决定》将中心城区建筑风貌管控要求纳入国土空间总体规划、详细规划以及村庄规划编制内容，并对三个规划的编制和实施作出了相应规定，从而使决定和规划能够做好衔接。

第二个争议就是有没有必要把城市建筑高度数字进行明确的规定。特别是在地方性法规之中，考虑到立法的程序要求，一旦定下具体的数字，那就是真的很难修改的“硬杠杠”了。在整个立法过程中，对建筑高度、体量的管控既是广大群众普遍关注的焦点、热点问题，也是立法上的重点、难点问题。一部分意见认为，对建筑高度、体量的管控规定宜遵循宏观原则，不宜过于具体；另一部分意见认为，对建筑高度、面宽、屋顶、色彩、材质等核心内容必须明确规定，加以细化，决定才能做到管用、可操作。《丽江市人民代表大会常务委员会关于加强丽江市中心城区建筑风貌管控的决定》的立法综合考虑多方面因素，采纳了后一种意见，力求在科学合理的基础上定下具体的上限高度，既要让城市有发展的空间，也要保护好丽江的特色风貌。

第三个争议就是具体的数字怎么定。特别是城市规划是非常专业的一件事情，对于规划门外汉的立法人，除了勤于学习，就是尊重专业多向市、区县自然资源和规划局等部门的专家请教，认真研究多轮意见征求中专家学者、相关管理者和从业者、普通居民等提出的意见建议，结合专家论证会、公开听证会的结果，最终将分区高度、建筑面宽明确下来。可以说，建筑风貌管控立法作为专业性立法，专业性强，其中的具体规定和相关数据源于专业部门、专家学者、规划内容以及研究成果，决定更多是将专业内容转化为立法规范。在本书中，着重展开一下建筑高度的确定情况。

在政府报送的草案议案稿中只是作为第九条第三款提出了建筑高度事实分级管控，统筹好各类管控因素予以实施。但是在最终的公布稿中，建筑高度单独作为一条：“八、建筑高度实施分区上限管控。严格中心城区高度控制，在国土空间总体规划中提出三个分区建筑高度控制要求，在详细规划以及专项规划中明确三个分区具体地块的建筑高度。传统建筑风貌区遗产区建筑檐口高度控制在 6.5 米以内，缓冲区建筑檐口高度控制在 8.5 米以内；传承建筑风貌区西山片区北片区（长水路以北）建筑檐口高度控制在 12 米以内、南片区（长水路以南）建筑檐口高度控制在 14 米以内，玉龙县城火车站区域建筑檐口高度控制在 40 米以内，其余建筑檐口高度控制在 24 米以内；本土现代建筑风貌区建筑檐口高度控制在 80 米以内。确因公益性公共建筑功能需要超出限高的建筑纳入详细规划依法审定。”在丽江市的规划相关中将建筑高度分区控制进行了明确。

（1）9 米以下建筑高度控制区包括大研古城、公园、传统民居聚落及古城周边地带。丽江古城文物保护单位保护范围内的建筑按古城保护规划的要求进行高度控制；古城保护区及建设控制地带内其他建筑高度控制为 1—2 层，建筑檐口高度小于 6.5 米；古城建设控制地带以外的建筑风貌协调区，建筑层数控制为 3 层以下，按 8.5 米建筑檐口高度控制。

（2）传承建筑风貌区西山片区北片区（长水路以北）建筑檐口高度控制在 12 米以内、南片区（长水路以南）建筑檐口高度控制在 14 米以内；北片区（长水路以北）建筑高度控制在 12 米以内，南片区（长水路以南）建筑高度控制在 14 米以内。

（3）玉龙县“一轴一带”及火车站的区域，与五台山、文笔山背景呼应，形成层次丰富的天际线效果。城市建筑高度是影响城市山水风貌特色的重要因素，通过分析研究，在总体遵循丽江市的城市总体规划高度控制要求的前提下，从眺望视线控制、城市轮廓线控制、历史文化风貌、周围规划控制、社会经济及生态环境等影响高度的主要因子出发，对玉龙中心城区局部区域的高度适当提升至 40 米。

（4）24 米建筑高度控制区：以多层为主的建设区域，以建筑檐口高度进行控制，包括新团、玉龙县城、尚义、寨后、白华、祥和等城区西南侧、南侧以居住用地为主的建设区域。

（5）为实施好节约、集约用地等土地管理政策，新团片区允许建设高层和小高层建筑，具体在片区控制性详细规划或修建性详细规划中明确相应的控制指标要求，并报控制性详细规划审批机关批准后方可实施。根据新团片区建筑高度与周边山体环境分析，新团片区最高建筑不得超过 80 米，综合考虑依次将高度控制分为 5 级，分别为绿地及开敞空间、9—18 米区域、18—24 米区域、24—40 米区域、40—80 米区域。

（三）汇聚民意　尊重专业

在具体的高度条款中，每一个数字都是源于规划，每一句话也都是经过反复研究讨论的，并经过了公开听证广泛征求意见和专家论证审慎剖析论证。例如，“上限管控”和后续的

“在详细规划以及专项规划中明确三个分区具体地块的建筑高度”就是前后衔接的，在当时数次征求意见中，相关行业主管部门和一些居民代表就提出如果只是写一个上限为 12 米、24 米等，很多人就会看到之后想当然地认为房子在相应片区就是可以建到这个高度，那么后续管控过程中沟通的成本和难度就会变高。为了避免出现前述的情况，在立法过程中最终在文字上重点明确了是对上限进行管控，并且进一步明确了具体地块的高度要在详规和专项规划中确定，避免理解上出现问题。

比如，在征求意见的过程中，有一种观点提出丽江坝子整体的地势是南低北高，虽然同在一个坝子当中，但是最高和最低处海拔相差 17 米左右，应结合区域、位置、地势等，允许部分区域高度控制在 24—40 米范围，这样既不影响整体的建筑风貌，也能更好地因地制宜、促进发展。这一观点也体现在了具体的条款中，虽然只是对丽江这个坝子里面的城市高度进行管控，但这个条款就根据实际情况和管控目标出现了几个不同的上限数字。而对于传承建筑基因的核心，世界文化遗产丽江古城，不仅是将规划中的核心区建筑檐口高度 6. 5 米、缓冲区 8. 5 米通过立法方式固定下来，更是将与束河古镇相接的西山片区高度也在条款中具体明确，使世界文化遗产的重点周边也得到了更好的保护。在整个立法过程中，离不开市人大常委会一位规划出身的领导全程参与，在专业的相关问题上他多次不厌其烦地和我们具体负责立法工作的同志促膝长谈（每次沟通都至少 1 小时)，把专业问题的是什么、为什么，“掰开了、揉碎了”和我们讲清楚，让我们能在立法所涉及的规划专业问题上找到正确方向、做出理性判断，这样的认真和负责，完全是出于对规划事业、对丽江人民负责的使命感。也是后来，笔者才发现自己比较推崇的几份丽江市城市管理、规划方面的办法是这位领导牵头制定的，想起不知情时和这位领导大谈其中的规定如何专业靠谱实在是班门弄斧了。

值得一提的是，在立法过程中有观点提出对于丽江古城遗产区和缓冲区范围内还存在文物保护单位、历史建筑、保护民居、中小学校、消防站，此类建筑的高度需参照相关法规、规范和规定执行。大家对于这一意见很重视，所以一方面在第七条专门明确了文物保护单位建筑风貌按照文物保护法律法规实施管控，另一方面在第八条明确了“确因公益性公共建筑功能需要超出限高的建筑纳入详细规划依法审定”。这里的公益性建筑是指那些非营利性和具有社会效益性的项目建筑物。一般分为两种：一是环境卫生、环境保护、园林绿化、城建城管、路政交通、河道管理等公共设施工程等。二是社区便民利民服务，有社区老年人护理、托老托幼、社区医疗、敬老院、社会福利慈善事业活动及社区兴办的各种以满足居民生活需要的便民利民等非营利性的项目所需要的公益性建筑物。

五、立法特色：让丽江是丽江

地方立法特色，就是全面反应客观规律和人民意愿的体现，与是否具有针对性、操作性是一体两面的。除先行先试立法、授权性立法之外，地方立法有两种主要类型：一是为执行上位法，根据本地实际情况作出具体规定的执行性立法；二是对“地方性事务”“本行政区域的具体行政管理事项”的创制性立法。地方立法的特色也体现在地方立法项目的不重复上，特别是在执行性立法方面，就有观点提出“如果一个立法进行三级甚至四级重复，立法是否有必要性、是否属于跟着上位法立法就要审慎研究和进行判断”。

国家治理现代化需要正确处理和把握整体和部分、全局与局部的关系，局部治理现代化是全局性现代化的必要条件。围绕党委政府重大决策、人民群众普遍关注、本地实际开展的地方立法，是提升地方治理能力的有效途径，也是“善于运用制度和法律治理国家”的体现。从“五位一体”总体布局的治理目标来看，法治不仅仅是最好的营商环境，也将通过治理领域各项事务进行规范和保障的形式，成为最好的地方治理环境。所以对于地方立法者来说，如何及时、全面、精准地回应地方治理要求，是始终需要思考的课题。包括近年来对地方性法规、规范性文件的清理，也是以是否适应改革要求为标准进行及时的清理、修改和废止。

（一）定性和原则

对于什么是建筑风貌或者说什么是丽江市中心城区的建筑风貌，《丽江市人民代表大会常务委员会关于加强丽江市中心城区建筑风貌管控的决定》的前几条并没有直接下一个定义，而是在条文之中从第八条开始对高度、宽度、屋顶、色彩、材质、设施等元素进行了分别的明确规定，并在第四至六条对规划编制、城市设计、建筑设计进行了原则性规定，按照笔者个人的理解，除了前文详述的对建筑体量的管控（高度和宽度，重点讲了高度）以外，这些分别规定的元素和原则性规定整体组成了建筑风貌决定中的概念，也即对属于丽江市中心城区建筑风貌的概念进行了分类。这些分类容纳了立法者对这一概念的理解和感受，也体现了丽江的地方特色，这是因为“立法的过程构成了一个分类体系的建构过程”。[1] 而这一分类体系必然植根于所在地的文化和现实生活。

在有效的管控和避免管控得过于严格之间取得平衡点，就在于立足丽江的本地特色实事求是地设立条款。对于应当倡导的原则性规定要抓住关键，笔者印象很深刻的一个专家意见就是城市风貌好不好关键在于规划，规划好不好关键在于管控，管控好不好关键在于法规。整体的意见征集过程中，大多数的意见都是说，在整体设计原则上，或者说整个丽江的中心城区应如何设计——注重融入民族文化、传统元素，总之就是必须恰当地突出特色，让中心城区总体融入民族文化和传统建筑元素。丽江整个城市的建筑过程之中，应该融入民族文化和传统特色。外立面也好、其他也好，总的设计都要融入民族文化和

---

〔1〕 王启梁：《迈向深嵌在社会与文化中的法律》，中国法制出版社 2010 年版，第 139 页。

传统建筑的特色。房子漂不漂亮的关键不是看颜色，关键是民族文化是否融入、蕴于我们的整体建筑之中，形成丽江的整体形象特色，而不是都“戴个帽子”就可以。

当然，对于创新，也应当重视，有意见提出：作为一项涉及城市建设方方面面的“决定”，建议应该是在明确必要的限制范围和条件的基础上，尽量将控制整体方向和风貌作为出发点，兼容并蓄，以发展和包容的眼光，允许必要的创新，而不是一味地加以限制。提倡在延续传统风貌的基础上进行必要的创新，才能让城市变得生机勃勃。杜绝一成不变和死气沉沉，应该是城市发展的明确方向。在立法目的和立法原则部分，要尽量采用指导性的用语，尽量制定原则性的内容，减少过于具体的数据、做法、要求。

丽江市人大常委会法工委的负责人是这样说的：“立法事关千秋万代、千家万户，纸上的法规将决定我们会留给子孙后代一个怎样的丽江城，是否依旧能抬头便看到雪山蓝天？建设高品质城市，保持城市建筑风貌，让广大群众有更多的获得感和幸福感，是我们这一代人的使命和责任。”他也是这样做的，在整个立法的全过程始终身先士卒地在第一线带领我们开展工作，不曾有丝毫懈怠、放松。丽江市人大常委会已经出台的 9 部地方性法规离不开他带领法工委以“为创造一个更加美好的丽江奉献一份立法人的努力”为目标，始终坚持匠人精神让立法为民理念落地生根。

在《丽江市人民代表大会常务委员会关于加强丽江市中

心城区建筑风貌管控的决定》的市人大常委会审议过程中，围绕高度、宽度、屋顶、色彩、材质等核心指标先后进行了 17 次修改，17 份修改稿就凝聚着无数的争论、研究和坚持，最终使矛盾焦点、争议难点成为立法亮点。

比如第三条对范围的确定，考虑到“中心城区”一般为规划领域的习惯性表达，其范围一般由城市总体规划根据城市实际发展需要确定，并不必然与行政边界相吻合，所以为了明确其边界，一方面与城市总体规划的表达用语保持严格一致，另一方面尽可能与相关行政边界相吻合。而且具体的范围也按照管好整个丽江坝子的思路，结合规划予以明确。

除了其他城市都有的建筑设计、城市设计引导，在第五条中强调了景观视廊和建筑天际线。为了更好地控制天际线，不仅对雪山视廊、丽江古城等区域进行控制，还对滨水、临山区域进行严格控制。当时有意见提出：滨水地区的天际线，建筑高度形成由近及远高度逐步递增的天际轮廓线；临山地区的天际线，应考虑与背景山体的高度关系，建筑轮廓与山体轮廓相呼应，避免遮挡。第六条提到山地建筑，是因为游客进来首先看到的都是山体，可以说房在林中，林在山中，所以根据实际情况对山地建筑进行原则性规定。

而雪山蓝天下的丽江应该是什么色彩？对于这个问题每个人都有自己的答案。在丽江周边登高一望的话，现在丽江中心城区的建筑色彩是以灰白色为主的中性色系，所以在对丽江的城市色彩进行梳理和引导的基础上，为了形成统一有序的色彩景观并在第十一条中予以明确。材质则是除了强调传统建筑风貌区的建筑屋面应当使用传统的灰色青瓦外，在第十二条中更多的是鼓励引导。目前对丽江城市建筑色彩引导的思路为：对丽江的城市色彩进行梳理和引导，形成统一有序的色彩景观；规划丽江城市整体建筑色彩为暖色调，以米白、中性灰色、低明亮度的中间色等暖色调为主，限控大面积的白色，严控高彩度色，禁止大面积高饱和度明亮色；平屋面宜采用绿色面材或作屋顶绿化；坡面可采用双坡、单坡、不等坡等，坡面一概为深灰色，禁用高彩度面材和白色屋脊。

（二）古城的屋顶、街巷、水系

从世界文化遗产保护的角度，对于丽江古城的保护有三个层次的考虑：第一个层次是保护丽江古城及周边村镇以及以众多山脉、湖泊、田野坝子为主体的自然环境特征及其构成的生态系统。第二个层次是保护丽江大研古城、白沙、束河及其他村镇的建筑特征；保护丽江古城以群山为背景，以街巷与水系为骨架，以集市广场为核心，以各处公共建筑与寺庙楼阁为点缀的空间层次；保护丽江古城城内为网状、城外呈发散的道路结构和围绕商业铺面形成的传统民居群体聚落、特色民居所反映的人工环境。第三个层次是保护丽江古城千百年来纳西族及其他民族居民的社会生活、风俗习惯、生活情趣、文化传统、工艺美术、民族特色等方面所反映的人文环境特征。所以，对丽江古城的规划目的主要应遵循《保护世界文化和自然遗产公约》的要求，作为保护世界文化遗产丽江古城的依据；保护主要是指导世界文化遗产丽江古城近期保护与发展和古城日常保护与管理的依据。规划目标则是建立整体性保护的框架，科学指导丽江古城的保护，探索历史环境保护的有效途径。探索积极保护与合理再利用的适当方式，坚持“以人为本”的原则，改善丽江古城的基础设施和环境品质，构筑和谐的社会生活体系。

在简要介绍整体保护框架的基础上，笔者想结合《丽江市人民代表大会常务委员会关于加强丽江市中心城区建筑风貌管控的决定》着重说一下对丽江古城屋顶、街巷和水系的保护。建筑是一个城市文化的书写和记忆，而建筑的外立面和屋顶便是首先映入眼帘的第一印象。屋顶又被称为建筑的“第五立面”，对建筑的形体和立面形象具有较大的影响，屋顶的形式将直接影响建筑物的整体形象。丽江传统民居的屋顶一般分悬山和硬山两种，即双坡悬山、双坡硬山。观察丽江古城中的屋顶，可以看到纵横向皆形成微微的反拱曲线，深出檐、坡屋面，并以黑灰筒瓦铺砌。笔者曾在网上看到有人留下这样关于古城的文字：“丽江古城是一个连瓦片都很美的地方。”丽江古城的屋顶之所以美丽，也是因为一直以来为了保护古城整体的鸟瞰景观，传承古城的建筑屋顶形式所持的保护标准：对于古城内的建筑，是禁止采用塑料、石棉瓦、玻璃、彩板瓦和钢筋混凝土等材料建造屋面的，也禁止在屋面上安装影响古城天际线、景观及整体景观的任何不协调设施，包括太阳能、信号接收器、水箱等，严禁建设任何大体量以及未采用传统青瓦坡顶的建（构）筑物。从网上热传的在丽江古城屋顶拍摄的各种美丽照片来看，丽江古城的屋顶，还是管控得很好的。

《丽江市人民代表大会常务委员会关于加强丽江市中心城区建筑风貌管控的决定》为了达到通俗易懂的效果，在第十条中对屋顶按照分区和层数进行了分别规定，对于采用深出檐双坡悬山或者双坡硬山屋顶的做法结合考虑建房户的建设成本，主要限定在传统建筑风貌区。其他分区的屋顶则按照层数进行管理，这里需要说明的是，民用建筑高度和层数的分类主要是按照现行国家标准《建筑设计防火规范》（GB 50016）和《城市居住区规划设计标准》（GB 50180）来划分的。一般建筑按层数划分时，公共建筑和宿舍建筑 1—3 层为低层，4—6 层为多层，大于等于 7 层为高层；住宅建筑 1—3 层为低层，4—9 层为多层，10 层及以上为高层。所以对于低层建筑则规定采用深出檐的双坡屋面，多层则是平坡结合。高层出于高度带来的安全考虑，没有要求按照传统形式设置坡屋面，以免存在高空坠物等安全隐患。

《丽江市人民代表大会常务委员会关于加强丽江市中心城区建筑风貌管控的决定》同时对于规划引领（将管控要求纳入规划）、城市设计、建筑设计、空间格局和交通走廊、滨水空间等要素均作了明确的规定，有利于城市传统风貌的保护传承，也给传统建筑风貌涉及的街巷、水系等要素提供了法律支撑。就像保护丽江古城，就需要保护遗产区原有的街巷格局，不得任意改变街巷尺度、走向及高差关系，不允许改线或拓宽。不仅如此，如果想要维持丽江古城的风貌，让它与我们记忆中的模样一样，恰若当年青石的巷道向晚，那就还需要维持原有传统路面材料和铺砌方式，不然混凝土的路面也走不出“嗒嗒”的马蹄声，未经岁月打磨的石块也容易打滑摔倒。除了路面，抬头的视觉通道，平视的沿街界面也需要始终如一地细心呵护，对想要在空中“生长”的建筑物、构筑物或者准备拆墙开店的行为坚决说不。至于水系，由黑龙潭、玉河、东河、中河、西河、溢瑑井、半月泉、白马龙潭三眼井、狮乳泉、署古井、石榴井、月季井构成的丽江古城重要历史水系，也需要对一直以来水、街相依的空间结构进行保护，对于水和建筑物、街巷的整体格局、细处设置也不应有所变化，更不能任意改变水系位置、尺度及流向。包括水边的植物也最好延续传统保持协调一致，以柳树、米槐为主，从而增加街道的生活气息和滨水空间的景观活力。这些都有赖于原有的制度机制、保护要求和对于《丽江市人民代表大会常务委员会关于加强丽江市中心城区建筑风貌管控的决定》的细化措施。

需要重点说明的是，《丽江市城市生活垃圾分类管理条例》自 2024 年 3 月 1 日起施行后，将更加有利于保护丽江市中心城区的人居环境和整体风貌。制定该条例的立法目的在于通过加强城市生活垃圾分类管理这一个小切口，改善城市人居环境，打造世界文化旅游名城，推进生态文明建设，促进经济社会可持续发展。该条例共有 44 条，分为总则，规划与建设，源头减量，分类投放，分类收集、运输与处置，保障与促进，监督管理，法律责任，附则等9章。对城市生活垃圾分类管理进行立法是贯彻《生态文明体制改革总体方案》中建立垃圾分类制度重要改革任务的需要，更是贯彻落实习近平总书记关于“要加快建立分类投放、分类收集、分类运输、分类处理的垃圾处理系统，形成以法治为基础、政府推动、全民参与、城乡统筹、因地制宜的垃圾分类制度，努力提高垃圾分类制度覆盖范围”重要指示的需要。《丽江市城市生活垃圾分类管理条例》中对生活垃圾的分类参照住建部2019年提出并实施的《生活垃圾分类标志》（GB/T 19095—2019）的分类标准，主要分为可回收物、有害垃圾、厨余垃圾、其他垃圾。对源头减量进行了专章规定，要求从源头上实现城市生活垃圾减量化、资源化、无害化处理，唯有如此，才能通过城市生活垃圾科学合理分类、投放、收集、运输和处置，实现控制污染、保护环境的目标。在制定和实施方面，因为涉及范围广、协调单位多，市人大常委会城环工委的负责人常从整个工作布局的高度提出意见，不但高屋建瓴，而且一针见血，很快把讨论的症结问题清爽解决，其中深厚的理论功底和对工作的深入理解是很少见的，常让笔者感觉到豁然开朗。

（三）牌匾和勒石

《丽江市人民代表大会常务委员会关于加强丽江市中心城区建筑风貌管控的决定》第十三条中关于设施的规定，其实笔者觉得每一个词都可以单独设置一个具体措施。比如户外广告，笔者就记得有一个人大代表提出当时丽江因为红太阳广场毛主席雕像附近的足浴招牌上了一次热搜，而他自己从丽江古城附近的北门坡走下来看到很多和古城传统风貌不符的招牌，提出对户外广告要严加管控，至少要和城市风貌、周边环境相协调；如果有可能的话，对于在高速路口、动车站、主路口（各大机关、企业）等节点的户外广告均应体现丽江花园城市特色、民族团结示范市特色，突显丽江特色，充分利用一些民族文化元素、标识，融入宣传广告中、牌匾中、景观中，城市风貌方面更有辨识度和文化特色。

比如对于商业牌匾，有丽江市人大常委会委员提出要重视对“牌匾、勒石”这一典型文化符号的管控，因为这一问题更为凸显，亟待解决。既要避免“一刀切”，防止牌匾、勒石单调死板的问题；也要严格遵守牌匾、勒石文化传统，保持书法字为主要内容、有上下款识和印章的形制，同时尊重历史文化，可使用丽江世居少数民族独有文字进行牌匾、勒石制作；在遵守历史传统文化的基础上可以进行载体、材料和光照效果等技术性创新，目的是强化文化内涵和艺术感染力，最终让牌匾标识延续城市文脉，真正成为城市风景。对于这些不仅专业，而且饱含对丽江热爱的意见建议，在整个立法过程当中还有不少，也都得到了高度重视和审慎研究、论证、吸纳。最终也体现在了《丽江市人民代表大会常务委员会关于加强丽江市中心城区建筑风貌管控的决定》的法律文本之中。

牌匾勒石、户外广告等设施的设置，除了与城市与建筑风格、城市风貌以及周边环境相协调，不再出现突兀、不协调的情况以外，具体使用的文字也应当与城市形象、城市文化相适应。就笔者个人感受，在涉及文化方面，对于具体的用词和理解是很重要的。比如诗经中的《女曰鸡鸣》就因为对具体用词的理解而产生了两种解释。全文为：

女曰："鸡鸣"，士曰："昧旦。子兴视夜，明星有烂。""将翱将翔，弋凫与雁。""弋言加之，与子宜之。宜言饮酒，与子偕老。"琴瑟在御，莫不静好。"知子之来之，杂佩以赠之。知子之顺之，杂佩以问之。知子之好之，杂佩以报之。"

笔者其实一开始看到诗经的这篇就觉得很有意思，可以简单理解为，一个聪明的女人是如何哄老公起床干活然后经营感情共筑美好人生的。不过最近看到另一种更有趣的解释，女人说才是鸡鸣（1—3 点），再躺一会儿，汉子说已经昧旦（黎明破晓，古曰昧旦晨兴）了，该起床了，于是汉子起床看到灿烂的星空，还可以睡两个小时。然后就有了后续的汉子说我会很大丈夫地去射猎。女子说我会很小女人地好好烹饪，和你喝酒弹琴。汉子说，你是这么的美丽，我要送你东西。笔者去查了具体的鸡鸣和昧旦，确实符合第二种解释中的男人主动说时间可能已经破晓该起了。同时考虑到全诗中"知子之来之"、"知子之顺之"、"知子之好之"和"杂佩以赠之"、"杂佩以问之"、"杂佩以报之"的来、顺、好和赠、问、报的情感递进也印证第二种解释里的为了岁月静好而共同付出和自律，也更加符合逻辑。第一种解释里的关系，是女性的要求、柔顺和男人的反馈、回报，良性的沟通背后是为了生活的感情经营，不过女人带了些母性，男人带了些孩子气，毕竟属于被老婆哄着开工的男人。第二种解释里面则更加简单和自愿付出，颇有能够安顿生命的感觉。

那么，诗词当中的一个名词解释不一样，就导致意境大不一样，更何况城市当中的牌匾勒石等文化符号呢？除了前文提到的形式材质，还需要高度注意的是文字的准确，特别是牌匾、勒石乃至户外广告中文字的准确表述。2023 年 10 月开始，丽江市外事办搭建并运维的“丽江市公共场所外语标识纠错”小程序就是非常好的探索。这个小程序主要用于长效化、常态化开展重点公共场所外语标识规范化工作，鼓励市民做城市外语标识标牌的“啄木鸟”和纠错标兵，以随手拍上传照片方式来发现并纠正外语标识标牌中存在的错误。而丽江城市中的牌匾、勒石、户外广告等设施也可以通过类似的方式来纠错改正，更好地维护城市形象。

第三章　生态文明建设地方立法之泸沽湖保护条例

目光所及皆图画，步履所至尽仙源。泸沽湖以自然风光和人文风情而闻名，也是云南省水质最优良的湖泊，长年稳定保持Ⅰ类水质［水质良好：地下水只需消毒处理，地表水经简易净化处理（如过滤）、消毒后即可供生活饮用］。泸沽湖属金沙江流域雅砻江水系，是一外流淡水湖，由亮海和草海组成，亮海为湖泊主体，湖水从东南部的草海出口，流经前所河、永宁河（盖祖河）、卧罗河（盐源河）与理塘河汇合后汇入雅砻江。湖水主要靠雨水和临时性的沟溪汇水和区间坡面漫流补给，云南省境内主要入湖河流有5条，沟溪4条。2018年，作为丽江市法学会民商事调研小组的成员，笔者参加了对泸沽湖的法律实施情况调研。当时主要通过面谈、调研、实地走访的方式对云南泸沽湖部分和四川泸沽湖部分进行深入了解。调研之后所写的报告提出了泸沽湖在两省共管下的法制张力："在内容上主要以滇川交界的泸沽湖为研究对象，在整理两省之间涉及泸沽湖的以自然保护区和风景名胜区为主的不同管理区域类型的基础上，对泸沽湖多区重合涉及的国家级、省级、州市级和地方自治条例各层面的保护区分类和保护要求存在差异、保护机构和管理职责存在差异进行了详细分析。为了更好进行生态文明建设、融入和服务国家总体战略建设，滇川两省应当在环保优先的前提下完善两省共治的泸沽湖存在的一湖两治问题，从而解决前述因管理区域不同和两省共治产生的泸沽湖保护和开发的内在张力和差异。"机缘巧合，2023 年，笔者见证了泸沽湖由市级立法，上升为省级立法且为滇川两省协同立法，亲眼见到了这一问题是如何得到解决的。故本书着重阐述 2018 年发现所存在的法制张力问题和后续问题的解决。

《云南省泸沽湖保护条例》[1]、《四川省泸沽湖保护条例》[2] 由两省人大常委会分别在 2023 年 9 月经常委会会议审议通过，均于 2023 年 12 月 1 日开始施行。两省的协同立法，有效解决了两省共治、多区重叠的泸沽湖治理问题。从立法的依据来

---

〔1〕参见《云南省泸沽湖保护条例》，载云南人大网，https：//www. ynrd. gov. cn/html/2023/srdssjdwc_0923/24247. html。

〔2〕参见四川省生态环境厅：《四川省泸沽湖保护条例》，载四川省生态环境厅网，http：//sthjt. sc. gov. cn/sthjt/c106120/2023/10/19/c8bdae0bd59746bbbfaaa02e4ea1beac. shtml。

说，将“牢固树立和践行绿水青山就是金山银山的理念”写入两部条例的第一条中是一个亮点。当然，在两部条例的第一条中，从共有的“《中华人民共和国环境保护法》、《中华人民共和国水法》、《中华人民共和国水污染防治法》、《中华人民共和国长江保护法》、《中华人民共和国湿地保护法》、《风景名胜区条例》”六部被列举作为依据的法律、行政法规，就可以直观感受到泸沽湖的多区重合情况。2019 年公布的《丽江市泸沽湖保护条例》则在第一条中将《环境保护法》《水法》《水污染防治法》等法律、法规作为立法依据。当时的立法过程中，《丽江市泸沽湖保护条例》的立法依据主要为《立法法》《环境保护法》《水法》《行政处罚法》《水污染防治法》《固体废物污染环境防治法》《治安管理处罚法》《自然保护区条例》《风景名胜区条例》《云南省自然保护区管理条例》《云南省湿地保护条例》等法律、法规，但条文中只列举了 3 个最主要的法律依据。所以两省泸沽湖保护条例中列举了 6 个最主要的立法依据，相较于《丽江市泸沽湖保护条例》新增了《长江保护法》、《湿地保护法》及《风景名胜区条例》，既有新法实施的缘故，也体现了立法思路中的统筹。

一、泸沽湖的多区重叠

泸沽湖系云南省与四川省之间的跨省高原淡水湖泊，具体在云南省丽江市宁蒗彝族自治县和四川省凉山彝族自治州盐源县之间，整个湖盆质地为岩石，内壁非常陡峭，但四川一侧因在地质史上有大量山脉泥沙冲积入湖，其内壁陡峭程度较云南一侧轻一些，云南这侧的山脉几乎是直插湖底。泸沽湖因其特殊的地理环境、自然生态系统和独有的民族文化，自1986年起在云南、四川两省分别被陆续创建和评为各级自然保护区和风景名胜区。并且因为两省的实际情况不一，两省泸沽湖除自然保护区和风景名胜区外，又分别被创建和被评为了省级旅游度假区、旅游景区、水利风景区、重点湿地名录等各种依据不同法律规定、管理要求的不同的管理区域类型。

为了行文统一和便于阅读，对于云南省丽江市宁蒗彝族自治县所属的泸沽湖，后文统称为宁蒗泸沽湖，对于四川省凉山彝族自治州盐源县所属的泸沽湖，后文统称为盐源泸沽湖。

在云南省宁蒗泸沽湖方面，相关的管理区域类型具体创立情况按照时间顺序梳理如下：

1986年，宁蒗泸沽湖建立了宁蒗泸沽湖省级自然保护区，作为由林业部门主管的省级内陆湿地生态系统类型自然保护区，面积为8133公顷。

1988年，宁蒗泸沽湖景区作为丽江玉龙雪山风景名胜区四个组成景区之一被审定为第二批国家重点风景名胜区。国务院在1988年8月1日发布国务院规范性文件《国务院批转建设部关于审定第二批国家重点风景名胜区报告的通知》（国发〔1988〕51号），其中审定泸沽湖景区（丽江玉龙雪山风景名胜区的一部分）为第二批国家重点风景名胜区："三十八、丽江玉龙雪山风景名胜区位于云南省丽江、宁蒗、中甸三县境内，由四个景区组成，总面积七百七十多平方公里……泸沽湖景区内深林幽湖与少数民族古风民俗融为一体。”

1994 年，宁蒗泸沽湖经由云南省人民政府批准，被列为省级旅游度假区。

2009 年，宁蒗泸沽湖成功申报为国家 4A 级旅游景区。

2018 年，宁蒗泸沽湖被列为云南省第三批省级重要湿地。云南省人民政府办公厅发布文件《云南省人民政府办公厅关于公布云南省第三批省级重要湿地名录的通知》（云政办发〔2018〕40 号），将宁蒗泸沽湖列为第三批省级重要湿地并进行公布：宁蒗泸沽湖省级重要湿地位于丽江市宁蒗县永宁乡，是湿地类型的省级自然保护区，以高原湖泊湿地生态系统和以波叶海菜花、黑颈鹤、泸沽湖特有裂腹鱼为代表的湿地野生动植物为主要保护对象……泸沽湖水质优良，动植物资源丰富，保护物种多，自然景观优美，民俗文化独特，具有重要的保护价值。

在四川省盐源泸沽湖方面，相关的管理区域类型具体创立情况按照时间顺序梳理如下：

1993 年，四川省将盐源泸沽湖景区列为省级风景名胜区。

2005 年，四川省凉山州人民政府批准在盐源泸沽湖建立泸沽湖州级自然保护区。

2006 年，水利部水利风景区评审委员会表决通过第六批国家水利风景区名单并发布《关于公布第六批国家水利风景区的通知》，其中盐源泸沽湖被认定为国家级水利风景区。

2008 年，创建凉山彝族自治州盐源县泸沽湖景区 4A 级景区。

2016 年，盐源泸沽湖旅游度假区成功创建四川省省级旅游度假区和四川省省级生态旅游示范区。

正如《自然保护区条例》[1] 第一条明确规定为了保护自然环境和自然资源制定本条例，《风景名胜区条例》第一条也明确规定了是为了有效保护和合理利用风景名胜资源制定本条例。在具体的管理区域类型上，结合前述的梳理内容，可以看到由于宁蒗泸沽湖的自然保护区级别高于盐源泸沽湖，除了前述地方性立法中保护标准冲突外，在景区的具体开发上，宁蒗泸沽湖和盐源泸沽湖也有了相应的差异。在云南省宁蒗泸沽湖和四川省盐源泸沽湖之间相关的管理区域类型所要遵从的主要法律规定、具体要求以及在国家级、省级、州市级、地方自治条例方面一湖两治的主要问题如下：

在国家立法方面，风景名胜区主要适用的是第 474 号国务院令发布的并从 2006 年 12 月 1 日起施行的《风景名胜区条例》（根据 2016 年 2 月 6 日《国务院关于修改部分行政法规的决定》修订），自然保护区主要适用的是第 167 号国务院令发布的并从 1994 年 12 月 1 日起施行的《自然保护区条例》（根据 2011 年 1 月 8 日《国务院关于废止和修改部分行政法规的决定》第一次修订；根据 2017 年 10 月 7 日《国务院关于修

[1] 本书法律、法规文本主要引自国家法律法规数据库，对于在国家法律法规数据库以外引用的，后文将专门以引注进行说明。

改部分行政法规的决定》第二次修订）。《自然保护区条例》的立法目的为保护自然环境和自然资源，而《风景名胜区条例》的立法目的为有效保护和合理利用风景名胜资源，一旦发生区域重合或者交叉，前述两个条例由于立法目的的不同和立法内容的不同，自然会在规划、管理、保护等法律实施方面产生冲突并持久地产生张力。

因而《风景名胜区条例》在第七条第二款明确规定："新设立的风景名胜区与自然保护区不得重合或者交叉；已设立的风景名胜区与自然保护区重合或者交叉的，风景名胜区规划与自然保护区规划应当相协调。"虽然这一法律规定避免了未来再产生双区重合或者交叉的问题，但对于自然保护区规划和风景名胜区的规划问题"应当相协调"则规定的较为笼统。所以对于类似的泸沽湖这样的已经出现区域重合的情况，则依然需要在国家立法层面进一步明确处理方针。除了两省之间的风景名胜区条例和自然保护区条例延续国家级层面因立法目的和立法内容不一致产生的张力外，围绕着保护与开发之间的张力，两省之间的风景名胜区条例和自然保护区条例以及地方立法也存在共性和冲突。

二、泸沽湖的一湖两治法制张力

笔者 2023 年 11 月在百度上检索宁蒗泸沽湖所属的永宁乡、盐源泸沽湖所属的泸沽湖镇时，发现永宁乡和泸沽湖相应的区划示意图就如同两块拼图，泸沽湖双方各划一部分，恰能从交界的泸沽湖部分严丝合缝拼在一起。泸沽湖虽然在行政区域规划上属于云南、四川两个省级行政区，两省依据不同的法律规定对其进行治理；但在自然地理是统一的一个高原湖泊。

对于已经存在各类型重合的泸沽湖区域，《风景名胜区条例》和《自然保护区条例》等法律法规之间立法目的、立法内容不同的张力和两省之间立法的不同、两省各自不同类型级别不一致的张力在泸沽湖的州市级立法和地方自治性立法方面体现得很彻底。比如在泸沽湖，不仅有《风景名胜区条例》和《自然保护区条例》之间的张力和依之制定的地方立法之间的张力，也有《风景名胜区条例》或者《自然保护区条例》在两省之间存在差异和级别不一致产生的张力，这就导致了宁蒗泸沽湖和盐源泸沽湖不仅在管理机构、管理职责、管理区域划分等法律适用方面存在法制不统一的情况，而且在作为履行管理职能根本的法律依据方面就存在法制不统一的张力。

在 2019 年的时候，就存在以下张力：

第一，保护区分类和保护要求的冲突。宁蒗泸沽湖的地方条例规定了实行三级保护管理，并对自然保护区范围内按三个功能分区区域划分进行保护、对其他泸沽湖景区区域则按照国家、省关于风景名胜区的法律法规执行，尝试通过前述的立法规定来解决不同类型区域重合下的法律适用冲突。盐源泸沽湖则按照重点村落保护区、点，湿地生态保护区，风景游览保护区，生态恢复区来分区、分类、分级进行保护。

不仅是用词上的差别，宁蒗泸沽湖与盐源泸沽湖的地方条例对于保护区的分类方式、保护力度是有明显差异的，自然也会长远地对双方贯彻落实“一湖一标”“一湖一规”“一湖一策”“一湖一法”的长远目标产生不利的影响。这也需要落实前文所提到的在国家和省级立法上妥善处理现存的重合、交叉问题才能对地方立法有明确的促进作用。

第二，在保护机构和管理职责方面的冲突。宁蒗泸沽湖和盐源泸沽湖的现有条例不仅在各自的泸沽湖保护机构和管理职责方面有较大的差异，而且并未妥善解决区域重合下两省内部和两省之间对于泸沽湖管理的不同部门、不同级别、不同目标的协调统一问题。《丽江市泸沽湖保护条例》则尝试通过在条例中明确湖长制、市县乡镇和有关部门的职责以及专章规定湖泊保护协商机制，并细化、制度化规定了两省之间对应部门做好泸沽湖保护工作的保护协调机制、日常沟通机制、相互配合机制，但在一段时间内两省之间关于保护机构和管理职责方面的冲突依然是存在的。

这一张力就很明显地体现在了保护标准方面的冲突。首先，在水质方面，虽然是一个独立的自然湖泊，但宁蒗泸沽湖在新旧条例中都明确采用国家《地面水环境质量标准》（GB 3838—88）中的Ⅰ类标准保护泸沽湖水域的水质，而盐源泸沽湖则采用Ⅱ类标准保护其区域内的泸沽湖水域的水质。那么，如果严格按照这个水质的保护标准，同一个湖两个水质，湖西边的Ⅰ类水可以直接喝，湖东边的Ⅱ类水需要过滤来喝。其次，在水位保护方面，宁蒗泸沽湖与盐源泸沽湖的现行自治条例标准是一致的，但是《丽江市泸沽湖保护条例》（已废止）对水位进行了调准，则两省之间的水位标准就产生了不一致。虽然这些保护标准在具体执行中两省可以求同存异，但是在不同标准特别是宁蒗泸沽湖新的市级立法条例保护标准要更加严格的情况下，泸沽湖保护工作中仍然会因为前述的原因持续产生张力。

为了解决泸沽湖和类似泸沽湖一类重合区域的法制不统一张力问题，从根本上解决《风景名胜区条例》和《自然保护区条例》适用于同一区域的冲突，就应当在国家立法上进一步明确对双区重合或者交叉的法律适用问题，比如可以在相应行政法规中明确规定："自然保护区的核心区、缓冲区和实验区具体范围以经批准向社会公布的自然保护区总体规划划分为准。保护区实行严格的保护措施并设置界桩和明显标识。自然保护区范围外的其他泸沽湖景区区域的保护、管理和资源利用按照国家、省关于风景名胜区的法律法规执行。"并在省级立法方面进行相应修改。这样对于全国类似的重合、交叉问题在立法上就有了明确的处理依据，无论是法律适用问题还是国土空间的规划编制问题都有法可依，不再有内生的冲突。在国家级和省级立法上对于重合、交叉问题的妥善处理也会极大地促进这些区域的管理机构设置和法律实施之间的张力减少。

三、省级立法的张力

宁蒗泸沽湖作为省级自然保护区主要遵从的法律规定为

《自然保护区条例》和《云南省自然保护区管理条例》。盐源泸沽湖作为州级自然保护区主要遵从的法律规定为《自然保护区条例》和《四川省自然保护区管理条例》。虽然用词有所差别，但两省的管理条例（《云南省自然保护区管理条例》第七条、第八条，《四川省自然保护区管理条例》第七条、第十五条）都强调了环境保护行政主管部门实施综合管理和分部门主管的管理框架，除了相关的保护要求统一之外，值得注意的是：

第一，云南省的自然保护区主管机构的建立根据《云南省自然保护区管理条例》第七条和第十条是由县级以上人民政府林业、地矿、农业、水利等行政主管部门主管相关类型的自然保护区负责；而四川省的自然保护区主管机构的建立根据《四川省自然保护区管理条例》第十六条则是应当由县级以上的人民政府按照精简、统一、效能的原则来批准设立。同时，四川对各部门主管的自然保护区类型作了诸如林业行政主管部门主管森林和陆生野生动物类型自然保护区、水利行政主管部门主管内陆水域生态和水生野生生物类型自然保护区等细化的规定，而云南没有在林业、地矿、农业、水利等行政主管部门主管相关类型的自然保护区之后作细化的规定。

第二，虽然宁蒗泸沽湖是省级自然保护区而盐源泸沽湖是州级自然保护区，但是根据《云南省自然保护区管理条例》第十一条“报省人民政府批准”的规定和《四川省自然保护区管理条例》第十条“市（州）级和县（市、区）级自然保护区的建立……按照省级自然保护区建立的有关程序办理”的规定，两省泸沽湖保护区的建立均需省级政府批准。

第三，宁蒗泸沽湖是省级自然保护区和盐源泸沽湖是州级自然保护区的总体编制规划均需由相应的省人民政府进行审批，法律依据是《云南省自然保护区管理条例》第十五条“自然保护区建立后由林业草原行政主管部门负责组织编制总体规划，按自然保护区的级别报同级人民政府批准后实施”的规定和《四川省自然保护区管理条例》第十四条“自然保护区行政主管部门应当按照国家有关技术规范和标准，组织编制自然保护区建设保护规划，报原批准建立自然保护区的人民政府批准后实施”的规定。相应地，根据两省的前述立法，两省泸沽湖自然保护区的撤销及其性质、类型、范围、界线等的调整或者改变均须由相应的省人民政府批准。

第四，在环保方面，1998 年起施行的《云南省自然保护区管理条例》主要在第十六条规定了“自然保护区实验区内的建设项目，建设前应当进行环境影响评价”，而《四川省自然保护区管理条例》没有规定环境影响评价的内容，但在 2018 年 9 月 30 日公布的四川省第十三届人民代表大会常务委员会第 22 号公告（四川省人民代表大会常务委员会关于修改《四川省自然保护区管理条例》的决定）中的第八条新增了关于保护区试验区建设非条文前述禁止项目的其他项目的排污标准和整治办法作为《四川省自然保护区管理条例》新增的第二十四条。

宁蒗泸沽湖作为国家重点风景名胜区主要遵从的法律规定为《风景名胜区条例》和《云南省风景名胜区条例》。盐源泸沽湖作为省级风景名胜区主要遵从的法律规定为《风景名胜区条例》和《四川省风景名胜区条例》。除了相关结合《风景名胜区条例》制定的保护和利用条文要求较为统一之外，值得注意的是：

第一，在批准设立和编制规划方面，根据《风景名胜区条例》第十条的规定，宁蒗泸沽湖作为国家级风景名胜区由国务院批准公布，盐源泸沽湖作为省级风景名胜区由省、自治区、直辖市人民政府批准公布。根据《风景名胜区条例》第十六条的规定，宁蒗泸沽湖的风景名胜区规划由云南省人民政府建设主管部门编制，盐源泸沽湖的风景名胜区规划由县级人民政府组织编制。特别是《四川省风景名胜区条例》第十七条第二项对于编制单位的资质有明确的规定："（二）省级风景名胜区总体规划和详细规划，应当选择具有乙级以上城市规划或者风景园林资质证书的单位编制。"

第二，《云南省风景名胜区条例》第五条和《四川省风景名胜区条例》第六条都规定了由县级以上人民政府设置的风景名胜区管理机构负责风景名胜区的保护、利用和统一管理工作。

第三，在风景名胜区和自然保护区的重合或者交叉问题方面，《云南省风景名胜区条例》第十一条和《四川省风景名胜区条例》第十条都强调了新设立的风景名胜区与自然保护区不得重合或者交叉；已设立的风景名胜区与自然保护区重合或者交叉的，风景名胜区规划与自然保护区规划应当相协调。

第四，在对于原住居民的相关规定方面，相较于《云南省风景名胜区条例》没有特别的规定，《四川省风景名胜区条例》第八条规定了“风景名胜区所在地县级以上地方人民政府和风景名胜区管理机构应当对风景名胜区内原住居民的生产、生活给予扶持、帮助和照顾”。

第五，在核心景区建筑物、构筑物方面，《云南省风景名胜区条例》第十六条和《四川省风景名胜区条例》第二十二条都规定了禁止在核心景区内建设宾馆、招待所、疗养院、培训中心以及与风景名胜资源保护无关的其他建筑物、构筑物并应当逐步拆除或者迁出，应当给予补偿的，依法补偿。

第六，在风景名胜区的游客接待数量方面，《云南省风景名胜区条例》第三十五条规定了“确保进入景区的游客数量不超过景区的合理容量”，而《四川省风景名胜区条例》第二十七条则在第一项明确规定了禁止“（一）超过风景名胜区总体规划确定的容量接待游客”。

2019 年，除了适用条款差异带来相应立法目的和立法内容带来的法律标准和法律适用冲突外，《云南省风景名胜区条例》与《四川省风景名胜区条例》之间的差异和《云南省自然保护区管理条例》与《四川省自然保护区管理条例》之间的差异也为各类型区域重合的泸沽湖带来了更多法律标准和法律适用的冲突。虽然川、滇两省印发《川滇两省共同保护治理泸沽湖“1+3”方案》，达成了“泸沽湖水质稳定保持 I

类”的目标共识和保护制度措施，但因只是规范性文件，因此存在云南这边是严格的法规保护，四川那边是规范性文件措施保护的现象，产生了两省立法之间不协调、不一致的张力。

四、州市立法的张力

为了保护管理好泸沽湖，早在 1994 年 4 月，宁蒗彝族自治县人民代表大会就制定了《云南省宁蒗彝族自治县泸沽湖风景区保护管理条例》（该条例在 2009 年 1 月 15 日云南省宁蒗彝族自治县第十五届人民代表大会第二次会议进行了修订，之前的名称为《云南省宁蒗彝族自治县泸沽湖风景区管理条例》，即 2009 年的修订在名称上加入了“保护”一词)，该条例实施以来，为加强泸沽湖的保护、管理和合理开发利用发挥了重要作用。但是，随着国家加强生态环境保护，《环境保护法》等相关上位法作了修订，加之泸沽湖流域经济社会特别是旅游业的快速发展，湖泊保护工作出现了许多新情况、新问题，原有的单行条例局限于风景名胜资源保护管理和开发利用，已不能完全适应对泸沽湖生态环境进行严格保护的需要。所以丽江市人大常委会依照法定程序，根据掌握的泸沽湖流域概况及其水资源保护、水污染防治、水环境治理、水生态修复、水域岸线管理保护、执法管理等基础现状，完成了秉持“不让一滴污水进入泸沽湖”精神的《丽江市泸沽湖保护条例》制定工作，并自 2020 年 1 月 1 日起施行。该条例共 6 章 30 条，包括总则、保护管理职责、保护措施、湖泊保护协商机制、法律责任、附则，条例内容全面、体系完整、结构合理，具有较强的针对性，在实施后成为宁蒗泸沽湖管理的重要依据。对于盐源泸沽湖保护管理的地方性条例主要为2004年7月30日四川省第十届人民代表大会常务委员会第十次会议批准《凉山彝族自治州泸沽湖风景名胜区保护条例》（已于2024年4月3日废止）。宁蒗泸沽湖生效的地方保护管理条例为宁蒗彝族自治县的自治立法《云南省宁蒗彝族自治县泸沽湖风景区保护管理条例》（已被废止，下文作为自治条例单独分析）。《凉山彝族自治州泸沽湖风景名胜区保护条例》与《云南省宁蒗彝族自治县泸沽湖风景区保护管理条例》进行比较，两者除了内容的不同外，主要在于宁蒗泸沽湖的保护条例是县级自治条例，而盐源泸沽湖的保护条例是州级条例，所以丽江市制定《丽江市泸沽湖保护条例》能使两省之间对于泸沽湖的地方管理条例的效力级别一致。

需要说明的是《凉山彝族自治州泸沽湖风景名胜区保护条例》和《丽江市泸沽湖保护条例》都已经在不久前废止了，但是对两者之间的法制张力进行比较仍然是本章的重要内容。因为两者之间的法制张力不仅说明了滇、川两省协同立法的必要性、紧迫性，也非常直观、清晰地体现了对泸沽湖进行的地方立法中相关保护措施的变化脉络。在2019年时除了效力级别，两个条例之间值得注意的差别是：

第一，在保护区域方面，《凉山彝族自治州泸沽湖风景名胜区保护条例》第三条第二款规定所保护的泸沽湖水域是指泸沽湖湖泊（亮海）、湿地（草海）及水源河流。而《丽江市泸沽湖保护条例》第二条则明确规定了保护区域是丽江市行政区范围内的泸沽湖及其流域。

第二，在保护方式方面，《凉山彝族自治州泸沽湖风景名胜区保护条例》第八条规定盐源泸沽湖按照泸沽湖风景名胜区总体规划分重点村落保护区、点，湿地生态保护区，风景游览保护区，生态恢复区。实行分区、分类、分级保护（如表3-1所示）。《丽江市泸沽湖保护条例》则规定按照自然保护区和自然保护区外适用不同法律保护，并对自然保护区范围内按三个功能分区区域划分进行保护，值得注意的是，该条在法律适用协调上明确规定了自然保护区范围外的其他泸沽湖景区区域的保护、管理和资源利用按照国家、省关于风景名胜区的法律法规执行（如表3-2所示）。

表3-1　盐源泸沽湖的分区、分类分级保护

区域类别	相应保护
重点村落保护区、点	应当保持原有风貌和环境特色，加强环境绿化
湿地生态保护区	严禁围湖造田；严格限制捕捞水生生物；不得建设任何建筑物、构筑物
风景游览保护区	一级保护景区范围是指环湖公路以内的陆域、湖面及拖坡半岛。区内保留原有村落，严禁规划、建设与风景无关的设施
	二级保护景区范围是指一级保护景区以外的环湖景区。区内以风景游览为主，原有村落应当控制规模，保持原有民族风貌特色

续表

区域类别	相应保护
生态恢复区	应当加强荒山绿化与森林抚育，恢复生态环境，涵养水源
各区域划分：风景区管理机构应当依据总体规划的界定，树立界桩，标明界区	

表 3–2 《丽江市泸沽湖保护条例》对宁蒗泸沽湖的分类保护

区域类别	区域范围
一级保护区	自然保护区的核心区和缓冲区
二级保护区	泸沽湖水体及最高蓄水位沿地表外延 80 米内的自然保护区的实验区
三级保护区	泸沽湖最高蓄水位沿地表外延 80 米外的自然保护区的实验区
自然保护区范围外的其他泸沽湖景区区域	按照国家、省关于风景名胜区的法律法规执行
各级区域划分：保护区实行严格的保护措施并设置界桩和明显标识	

《丽江市泸沽湖保护条例》（已于 2023 年 12 月 1 日废止）的功能分区表述才用了以自然地理界线划分的方式，从笔者个人阅读的感受来说，是比较容易理解的，不仅便于群众理解，也有利于管理机构清晰明白地进行管理活动。同时也对宁蒗泸沽湖涉及多区重叠的法律适用作了统筹的规定，全面有效兼顾了不同的保护要求。

第三，在保护对象方面，《凉山彝族自治州泸沽湖风景名胜区保护条例》(已废止)第三条列举了所保护的环境内容为指影响风景区内人生存和发展的各种天然和经人工改造的自然因素的总体，并没有如《云南省宁蒗彝族自治县泸沽湖风景区管理条例》列举了重要建筑和村落、民族文化。《丽江市泸沽湖保护条例》(已于 2023 年 12 月 1 日废止)则没有采取列举式说明保护对象。

第四，在保护机构和管理职责方面，《凉山彝族自治州泸沽湖风景名胜区保护条例》第六条规定了盐源泸沽湖主要保护机构为自治州人民政府设立的风景区管理机构并在第二十五条中规定了相应的管理职责。《丽江市泸沽湖保护条例》第十条则明确规定了具体履行泸沽湖保护、管理和资源利用的工作职责的泸沽湖管理机构为市人民政府设立的泸沽湖管理机构，并在第六条和第九条至第十一条规定了湖长职责、市县乡镇和有关部门的职责。

在统筹性保护管理职责的规定方面，《丽江市泸沽湖保护条例》主要根据相关上位法和《中共云南省委办公厅、云南省人民政府办公厅关于印发〈调整优化九大高原湖泊管理体制机制的方案〉的通知》，泸沽湖管理局作为丽江市人民政府正处级派出机构，委托宁蒗县全权管理负责泸沽湖流域执法监管工作的规定拟定。泸沽湖管理机构主要是指丽江市泸沽湖管理局，丽江市泸沽湖管理局加挂泸沽湖风景名胜区管理局的牌子，同时还包括了泸沽湖自然保护区管理机构。

在具体的管理职责方面，盐源泸沽湖保护机构的职责强调了保护风景名胜资源和生态环境，合理开发利用风景名胜资源和制定管理制度。《丽江市泸沽湖保护条例》（已于 2023 年 12 月 1 日废止）第十一条列举了泸沽湖管理机构（自然保护区管理机构）应履行的十一项职责，其中相较于前述条例较为突出的为第九项所规定的在保护区相对集中行使部分行政处罚权，和第十一项落实川、滇两省共同保护治理泸沽湖有关事宜，做好衔接协调工作。具体来说，宁蒗泸沽湖保护机构职责为："（一）宣传和贯彻执行有关法律、法规、规章和政策；（二）制定泸沽湖保护和管理措施，报经批准后实施；（三）组织实施泸沽湖保护和利用规划以及其他专项规划；（四）建设及维护保护区的保护管理设施；（五）对保护区内的建设活动进行监督；（六）组织有关部门对保护区的自然资源、人文资源、地质遗迹、重要景观、环境进行调查、监测，并建立档案；（七）组织泸沽湖保护、治理、开发、利用的科学研究；（八）保护区内珍稀、濒危野生动植物资源；（九）在保护区相对集中行使部分行政处罚权，具体工作方案按规定报批；（十）建立保护区侵占湖体、违法占地、违法建设等日常巡查和执法责任制度，及时制止违法行为；（十一）落实云南、四川两省共同保护治理泸沽湖的具体工作。"根据《凉山彝族自治州泸沽湖风景名胜区保护条例》（已于 2024 年 4 月废止）第二十五条的规定，盐源泸沽湖保护机构职责为："（一）宣传贯彻国家风景名胜、民族、宗教、文物、水利、林业、国土、环境保护等有关法律、法规和本条例；（二）保护风景名胜资源和生态环境，合理开发利用风景名胜资源；（三）协助有关部门编制总体规划和详细规划并组织实施，对新建、扩建和改建项目进行审核，对建设活动进行监督检查；（四）建设、维护、管理风景区基础设施和公共设施；（五）制定管理制度，负责环境卫生、社会治安、商业和服务管理等；（六）自治州人民政府赋予的其他职责。”

第五，在水位方面，《凉山彝族自治州泸沽湖风景名胜区保护条例》（已于2024年4月15日废止）第二十三条规定了泸沽湖的最高蓄水位为2690.80米（黄海高程，下同），最低蓄水位为2689.80米。《丽江市泸沽湖保护条例》（已于2023年12月1日废止）在第四条将泸沽湖最高蓄水位调整为2691.80米（1985国家高程基准，下同），最低运行水位为2691.00米。湖泊法定水位在湖泊保护条例中是一个最重要的法定数据，也是云南省湖泊立法的一个特色亮点。水位是湖泊各类保护区域划定与调整的基准数据，也是对湖泊加强监管的基础数据，通俗地说，就是逢干旱要补水，遇雨涝要减少，通过动态平衡确保固定水位。泸沽湖的水位，也是在《丽江市泸沽湖保护条例》立法过程中通过相关部门及时分析论证所确定的，具有科学性、合理性、合法性和可操作性。

在水质方面，宁蒗泸沽湖与盐源泸沽湖对于水质规定的标准都为《地面水环境质量标准》，但是宁蒗泸沽湖的水质标准为Ⅰ类标准，主要适用于源头水、国家自然保护区；盐源泸沽湖的水质标准为Ⅱ类标准，主要适用于集中式生活饮用水水源地一级保护区、珍贵鱼类保护区、鱼虾产卵场等。《凉山彝族自治州泸沽湖风景名胜区保护条例》第十条规定了泸沽湖水域的水质应当保持国家规定的《地面水环境质量标准》Ⅱ类标准。《丽江市泸沽湖保护条例》第五条则和《云南省宁蒗彝族自治县泸沽湖风景区保护管理条例》第十一条一致，规定采用Ⅰ类标准保护泸沽湖水体。

第六，在挖沙、采石、取土方面，《凉山彝族自治州泸沽湖风景名胜区保护条例》第十七条则直接规定严禁前述行为。《丽江市泸沽湖保护条例》则相对于前述条例更加严格，不仅在第十四条规定了二级保护区内禁止砍伐、放牧、狩猎、捕捞、采药、开垦、烧荒、开矿、采石、挖沙、取土、打井、修坟立碑等活动，开山破坏景观、植被、地形地貌等活动，还在该条详细列举禁止行为规定。而二级保护区禁止的行为同样是一级保护区禁止的行为。

第七，在禁渔方面，《凉山彝族自治州泸沽湖风景名胜区保护条例》（已于 2024 年 4 月废止）第二十六条则规定在盐源泸沽湖使用泸沽湖水域从事渔业生产应当依法取得养殖、捕捞许可证并服从风景区管理机构的管理，交纳渔业资源增殖保护费。同时在鱼类产卵繁殖季节，实行禁渔期。而在《丽江市泸沽湖保护条例》（已于 2023 年 12 月 1 日废止）中，对于禁渔的规定是比较彻底的。征求意见稿中有第十四条第一款对捕捞的禁止和第十五条第四款禁止擅自在湖内打捞波叶海菜花、裂腹鱼等珍稀水生动植物的规定，但是公告稿中只有禁止捕捞的规定，这是因为已经禁止全面捕捞，就不用对禁止捕捞某种鱼单独作规定。

第八，在泸沽湖水域船只管理方面，《凉山彝族自治州泸沽湖风景名胜区保护条例》第二十七条规定了除非是安全管理所需船只外，在泸沽湖水域禁止燃油动力船只运行，还强调了风景区内所有船只应当依法进行登记和取得登记证，并服从管理。《丽江市泸沽湖保护条例》第二十一条中则详细规定了入湖船只总量控制和集中管理原则，细化规定了相应要求并规定县人民政府和泸沽湖管理机构应制定相关规定。

第九，在门票收入和风景名胜资源有偿使用费方面，《凉山彝族自治州泸沽湖风景名胜区保护条例》没有特别的规定。《丽江市泸沽湖保护条例》则在第七条中规定了市、县人民政府应当将泸沽湖保护、管理和资源利用经费列入同级财政预算，建立长期稳定的保护投入运行和生态补偿机制；并在第二款明确规定了泸沽湖保护范围内的水资源、水产资源、风景名胜资源等实行有偿使用制度。

第十，在协商治理方面，《凉山彝族自治州泸沽湖风景名胜区保护条例》没有特别的规定。《丽江市泸沽湖保护条例》则专门将第四章第二十三条至第二十五条内容规定为湖泊保护协商机制，对于保护协调机制、日常沟通机制、相互配合做好泸沽湖保护工作等方面作了细化的规定。

对于宁蒗泸沽湖保护管理的地方性自治条例主要为《云南省宁蒗彝族自治县泸沽湖风景区保护管理条例》，该条例根据《民族区域自治法》、国务院《风景名胜区条例》等法律法规所制定，在1994年11月30日云南省第八届人民代表大会常务委员会第十次会议上被批准。该条例已在2019年2月废止，其中的保护措施和实践经验也体现在了《丽江市泸沽湖保护条例》（2023年12月1日废止）之中，在此就不一一举例了。

五、两省协同立法：一湖共治

多年来的实践和已有的立法，为两省协同立法打下了坚实的基础，而泸沽湖的法制张力问题也的确需要两省通过协同立法来解决。2023年，继赤水河流域保护条例协同立法后，两省再次携手启动了协同立法，采取了同步审议、同步出台、同步施行的方式制定了《云南省泸沽湖保护条例》《四川省泸沽湖保护条例》。作为丽江市人大常委会的工作人员，笔者也有幸参与了协助配合省人大常委会协同立法的部分工作。需要说明的是，在与四川省人大常委会就泸沽湖的保护协同立法的同时，云南省人大常委会正在推进九大高原湖泊的省级保护条例修订、制定工作（泸沽湖系云南省九大高原湖泊之一，其他为滇池、洱海、抚仙湖、程海、杞麓湖、异龙湖、星云湖、阳宗海）。两省在泸沽湖保护条例制定过程中，既有两省求大同、存小异的努力，也有云南省九大高原湖泊立法的特色。

比如说水位问题，正如前文提到的，一个明确的水位其实是一份沉甸甸的责任。规定泸沽湖最高运行水位为2691.80米

(1985 国家高程基准，下同)，最低运行水位为 2691.00 米，就意味着要在气候、人类活动等因素变化过程中努力取得水位的动态平衡。因为泸沽湖流域面积小，集水面积与湖泊面积的比值（湖泊补给系数）仅为 3.82，湖水主要靠降水和临时性的沟溪汇水和区间坡面漫流补给，另有部分地下水补充，而且入湖河流源近流短，呈现出明显的季节性。笔者认为水位的固定不仅是因为湖泊水位对生态功能、生态系统的影响，近年来丽江相关部门在泸沽湖按照湖泊水位对泸沽湖沿湖 80 米生态红线范围内的民居客栈等建筑进行集中拆迁整治，付出了大量的努力，艰难地推进工作完成，如果水位不固定，那么这个 80 米的拆迁就存在变数，之前付出的成本、代价又如何考量？同时，笔者观察到云南省九大高原湖泊都有水位的规定，这不仅是特色，也是经过论证可行性之后的决心。最后两省出台的正式条例都规定了同一水位。在水质方面，云南省的保护条例继续明确为Ⅰ类水标准保护，四川省的保护条例也明确泸沽湖亮海水质按照Ⅰ类水标准保护。

比如说两线三区划定问题，云南省九大高原湖泊都划定的两线即湖泊湖滨生态红线和湖泊生态黄线，三区即红线以内的生态保护核心区，红线和黄线之间的生态保护缓冲区和黄线以外湖泊流域分水线以内的绿色发展区，划定的原则是“生态优先、保护第一，科学合理、实事求是，应大尽大、应严尽严”。两线的划定将九大高原湖泊普遍都存在风景名胜区、自然保护区、湿地保护区及旅游度假区交织重叠的问题，通过明确的红线来清爽地解决。特别是在生态核心区中实行正面清单管控，没有列入清单的就不能实施，并且会引导人口和产业全面退出，将人类活动对湖泊生态的影响降到最低。所以即便已经有省级层面的实践基础，在立法过程中划定两线三区、确定具体禁止行为仍然历时一年多，最终艰难达成了共识。这次两省的泸沽湖保护条例都规定了两线三区，也都一致规定了从省到镇包括泸沽湖管理机构的职责，两省的泸沽湖管理机构的职责均为12项且仅有细微差异，在三区的禁止行为上也基本一致，为“一湖共治”提供了坚实的法治保障。

两省的保护条例都明确泸沽湖水域禁止使用除执法（救援）、生态环境监测、科学考察船外的机动船只，不过当地传统的人力木质猪槽船则不受影响。猪槽船作为泸沽湖湖畔人民群众捕鱼、捞虾、捞猪草等生产劳作的重要工具，历史悠久。最初的猪槽船由一根粗壮的圆木镂空，两头削尖而成，因其状如猪槽而得名。猪槽船在满足泸沽湖湖畔人民群日常生产劳作的同时，随着泸沽湖景区旅游业的不断发展，逐渐成为游客观光的重要交通工具。很多游客都会乘坐猪槽船入湖一游。所以传承下来的猪槽船为到泸沽湖的旅客带来了独特体验，增加人民群众的收益，同时也给行政主管部门带来了新的挑战，因为传统船只的制作材料、工艺、标准等内容并没有明确要求。所以笔者注意到两省的条例都规定了入湖非机动船只实行总量控制和集中统一管理，需要登记编号并按照规定的区域和航道行驶，再加上相关的安全设施要求，结合当地的具体细化管理办法，就可以在尊重传统、发展旅游和确保游客安全中间达成一致。

两省保护条例都对水污染防治专章进行规定，采取排污许可管理制度，力求实现流域内污水管网全覆盖，做到不让一滴污水入湖。笔者不禁想到2018年到泸沽湖的调研经历：来到宁蒗看到了泸沽胜景，自然想在湖边走走、听听水声、看看日升日落，因而更愿意住在湖边。那么，湖边那么多的民宿、烧烤、店铺，排污的监管压力就很大。而且人类活动就在湖边密集发生的话，也自然会产生各种各样的影响。就如当时调研时，相关工作人员就提到泸沽湖边上有很多烧烤摊，而且当地的传统建筑为木楞房（顾名思义主要由木材建成），结果有一天晚上发生了火灾，所幸两省消防队及时出动，没有造成大的损伤。而调研时，我们走访了几家民宿，其中印象深刻的有两家，一家是因为只有4间房屋，靠着高端服务进行经营，所以排污也做得很好；另一家是建在离湖100米处的民宿，保留了民族特色，与老板交谈时提到之前做过皮具厂，因为排污被搬迁过，所以认为泸沽湖肯定要进行治理，所以当时就有意选择了离湖比较远的地方签租约进行建设经营。当时正值丽江在泸沽湖按照沿湖80米生态红线集中拆迁整治，4间房的民宿因为装修投入超过一般的民宿而担心搬迁补偿，离湖100米的民宿老板则在庆幸眼光，但随着拆迁整治工作的顺利推进，丽江将离湖的80米还给了自然。整治虽然不容易，但是长远下来，人类活动对于湖泊生态系统的影响极大地降低，而排污的管理也更具可操作性。在资源保护与生态环境修复、绿色发展和保障与监督方面，两省条例都搭建了基本一致的框架，使两省泸沽湖条例的第八章“区域协作”有足够的基础。在第八章中，协同立法、流域联席会议协调机制、编制规划的衔接和联合执法机制等都一一在省级法规中进行了明确。笔者也不禁想到，2018 年调研时一位领导提到，两省除了联合执法机制，还可以考虑在细化机制中建立证据互认机制，从而促进流域内的执法质效进一步提高。2023 年川、滇两省协同立法在泸沽湖开展立法工作期间，笔者和其他同事在办公室主任带领下对相关的点位一一认真细致地进行考察，对整治前后湖边风貌的改变留下了深刻的印象，既感受到了整治工作的不易，也感受到了整治效果的显著。

但是从整体来说，既然已经建章立制，理顺了一湖共治的架构，之后自然纲举目张，让治理更加顺畅精细，更加有温度。

对于云南省而言，泸沽湖的协同立法是 2023 年“9+1”湖泊立法的亮点之一。云南省九大高原湖泊立法实行了“9+1”，“9”即九大高原湖泊保护条例，“1”即云南省九大高原湖泊入湖河道保护条例。对于九大高原湖泊保护条例，两线三区划定、水位和水质、禁止性行为等都是“标配”。而入湖河道保护条例也解决了“源头活水来”的问题。可以说，云南省九大高原湖泊的省级立法（修订和制定），将近年来云南省对九湖从一湖之治到流域综合治理的实践经验上升到立法的高度，妥善处理了矛盾焦点问题，为后续的湖泊长远保护打下坚实基础。

六、程海保护立法

《云南省程海保护条例》的修订也是2023年云南省九大高原湖泊立法的内容。程海位于云贵高原金沙江中段，是云南省九大高原湖泊之一，系1200万年前喜马拉雅期造山运动形成的陷落深水湖泊，原是一个外流湖，湖水向南出流30余公里汇入金沙江，1762年无法出流才成为封闭型内陆湖泊。由于属于封闭型高原淡水湖泊。程海湖水高pH（年平均值为9.1—9.4）、高氟（2.2—2.3mg/L），是世界上唯一仅存的天然生长螺旋藻的湖泊，独特的螺旋藻生物资源享誉世界。

在立法沿革上，1995年5月31日云南省第八届人民代表大会常务委员会第十三次会议通过的《云南省程海管理条例》在《云南省程海保护条例》2007年1月1日起施行时同时被废止。2007年施行的《云南省程海保护条例》共26条，未设章节，对管理机构、禁止行为等作了规定，同时还在第十六条专门规定了在保护区范围养殖螺旋藻的企业以及将程海水资源作为企业生产原料的，应当按照水利工程供水交纳水费；也在同一条明确规定了水资源费和水费留成主要用于程海水资源的节约、保护和管理，专款专用。之后，在对程海保护治理的过程中，围绕着水位、水质从“持续下降”到“止降趋稳”转变；从“一湖之治”向“流域之治”转变；从“行政推动”向“依法保护”转变；从“一方主导”向“多方联动”转变展开了一系列行动。值得一提的是，这部条例在第五条对程海的水位进行了明确规定。2019 年 10 月 1 日施行修订后的《云南省程海保护条例》，前述 2007 年实行版本同时废止。这一版本的条例有 36 条，分为总则、保护管理职责、综合保护、法律责任和附则五章，确定了程海的保护、管理应当坚持保护优先、科学规划、综合防治、合理利用和可持续发展的原则，从水资源管理、水环境保护、水生态修复及流域空间管控等方面明确管理目标、责任主体，并详细地列出程海保护的正、负面清单；对河湖长制专用一条进行规定，与时俱进地规定了保护职责、禁止行为和法律责任。由于程海属于封闭型湖泊，所以该条例在第四条实事求是地延续了之前对程海水环境质量在保持天然偏碱性特征的同时，按照Ⅲ类水标准执行，科学治理，改善、提高现有水质，补入程海的水资源，其水质应当达到国家Ⅲ类水以上标准的规定，整体上为程海保护治理提供了强有力的法治治理资源。当地政府通过依据法律法规规定，结合当地实际，在污水治理（沿湖村落、宾馆、餐饮企业污水管网全覆盖）、面源污染治理（绿色种养循环农业、禁种大蒜）等方面从“退、减、调、治、管”五个方面谋划，取得了阶段性成效。

2023 年 12 月 1 日起新修订的《云南省程海保护条例》开始施行后，2019 年的《云南省程海保护条例》同步废止。新修订的条例共 9 章 72 条，为总则、保护管理职责、规划与管控、水污染防治、资源保护与生态环境修复、绿色发展、保障与监督、法律责任、附则。原来的综合保护已被新增的规划与管控、水污染防治、资源保护与生态环境修复、绿色发展、保障与监督五章所替代，这毫无疑问也是本次立法的重点和亮点所在。将程海保护的原则明确为生态保护和高质量发展，坚持党的领导，坚持生态优先、绿色发展，共抓大保护、不搞大开发，坚持统筹协调、科学规划、创新驱动、综合治理、系统治理、源头治理，将云南高原湖泊治理当中取得的经验提炼上升为立法规定，妥善处理了保护与开发之间的矛盾，取得了最大公约数。为后续程海的保护打下了坚实的立法基础。

这些参与立法的经验，也为我们后续做好漾弓江流域水环境保护立法打下了坚实的基础。在这项立法工作刚开始时，我们市人大常委会农工委的负责人就多次一起共同提前介入，起到了良好的效果，而且领导不仅俯下身子冲在一线，给我们树立榜样，也在工作中能够耐心包容我们的小失误，对如何做好工作、谋人谋事非常真诚地给了笔者宝贵的建议，使笔者获益匪浅。相信漾弓江的保护立法会是一个好的人大故事，不过就有待下回分解了，毕竟这是 2024 年、2025 年的立法计划了。

第四章　基层治理地方立法之思考与探索

随着 2023 年《立法法》再次修改，基层治理成为设区的市新增立法权限，也不禁让作者结合自己的法律实践，对新兴领域的地方立法进行思索。本章就是对这方面思索的记录。

一、“小切口”立法和“毁绿种菜”治理

建设绿美社区，需要践行公众“五共三者”参与模式，发挥群众的绿化守护者、践行者、参与者主体作用。通过行之有效的人性化社区治理和实现群众需求的绿化模式，力争让社区的生态空间得到共享，绿化管护能够长期有效品质稳定，最终提升群众的获得感、幸福感、自豪感。

社区治理是国家治理的基石。党的十九大报告提出："我国社会主要矛盾已经转化为人民日益增长的美好生活需要和不平衡不充分的发展之间的矛盾。"习近平总书记指出，"要加强和创新基层治理，使每个社会细胞都健康活跃，将矛盾纠纷化解在基层，将和谐稳定创建在基层"。《国民经济和社会发展第十四个五年规划和2035年远景目标纲要》提出，"健全党组织领导的自治、法治、德治相结合的城乡基层治理体系"。

"毁绿种菜"现象既是社区治理的诸多问题之一，又是一个难以根治的治理难点，对于建设绿美社区来说也是应当进行有效治理的一个重要问题。我们不能简单地推行硬性治理，而应该思考每一个治理难点背后的深层次逻辑、关注无形的"人心"，坚持党建引领，积极探索"有自治有共治"的整体性基层治理新模式、新路径，服务人民群众，夯实基层基础，用"小切口"立法推动基层高效能治理，满足人民群众对美好生活的向往。要创建绿美社区，实现人民群众对美好生活的向往、让高品质生活就在每一个居民的身边，就需要让社区公共事务治理在党建引领下面向居民需求，通过整体性治理做到更安全、更舒适、更便利、更有人情味，提高社区居民归属感、幸福感、获得感。这也是社区治理实现负夯实政权基础、创建和谐社会重大使命的应有之义。

（一）"毁绿种菜"成为基层治理难题

近年来，"毁绿种菜"（又被称为"占地种菜""圈地种菜”）现象在全国各地屡见不鲜、难以禁绝，甚至常态性发生，成为基层公共事物治理的难题。对于“毁绿种菜”这一现象的报道频繁见诸于媒体，成为城市管理中一个经常被提及但难以被根治的问题。作为社区公共事务治理微观层面的“末梢治理”，有效地解决诸如“绿化带种菜”这样的小问题恰恰是考验基层治理能力和城市管理水平以及能否满足人民高质量生活需要的关键所在。居民的家门口应该是绿化带还是小菜园，如何处理才能满足人民群众对美好生活的向往？这是一个城市化过程中普遍面临的现实拷问，是一个值得研究的重大课题。

对于小区绿化带种菜与管理绿化的冲突这一问题，根据笔者和相关街道负责人、社区主任以及自己的实际工作、生活经历，对“毁绿种菜”的整治虽然只是社区公共事务治理工作中的一件小事，但这样的整治需要耗费大量的时间、人力、物力，成本可以说是较为高昂的，也不利于社区整体性治理的实现。同时，对于具体问题的考虑也应当应需、应机、应势来综合衡量。我们在处理这一小问题时，也应当同时考虑一些具有现实急迫性的问题，比如笔者想到的和这一问题需要联系起来的就有：一是疫情过后值得思考在城市中如何有效快速满足老百姓的“菜蓝子”，特别是发生疫情时的新鲜蔬菜保障问题。二是粮食问题、耕地红线问题与小区门口 5 平方米的小菜园有联系吗？三是既然油菜花与玫瑰花都是花，那么，在建设美丽城市、实现美好生活的过程中，整体绿化的指标设计中是否可以有油菜花的一席之地？类似的问题还有很多，但从笔者的角度，希望能够探索一条规范“毁绿种菜”问题并同时达到双赢共赢多赢、提升人民群众幸福指数的有效治理路径，最终建议通过“小切口”立法以 10 条以内的地方性法规或者规章的方式进行推广促进，从而实现更大的社会价值。

（二）“毁绿种菜”的现实案例

云南省丽江市古城区甲小区绿化带种菜情况较为严重，在小区中开垦菜地的大多是老人。“自己也觉得既然那么多人都在种菜，自己种一点也不会影响什么。而且一辈子种地种习惯了，闲不下来，就想在家门口种点菜，一来锻炼身体，二来可以供自己家日常吃”，正在为青菜浇水的钱奶奶说。而张大爷认为：“一楼门前空地原本就植被不多，绿化不到位还不如种菜，种菜也是一种绿化，自己花费大量心血在门前开发菜地，基于事实行为业主对菜地享有所有权，物业公司无权干涉。”

物业公司叶经理则表示很多业主向物业公司投诉，有些业主甚至以物业公司不作为由拒缴物业费。物业公司多次张贴通知禁止“圈地种菜”，上门进行劝阻，均不奏效。叶经理说：“菜都是一些老年人种的，这是多年的习惯很难改变。但我们物业公司并没有执法权，只能多次上门规劝，但效果甚微，还容易引发矛盾。”

该小区所在的乙社区近几年制定“毁绿种菜”整治方案，联合街道办、物业公司曾进行过多次上门执法，但有些居民往往半夜偷偷甚至过几日便又在绿化带种菜，使“毁绿种菜”问题成为治理难点。

（三）探索通过“小切口”立法实现多赢

“毁绿种菜”现象出现的个体原因有很多，比如说农耕情结、食品安全、经济需求、休闲娱乐等，但之所以要在门前绿化带中种菜，根本的原因就在于小区住户居民一直都有的种菜需求和小区内没有空余地块之间产生了矛盾。当一种属于我们可以理解为人之常情的需求被直接通过硬性治理手段快速解决时，这一问题的屡禁不止和最后往往需要通过法院诉讼后的强制执行或者相关行政部门上门执法来解决，也提示我们需要从整体性治理的角度对该问题的有效治理路径进行深入思考和探寻。

带着对我们是否能在现有法律规定、治理机制、小区设施的基础上通过新路径彻底根治“毁绿种菜”现象的思考，笔者发现了行之有效的方法。比如说现实版“开心农场”：西安一社区开辟“楼顶菜地”供免费耕种；又比如说成都青白江社区引导群众玩“开心农场”。类似报道在近几年开始出现并日益增多，在此就不再一一列举。

通过对类似新闻的检索和与一线工作者的深入交流，我们认为采取堵疏结合、软硬并行的整体性治理不仅能够达到有效治理“毁绿种菜”问题、根治“毁绿种菜”现象的目的，还能够实现应疫情防控“菜篮子”供给之需、应建设美丽和谐城市之机、应满足美好生活向往之势的多赢效果。

初步设想的建议方案为：一是根据绿化管理要求、小区实际规划条件、居民总体意见建议，科学、合法、合理设置“小区农场”，为社区居民提供种菜的公共空间。二是坚持党建引领、多方联动，通过党建整合相关力量，推动社区自治共治，加强与有关部门沟通联系，对如何科学、合法、合理设置“小区农场”形成具有可操作性的方案，并采取先行试点、总结经验、推广典型的方法有序开展“小区农场”工作。三是“小区农场”的划定，对具体约定的种植成本承担、种植种类范围、种植方式要求、种植收入分配、居民使用次序、使用要求应当和使用“小区农场”的居民必须在使用期认领一块“责任绿化带”以及“禁止绿化带种菜”等具体要求一并写入《社区居民公约》。四是对于违反“小区农场”相关《社区居民公约》内容的居民，应根据具体行为约定相应处理办法。五是在推广“小区农场”模式的实践中需要注重民需民呼，征求民意民智，注重美丽城市建设、特色景观营造、地方特色文化相结合，发挥多赢效果。六是在积累足够实践经验和符合上位法规定的基础上，采取“小切口”立法的形式在一定范围内鼓励和推广“小区农场”模式。

各地对于“毁绿种菜”现象的治理过程往往容易重复于“开始绿化带种菜、各种劝导直至硬性整治、慢慢‘死灰复燃’、再次劝导直至硬性整治”的循环中。并且相关硬性整治不仅时间、经济、人力等治理成本高昂，还容易激化矛盾、容易复种、效果不佳。

在城市化进程突飞猛进的今天，根据法律的规定、绿化的规划设计，在合法合规的基础上通过小区业主自治、社区居民公约等方式就小区内绿化种类（包括种植果蔬）、种植要求（保证环境安全）、种植分成（收成拍卖后作为业主基金）等进行详细约定和执行，不仅促进了绿美社区的建设、降低了基层治理成本，还实现了发挥群众主体作用、营造浓厚绿化氛围、共享绿化生态空间、保障绿化管护品质的多赢效果。

二、业委会筹备组：从利益之争到规则之争

良好的开端是成功的一半，业委会筹备组（以下简称筹备组）能否稳妥成立决定了后期工作的顺利与否。在笔者以法律顾问身份接触到的甲小区业委会筹备阶段工作中，就出现筹备组未经充分准备达成法定条件便过早公示，因业主对筹备组人员提出异议使筹备工作陷入两难的情况。在筹备组向笔者进行法律咨询时，考虑到实际工作中甲小区业主的现实情况，可以预测到对于筹备组组成人员的异议只是一个开始，其后的议事规则、决定事项必然会有不断的争执和主张。笔者提出在准备工作难以完善的情况下，急于召开大会反而会产生更多的问题。根据筹备组咨询的问题，以将利益之争引导为规则之争作为核心思路，提出以下几个建议以供筹备组参考。

第一，就对筹备组成员有异议这一问题，由于之前筹备组名单公布的整体过程较为仓促，对于成员资格的争执更多带有利益之争而非规则之争的色彩。目前有两个思路，第一个思路是参照下文“（二）如何解决筹备组业主代表产生的难点”重新成立筹备组，把筹备组如何产生的标准公开化、透明化，但难点在于没有明确法律规定情况下，谁决定重新成立筹备组就会是谁承担相应责任。第二个思路是在处理其中一名筹备组成员退出问题时借机将筹备成员的选拔标准透明化、公开化，比如可以公告需要补选一名筹备组代表，条件有若干，投票人的范围和投票时间为什么时候（需认真斟酌一下具体的投票流程，并且认真考虑是否将筹备组的工作方式，比如组长一票否决、少数服从多数的规则顺势公示。为了避免消极抵抗，是否公示筹备组成员经通知开会不来多少次取消资格，或者来的人和票数都过总的半数即为筹备组的有效决定），那么通过补选这一过程，就把筹备组代表产生的条件公开化、透明化，并尽量将后续会议过程中会出问题的地方提前把规则公示出来，以免不断出现新的难题。回到人选异议上，在公示之后，如果有其他人提交书面异议，则可以从是否真实、是否符合公告的选拔标准来处理，将利益之争引导为规则之争。

第二，对于时限问题，建议再次书面向建设单位（也就是开发商）通知报送筹备首次业主大会会议所需的文件资料。同时应向住建部门书面反映这一问题，也即近三个月经多次催告建设单位仍然不提供筹备大会会议所需的文件资料，导致筹备组无法按照《业主大会和业主委员会指导规则》进行公示相关资料，进而导致业主大会难以顺利筹备和举行，请求主管部门对其进行责令整改。在留好书面证据，甚至在公示催告通知的基础上，在期限满前，可以酌情决定是否公示一旦开发商报送材料，筹备组工作就会尽快确认业主身份并进行下一步的工作。反映大概的内容仅从法律角度考虑的初稿如下，但还需进一步斟酌修改。

××区住建局：

根据《业主大会和业主委员会指导规则》第十二条“筹备组应当做好以下筹备工作：(一) 确认并公示业主身份、业主人数以及所拥有的专有部分面积；(二) 确定首次业主大会会议召开的时间、地点、形式和内容；(三) 草拟管理规约、业主大会议事规则；(四) 依法确定首次业主大会会议表决规则；(五) 制定业主委员会委员候选人产生办法，确定业主委员会委员候选人名单；(六) 制定业主委员会选举办法；(七) 完成召开首次业主大会会议的其他准备工作。前款内容应当在首次业主大会会议召开15日前以书面形式在物业管理区域内公告。业主对公告内容有异议的，筹备组应当记录并作出答复”的规定，筹备组应当在首次业主大会会议召开15日前以书面形式确认并公示业主身份、业主人数以及所拥有的专有部分面积，这也是召开首次业主大会的前提条件。

但是甲小区的建设单位虽经多次催告，至今不按《业主大会和业主委员会指导规则》第八条[1]的规定提交相关材料，致使筹备组难以确认并公示业主身份、业主人数以及所拥有的专有部分面积，更导致后一步的工作难以进行。现特请求贵局根据《业主大会和业主委员会指导规则》第五十条[2]责令甲小区的建设单位限期改正，以使因其不予配合导致无法推进的筹备工作能够重新进行下去。

甲小区业主筹备小组

（沿用了公布名单的落款）

××××年×月××日

（一）实践中成立筹备组的难点

实践中，筹备组成立之难主要体现在筹备组中业主代表产生困难。造成这一结果的原因有很多，有的是因为开发商的代言人意图利用规则维护既得利益；有的是因为部分业主对筹备组这一角色的理解偏差；也有的是因为个别业主掺杂个人利益来参与筹备组的工作。但根本的原因还是地方立法或者规范性文件中对筹备组中业主代表如何产生的规定是一片空白。在当

---

〔1〕《业主大会和业主委员会指导规则》第八条："物业管理区域内，已交付的专有部分面积超过建筑物总面积50%时，建设单位应当按照物业所在地的区、县房地产行政主管部门或者街道办事处、乡镇人民政府的要求，及时报送下列筹备首次业主大会会议所需的文件资料：（一）物业管理区域证明；（二）房屋及建筑物面积清册；（三）业主名册；（四）建筑规划总平面图；（五）交付使用共用设施设备的证明；（六）物业服务用房配置证明；（七）其他有关的文件资料。"

〔2〕《业主大会和业主委员会指导规则》第五十条："已交付使用的专有部分面积超过建筑物总面积50%，建设单位未按要求报送筹备首次业主大会会议相关文件资料的，物业所在地的区、县房地产行政主管部门或者街道办事处、乡镇人民政府有权责令建设单位限期改正。"

今法治政府的要求下，政府无论如何选择，都没有相关依据。政府唯一能做的就是引导、协调。

当然，筹备组成立除了业主代表产生困难外，实践中还存在物业公司或开发商代表拒不参加筹备组的情况。这里又体现了物业管理的短板。

《物业管理条例》规定物业公司或开发商必须参与筹备组和配合工作，但是，对违反这一规定的行为，条例没有相应的处罚规定。这个短板导致个别开发商明目张胆不参加筹备组。这种明显利用法律漏洞的行为，也是造成筹备组难以成立的原因。

（二）如何解决筹备组业主代表产生的难点

如何解决筹备组代表产生问题，各个小区情况不一样。关键是先定标准，定好标准。

筹备组的成立又是业委会的开局。万事开头难，筹备组成立直接关系业委会能否成立顺利成立，筹备组成立之难直接折射出业委会成立之难，折射出各种利益之争。

然而，成立筹备组的前提和核心就是产生代表。遗憾的是现行管理办法对筹备组代表的产生没有明确性规定，特别是对于实践中争议的代表产生问题，无任何规定。

在邀集业主成立筹备组的过程中，很有可能出现如下一种情况：“你选谁都会有意见，所以代表难选。”解决这一问题的核心思路是让规则选、制度选。

筹备组组长要先定下挑选的标准，按照这个标准选。根据规则和标准产生筹备组业主代表后，即使落选业主代表有不满意见的，也属于对规则的完善和讨论。

比如可以提出如下的标准并提前在小区公示，给出一定时间的异议期（说明必须书面提交异议）：

1. 必须在小区生活和居住，且日常工作地点不得在丽江市以外。

2. 代表数量要在男女性别和楼栋之间保持平衡。

3. 与小区公共利益之间无利害关系。

4. 筹备组成员不得有直系和旁系亲属参与业委会候选人竞选。

5. 在遵守上述规则下，由全体符合条件的报名参选人共同无记名投票选出筹备组的代表。

规则不一定是这 5 条，但核心是秉持公平、透明的原则，把条例赋予社区工作站选人的标准制度化、透明化，把人事、利益之争变成规则之争。利益之争不是坏事，关键是要按规则争。这也是规则定分止争的本质。同时，对于哪些人有投票权、如何进行投票也应当一并进行公示，而之后筹备组的议事规则（表决、缺席等问题）也应当尽量一次进行公示。

（三）如何解决筹备组运作中的难点

筹备组内部的决策是采用组长负责制？还是采用少数服从多数表决制？筹备组筹备活动能否被中止？筹备组代表能否更

换？如何更换？上述问题，法律规定完全空白，这也是筹备组实践运作中的一些难点。

物业矛盾具有群体性、复杂、高危性特点。物业矛盾小则关系到小区的和谐与稳定，大则关系到社会的安定，具有高度的社会公共事件特征。因此，必须保证政府对物业管理矛盾介入和处理的主导权。当然，物业利益纠纷是基于建筑物区分所有权所产生的纠纷，是一种民事私权的纠纷。不但政府介入的深度和广度是有边界的，甚至要求政府的介入方式也是一种被动介入。换言之，政府不能代替司法机关对私权进行裁决和处分。政府的定位应以引导和协调为主。务必要把握业主自治与政府监管相结合的尺度。

在关于筹备组议事表决机制的问题上。笔者建议采用组长一票否决制下的少数服从多数的综合表决制。也就是说，对于筹备组议决事项，除应获得出席代表过半数同意外，还必须是组长不反对方可通过。如果一个事项没有过半数筹备组代表同意，不得通过。如果组长反对，即使某事项获得过半数代表的同意，该事项也不得视为通过，并可在时机成熟时将其上升为地方性法规或规范性文件规定。

这一制度的设计要点在于，采用少数服从多数的表决方式，充分尊重和相信业主的自治。同时，这一制度设计赋予组长一票否决权，不但充分体现了政府对物业管理的监管权。而且体现了政府监管权的被动性特征。政府只有一票否决权，没有一票通过权。政府只能否决提案，不能单方通过议案，具有明显的被动性。而且，这两种制度设计的融合，实现了政府监管与业主自治的平衡，实现了业主代表与物业公司代表的利益平衡，实现了各方利益的和谐。

三、业主电子投票的制度设计

业主权利的行使需要通过业主大会进行投票，但是业主大会召开难、投票难问题一直是横亘于众多业主面前的一道“高墙”。这一问题的产生原因中，既有通知业主耗时耗力问题，也有业主参与度和活跃度问题，还部分存在有物业公司不作为和造假等问题。为了解决这一问题，北京和广州都做了电子投票方面的尝试，下面即在总结“广州市业主决策电子投票系统”经验的基础上，结合工作实际，探索指导、帮助业主更好行使投票权利的方法。

（一）业主决策电子投票系统

目前解决业主投票困难的较为成功的经验有“广州市业主决策电子投票系统”。具体的情况为广州市住建委在充分了解业主需求的基础上，参考借鉴外地做法，广泛征求和采纳了各方意见，开发了“广州市业主决策电子投票系统”，同步出台了投票规则，提倡使用微信投票，规范业主投票活动。业主只需提供门牌号和手机号码，即可通过微信、网站、短信、书面等 4 种方式投票，并在保护隐私的情况下公示投票信息。

对于如何在本地区更好实现业主投票全力的思路具体如下。

首先，应当向住建部门落实这一问题是否可能在3年内推广或争取实行类似的“业主决策电子投票系统”。如果能够及时推进，则应当以住建官方推进“业主决策电子投票系统”为主要解决问题的路径。

其次，应当建议住建部门落实物业监管长效机制，为落实业主投票问题创造良好环境。

最后，对于3—5年内难以推进“业主决策电子投票系统”的，则可以尝试其他方面的电子投票办法。

（二）业委会成立方案和同意短信表决承诺

根据新小区成立业委会的具体工作流程设计方案框架如下。

1. 报送筹备业主大会相关资料。在业主申请成立筹备组时，要求建设单位提供业主名册，如果建设单位不提供业主名册，则应当由住建部门责令提供，如果责令提供后建设单位仍不提供，应由住建部门向街道提供业主名册。因为没有业主名册和相关资料，是无法确认是否已达到成立筹备组的前提条件，也无法开展下一步工作。经过报送和审核，符合业主大会成立条件的，则会进入下一步工作。

2. 指导成立筹备组。筹备组成立需要在扎实完成报送筹备业主大会相关资料这一工作的基础上进行，不能在前一工作未完成的情况下进行，否则后续工作陷入困境的可能性很大。成立筹备组关键在于明确推荐标准和方式、明确异议和处理方式、明确选举办法、明确后期投票办法。如决定按本办法进行，则可以对于筹备组成立的相关文书进行模板制作，对从公示和落实的整体过程建立操作标准流程和存档工作要求。

3. 筹备工作之确认业主身份。筹备组的一个重要工作是确认并公示业主身份、业主人数以及所拥有的专有部分面积，在之前收到完整备案资料的基础上，为了便利后续的议事投票，建议筹备组确认业主身份时做到：（1）根据业主名册确认楼号和手机号码（手机号实名，一号一人，造假成本高且易追查，造假情况很少发生）；（2）确认时同时签订同意短信表决承诺书；（3）完成扫楼时的各项基础工作。

同意短信表决承诺书

本人×××，公民身份号码：×××，系××小区××栋××号业主，实名手机号码：×××（登记人为×××），为了便利行使业主权利，本人同意采用以该号码短信投票的方式行使业主权利，并将短信投票行使权利作为《业主大会议事规则》的组成内容。酌情加入内容：短信投票必须系业主本人实名认证手机号码并同意短信行使投票权利后，在接到短信投票通知后，按照通知要求格式回复后生效。投票完成后，所有短信记录应保留原始资料并打印存档备查，投票结果应当公示业主的姓氏、手机号码的前3位和后4位数字，其余的用×号代替，由业主核对是否真实。

以上内容属实，由我本人承担相应责任。

特此承诺

承诺人：

××××年××月××日

（三）短信、微信技术手段使用思考

考虑到短信作为诉讼证据的要求，可针对证据效力难点提出应对方案：

针对短信主体确认难——必须先签订《同意短信表决承诺书》确认身份。

针对短信证据提取难——必须保留好短信送达的手机并进行手机短信截图存档。

针对短信内容核实难——必须按照格式并通过公示获得合法性。

针对短信证据固定难——工作流程可以酌情引入两人以上机制、电话录音核实、公证处公证、律师提供法律意见书的形式。

首先，之所以采取短信表决而非微信，就在于手机号码的一人一号和实名制难以造假，并通过先期承诺书、具体工作制度、后期公示来使之具有法律效力。由于主管部门可能对主体资格表示异议，所以一开始的《同意短信表决承诺书》涉及个人信息的均由业主填写，并且再加上工作流程、档案保存、公示，用民事诉讼证据的要求来保证其合法性。当然，实行前应当书面征求主管部门意见。

其次，微信存在便利性，可以在扫楼时要求每栋楼有一个楼长并建立实名的微信群，并明确微信群仅是用于公示信息，后期的选举公告和公示信息便可以同时在小区和各微信群中进行公示。微信群如何建立和相关的书面规则需要和居委会同志沟通后确立。

最后，整体过程中，先期的合法性要高度重视，否则整体的工作都没有法律效力。但是工作的细节中，接收短信投票的手机如何确定，如果是筹备组或者业委会成员，有变动或者出问题怎么办？是否可以专门设置一个投票手机，人换号留？而且具体的扫楼，能否有足够的志愿者，最大限度地减少业主的不配合？期间的制度落实和证据留存，专业人员、街道工作人员、业主、物业的筹备还需进一步研讨后落实。但是在探索过程中，在地方性法规的立法和规范性文件的制定过程中，尝试给鼓励多种投票方式开一个“小切口”，在试点经验的基础上逐步完善相关的制度机制，是具有可操作性的。

四、取消准入下的物业监管机制

物业管理是基层社会的基本单位，是实现城市治理现代化的重要载体。随着丽江市城市建设的快速发展，房地产市场的逐步完善以及市民生活水平的不断提高，小区物业管理矛盾也日渐突出。物业管理方面的投诉者一直居高不下，将造成城市居民满意度低，也影响现代服务业发展和创文工作进程。

（一）目前物业服务企业存在的主要问题

1. 物业服务企业服务意识淡薄。《物业管理条例》在2018年经过修订之后，也已经将“物业管理企业”修改为“物业服务企业”，将物业的主要职能定位在“服务”而非“管理”之上。但有的物业服务企业仍然存在服务意识淡薄，更多自居为“管理者”而非“服务者”，重收费，轻服务，多收费，少服务，质价不符等管理上的不规范的行为。再加上有些物业从业人员素质不高，专业性低，服务意识不强，甚至态度蛮横，反客为主，动辄用断水断电威胁业主，加剧了业主与物业服务企业之间的矛盾，导致业主与物业服务企业互相缺乏信任，难以协商解决问题，纠纷不断。

2. 物业服务企业服务水平低。物业服务企业为控制企业成本，较多地使用40—50岁的人员和自由职业人员从事保安保洁等简单工作，员工文化程度较低，专业化水平不高。同时，部分企业管理粗放，没有完善的内控体系，物业服务随意性较大，服务质量无法得到小区群众认同。

3. 物业服务企业服务质量难以体现。物业服务的项目及质量无明确的标准体系，只局限在简单的进出门岗、环境卫生、绿化管理、代缴费用等方面，业主对物业企业的服务缺少客观的评价依据，服务质量水平难以体现。

4. 前期物业“建管不分”存隐患。前期物业是指房屋自售出之日起至业主委员会与物业管理企业签订的物业管理合同生效时止的物业服务企业。前期物业除少数物业服务企业是通过招投标方式选聘外，不少物业服务企业是由原来的房地产开发商的下属公司转制而来，这必然与开发商之间存在如同“父子”“兄弟”的关系。当业主与开发商存在矛盾和纠纷时，前期物业服务企业从属于开发商，必然维护开发商的利益，这样只能使业主和物业服务企业的矛盾升级，不利于物业管理的健康发展。

5. 物业侵占小区业主公有利益。物业服务企业不公开账务收支、不公布公共收益、未及时履行《物业服务管理协议》等情形并不少见，使小区的共有收益一直是一本“糊涂账”，业主利益受到侵害。

6. 业主委员会建设滞后。目前，大部分业主自治意识不强，业主参与物业管理的积极性不高，不少业主委员会形同虚设，没有发挥业主与物业服务企业之间的桥梁纽带作用，与真正意义上的自治管理相去甚远，导致业主和物业服务企业之间出现的一些矛盾纠纷因缺乏沟通渠道而难以妥善解决，根本无法发挥监督物业管理企业、维护业主合法权益的功能。甚至有的业主委员会成员自己委托亲友成立物业服务企业来成为新的小区物业，内外勾结下谋取不当利益。培养业主自治意识任重道远，还需要一个较长的过程。在这样的情况下，主管部门加强对物业服务企业的有效监管、长效监管是非常有必要和有社会价值的。

（二）建立物业服务企业长效监督考核机制的几点思考

为了进一步规范物业服务企业的经营行为，提升其服务水平，切实维护业主的合法权益，进一步促进物业服务市场的健康发展，笔者建议可以依据相关法律规定，结合社情民意，考虑建立物业服务企业长效监督考核机制。

1. 以长期制度化考核促进物业服务企业规范化、公开化、社会化。

虽然现在没有物业管理准入限制，但主管部门仍需出台对物业服务企业的具体考核监督办法，通过对各物业服务项目服务标准规范化、精细化来对各个物业服务企业进行具体、细致考核，并且要把业主、社区的监督意见一并纳入考核办法，促进物业服务企业运作的规范化、公开化、社会化。比如可以设置物业服务企业星级制度和等级制度，规定综合考评在 3 星以下的物业公司必须定期整改，如到期二次整改不合格，将取消其物业服务资质。同时，考核结果应定期向社会公示，比如可以每半年将物业服务企业考核成绩通过网络、媒体向社会公布一次。

现有的物业公司，良莠不齐。在实行物业服务企业长效监督考核机制后，对于那些因为运作不规范，服务意识和服务质量差，业主、居民反映不好导致考核结果不合格的物业服务企业，要制定相应的处理制度，酌情注销其资质等级证书，取消其提供物业管理服务的资格，以整合资源更好地为业主、居民提供管理服务。

2. 制定并定期公示考核“红黑榜”，引导物业行业健康发展。

为了加强对物业服务企业的引导和扶持，优化行业发展环境，培养和提高物业服务企业的积极性和热情，可根据每年的监督考核结果，对物业企业分红黑榜进行公示。

将考核结果优秀的列入红榜，对于列入红榜的物业服务企业给予涉及税收奖励和创优奖励，设立培训宣传专项资金，为物业服务企业提供有关用工、社保、技能培训补贴等方面的扶持。

将考核结果不合格的列入黑榜，依考核机制处理。比如有下列情形之一的，应将该物业服务企业列入物业服务企业黑榜：

（1）单个住宅小区物业服务企业在每月考核中累计三次排名末位的或年度综合考核不合格的；

（2）所管理小区被区城乡环境整治月度抽查，分数按检查组评分折算，列全区末三位两次（包括两次）以上的；

（3）将一个物业管理区域内的全部物业管理业务一并委托给他人的；

（4）在物业服务合同有效期内无正当理由擅自退出物业服务项目的；

（5）擅自在小区内搭建违章建筑、改变公用设施用途和地点，利用物业公用部位、公用设施设备进行经营，损害业主共同利益的；

（6）与物业管理招标人或者其他物业管理投标人相互串通，以不正当手段谋取中标的；

（7）因物业服务企业引发重大群体性或越级上访事件，影响社会稳定，造成恶劣社会影响的；

（8）物业服务合同终止时，不按规定移交物业管理用房、相关设施、设备和有关资料的；

（9）物业服务过程中发生重大责任事故，造成严重后果的；

（10）其他应当列入“黑名单”情形的。

凡被列入“黑名单”的物业服务企业，主管部门可以要求社区、小区业委会清退该物业服务企业和物业经理；限制该物业服务企业的资质年检初审；按约定扣除履约保证金；限制该物业服务企业三年内不得参与辖区内的小区物业管理公开招投标；将该物业服务企业年度考核直接评定为不合格，给予降低资质等级或注销企业资质证书处理。

3. 加强对物业从业人员的教育、专项技能培训和考核工作，实行物业管理人员持证上岗制度并将之纳入考核范围。

有的物业管理人员以管理者自居，服务意识较差，服务质量不到位，服务积极性和服务热情不高而且根本没有掌握先进的物业管理知识和理念。主管部门应当积极会同相关部门深入开展物业从业人员上岗以及专项技能培训工作，不断提高物业服务企业整体水平。培训的内容可以包括物业投诉应对、设施设备的维修保养和其他物业管理综合性问题。除了针对物业的相关措施，还要探索如何优化业委会的工作。业委会的工作做好了，物业的问题自然就好解决了。

（三）业委会工作机制优化

业主委员会是基层治理和基层民主的重要内容，也是未来维护小区建筑使之保值的核心力量，所以笔者结合实践提出以下建议：

1. 发挥党员在业委会建设中的先锋模范和引领作用，注重党员和退休干部进入业委会。同时建议对业委会骨干成员给予培训机会，物业之所以问题矛盾多和纠纷多，业委会成员的培训少、不专业也是原因之一，不能只培训物业公司而忽略业主委员会的作用。

2. 成立业委会时，业主资料移交常因房地产不配合而产生困难进而难以确认业主人数是否符合法定人数，建议住建部门建立直接移送业主资料的机制，以避免因业主资料不全而拖延业委会成立。

3. 业委会筹备小组成立应建立统一的流程，即报名、公示、异议处理统一标准，避免成立筹备组后因对人员有异议而难以正常开展工作。

4. 建议建立统一的业委会筹备组议事规则，重点是筹备组中的主管部门人员和社区人员投票权和其他组员一致但应具有一票否决权，从而做到既要尊重业主自治，又要合理克制地发挥主管部门和社区的指引作用。将利益之争引向规则之争。

5. 房屋的维护决定了房屋的寿命和价值，对动用维修基金存在争议的情况，建议选取合适小区作为手机表决投票机制试点并作为典型推广，实现业主自治和协商的创新——通过短信向业主发送表决事项，业主短信表决后公示表决内容和对应号码的前三位、后四位，对于表决的合法性可以通过业主短信表决同意或者前期签署同意业主大会议事规则中使用短信表决的承诺书解决。

6. 探索部分小区业委会和群众自治性组织不委托物业自行治理的模式——结合现在基层很多社区有成立立足当地的服务公司的情况，对于小区的安保巡逻、绿化卫生、设备检修、建筑维护等需要采用业委会直接聘请和部分外包的方式进行。

7. 虽然对物业进行“红黑榜”公示条件不成熟，但是物业更换移交中好聚好散少，不欢而散多，前任物业不移交资料和押金引发矛盾多，故建议对未正常移交资料和押金的物业公司查实后在主要媒体公示，引导物业公司的规范化运作。

以上是笔者对2016年至2020年在法律实践中接触到的业委会和物业问题的思考分析和解决思路。从一开始的业委会如何筹备、如何投票，到应该加强对物业的监管长效机制建立，和最终的加强对业委会的引导，都是一些源于实践的个人思考，能否有利于问题的解决仍有待实践。但笔者认为，在相关基层治理地方性立法或者规范性文件制定上对这些细化的机制和探索有所涉及，将有助于基层治理难题的破解。比如对物业服务企业建立长效机构在本地随着前几年相关人大代表的提出，已在近两年成为较为普遍的做法。同时，立法、执法的过程也是普法的过程，很多受限于这些问题的人，往往不一定知道如何依法解决。那么随着立法的明确或者普法的宣传，便会将之作为解决现实难题的参考和突破点，实现更好的社会效果。

五、犬只伤人和立法

在写作本书的过程中，笔者在 2023 年 10 月 16 日看到 4 岁小女孩被黑色猛犬咬进重症监护室的新闻，除了感到痛惜外，也在思考背后的原因。笔者之前在 2016 年就关注过这个问题，也接受过本地媒体的普法采访。笔者当时秉持的观点就是陈忠林教授提到过的，在大多数狗咬人致伤致死案中，狗主人都存在对狗管理不力的问题，且明知可能造成的后果，因此存在人为过失，而并非纯粹的意外事故。“徒法不足以自行”，法律一定要通过人而发生作用，无论是哪一种法律，所调整的均是人与人之间的关系，是一种社会关系，而不是人与自然（包括动物）的关系。人需要遵守法律，也需要有人去执法、司法。比如，即便人与动物的关系再密切，饲养的动物（猫、狗）造成他人损害的，动物饲养人或者管理人应当承担侵权责任，法律所惩罚的也不是猫、狗等本身，而是它的主人（或管理人）。当然，动物作为生命有其特殊性，也需要对虐待动物等恶劣的行为加以规制。而从目前我国的法律规定来看，并没有对动物的特别规定，所以饲养的动物侵权仍然属于一般事务，动物依旧是民法上的权利客体。虽然目前在道德和法律上对动物的法律定位有各种各样的讨论，无论如何从尊重生命、和谐共生的角度加强对动物的法律保护，都有一个基本的法律前提，那就是对动物的保护必须以人为本，必须不以损害人的权利为前提。

从笔者朴素的正义观念来看，在人烟密集的城市建成区养烈性犬、大型犬本来就制造了安全隐患（且不论是否违规），“我的狗不咬人”本来隐含的含义就是“我知道狗会咬人，但我认为我的狗不会现在咬人”。无论狗主人主观上如何对狗有爱心、有信任，狗客观上也存在咬人的危险性。从近几年的时不时看到的报道狗咬伤人、狗咬死人的新闻可知，烈性犬、大型犬在不同程度上存在更大的危险性，特别是对老人和小孩。养而不管则放大了这种危险性。但是笔者看了很多案例，即便是从日常生活经验来说不负责的狗主人放任了狗咬人、伤人的危险，但往往只能以过失致人重伤罪、过失致人死亡罪或者过失以危险方法危害公共安全罪（系两年内多次咬伤他人）定罪处罚，且不乏赔偿谅解后被判缓刑的例子。实践中往往只有足够证据证明狗主人指挥狗咬伤人、咬死人才构成故意伤害罪或者故意伤人罪，而非故意犯罪的刑责远远低于故意犯罪。

人生在世，生老病死是难免的事情，但是被狗咬成重伤、甚至被咬死则实在令人痛惜愤懑，更何况在受害人没有被狗咬成重伤的情况下连追究刑事责任都是一件很困难的事情。那么，不得不说，屡屡看到让人不忍点开的被狗咬伤、被狗咬死的新闻，和狗主人最高 7 年、往往 2—3 年缓刑的刑责相较实在是对比过于强烈。即便刑法具有谦抑性，但参考高空抛物入刑的例子，也应从罪责刑相适应的角度设立相应罪名。比如，有观点提到实践中的难点就在于证明狗主人的主观过失或者故意，也有人大代表提出将犬只伤人的刑事责任写入刑法修正案，使司法在追究犬只伤人案件中犬只的饲养者或管理者的刑事责任时有明确的法律依据、降低刑事责任的归责难度。若将具体的法律条文写入刑法修正案，比如可以规定："无论是公共场所抑或是私人场所，若犬类的饲养者或管理者放任犬类失去控制产生危险，就是犯罪行为，处三个月以下拘役并处以罚金；造成他人轻伤的，处六个月以下拘役并处以罚金，若造成他人重伤的，处两年以下有期徒刑并处以罚金，若造成死亡，处三年以上有期徒刑并处以罚金。"〔1〕这位代表的立法建议涵盖了轻伤和公共场所造成危险的情况，针对性解决了当前狗造成惊吓和狗致人轻伤难以追究刑责的问题，但是笔者认为，法定刑的设置可能偏低了一些。当然，每个人心中的正义都不一样，笔者的观点也存在失之偏颇的可能性。所以，才需要通过立法程序汇聚最大公约数，最后形成具有足够正当性、合法性的规定。

从地方立法的角度讲，有观点提到受限于立法权限，地方在立法中不能规定刑罚，对犬只伤人中的狗主人难以产生震慑

---

〔1〕参见《全国人大代表庹庆明：建议将"犬只伤人"的刑事责任写入刑法修正案》，载红星新闻百家号，https：//static. cdsb. com/micropub/Articles/202303/6ccee615dcf9d3d3393e4b57b19a61aa. html。

作用。但是从设区的市的角度，可以考虑从自身定位和本地实际为解决狗伤人问题提供治理资源和法治引导。比如有的观点提出城市全面禁止养狗势在必行，暂且不论这种观点是否过于激进，矫枉过正。但是从地方立法“船小好调头”，一定程度上进行探索性立法的角度考虑，可以尝试在规范性文件（本处指广义的规范性文件，即从法律到红头文件均包括在内）中认可小区通过业主大会决议“小区禁狗”、打造无狗社区、房地产开发售卖禁狗小区在合同中约定“答应不养狗才能买房”“养狗交纳保证金”等实践中的做法，并在上升为规范性文件时依法妥善处理合法性和可操作性问题，对是否影响需要导盲犬人员权益、是否影响养狗人士利益等问题按照法定程序进行论证、听证和公开征求意见，确保实事求是和落地见效。需要说明的是，探索这些问题的时候，对于如何同时保障养狗人的权益和被人类圈养狗的基本条件也是可以同步进行的，比如“养狗交纳保证金”就可以和禁止遗弃、虐待犬只方面的要求相结合。

当然，立法不是万能的解药，对于确实随着社会发展而出现的亟待解决的新问题，通过立法予以规制是合理的。但是对于很多已经有法律规定的问题，更多是在如何执行贯彻上下功夫的问题。比如笔者写本书时看了不少城市的养犬管理条例，其中都有重点管理区域禁止养烈性犬、大型犬，每户只能养一只犬，禁止携犬进入公共场所等的规定和罚款、没收犬只的条文，在这些已经有相应立法的城市，更重要的是如何普法、执法和因需适时修订法规，而不是再立一部法。

六、矛盾纠纷多元化解立法启示：从诉讼成本谈源头防范“治未病”

习近平总书记在2019年全国公安工作会议上的讲话给出了矛盾纠纷如何化解的答案：“要积极预防、妥善化解各类社会矛盾，确保社会既充满生机活力又保持安定有序。要处理好维稳和维权的关系，既要解决合理合法诉求、维护群众利益，也要引导群众依法表达诉求、维护社会秩序。”从源头上完成治理，促进源头治理，对维护社会稳定和安全，增强人民群众的获得感、幸福感、安全感有着极为重要的作用。在笔者的司法实践经历中，常常感到诉讼只能提供一个法律上的答案，但未必能有效地处理问题，更何况，诉讼只是“最后一道防线”，而不是解决社会上诸多问题的首要选择。通过矛盾纠纷多元化解机制解决社会矛盾是治理能力现代化的必然要求，也是正确处理“人民日益增长的美好生活需要和不平衡不充分的发展之间的矛盾”的有效路径，更是在世界百年未有之大变局下维护发展该稳定的迫切要求。

地方立法由于其探索性的功能定位，在矛盾纠纷多元化解的法治保障探索方面具有独特的优势。比如，最高人民法院就曾出台意见要求“各级人民法院要及时总结行政争议多元化解机制改革的成功经验，积极争取地方人大、政府出台有关多元化解工作的地方性法规、规章或者规范性文件，将改革实践成果制度化、法律化，促进改革在法治轨道上健康发展”[1]。山东、福建、黑龙江、厦门、武汉等十余个省市已相继制定矛盾纠纷多元化解决机制的地方性法规，云南省的矛盾纠纷多元化解条例也于2022年1月起施行，在此方面进行了有益的立法实践探索。

综观目前矛盾纠纷多元化解相关的地方立法，属于综合性的促进性立法，都在理念上坚持“完善党委领导、政府负责、民主协商、社会协同、公众参与、法治保障、科技支撑的社会治理体系”的基本原则，在思路上坚持和发展新时代“枫桥经验”，根据纠纷的演变过程和类型构建分层递进的纠纷解决体系，坚持以当事人为本位，尊重当事人的程序选择权，构建开放动态的矛盾纠纷多元化解体系。在框架上则基本按照主体职责分工、纠纷解决体系、程序衔接机制、促进保障措施几部分构成。

矛盾纠纷多元化解相较于对抗性强、零和博弈的司法救济，通过其多样化、协商性质、灵活性强的特征使纠纷得到妥善的化解。但是，建立多元有序有效的纠纷解决机制，其设计的核心理念必然是以人民利益为中心，并落脚在满足人民多样化的美好生活需要，让任何人都能通过这一机制更加靠近公平正义上，而不是要求普通人学习做一个法律人，树立不必要的专业门槛。笔者在对各地矛盾纠纷多元化解立法的学习过程

[1] 《最高人民法院关于进一步推进行政争议多元化解工作的意见》，载最高人民法院网2022年1月20日，https://www.court.gov.cn/zixun/xiangqing/342761.html。

中，产生了两点思考：一是以预防为主的原则不仅应当始终贯穿立法，更应进一步探索从“最先一公里”预防法律风险的细化机制，普通人更应该自觉地去预防法律风险，法内求平；二是在整个矛盾纠纷多元化解过程中善用互联网、人工智能依法向当事人告知矛盾纠纷化解的方式、途径、成本和风险的同时，普通人也应该通过这些更好实现法治的智治方式预防法律风险，力求无讼。

现在很多人或者部门有一种“一言不合就打官司”的认识，比如说“你来告我嘛”“这个问题让法院判”等把一切矛盾“放心”地交给法院的声音在日常生活中并不少见。这种“打官司万能”或者可以说将纠纷都交给诉讼的想法，就和立法万能论一样，都是对依法治国简单化、泛法化的认识。在新时代的社会背景下，社会矛盾纠纷更加复杂并呈现多元化发展，仅仅依靠诉讼途径解决问题则形式过于单一，不仅难以满足社会治理的需要，也难以回应人民群众日益增长的纠纷化解需求。不能有一把好用的锤子，就看什么都是钉子。况且，打赢官司和解决问题有时候并不是一致的，大量纠纷涌入法院也不利于纠纷、矛盾的化解和公平正义的实现。除了诉讼、诉讼之前的矛盾纠纷多元化解、化解之前的矛盾纠纷排查外，再往前“一公里”就是个人的法律风险预防。笔者认为，在矛盾纠纷多元化解制度设计呈现“中国之治”新格局的大背景下，普通人的学法、知法、用法和知其然、知其所以然，通过法律指引预防法律风险也日益重要。故而笔者在本书中主要从诉讼成本谈源头防范纠纷“治未病”，从普通公民和中小企业的角度剖析一下矛盾纠纷多元化解和善用智能法律服务产品预防法律风险的意义所在。

（一）正义成本：讼不妄兴

从宏观的视角对一个国家的法律成本进行简单的分类，则主要为立法成本、执法成本、违法成本和守法成本。立法成本即指制定、修改、废除诉讼法律所耗费的人力、物力、财力。执法成本即诉讼机制运行必须支付的一切费用。守法成本即当事人、公众、社团等遵守诉讼法律而支付的费用。违法成本即行为人违反诉讼法律及其程序而支付的费用。而从具体的诉讼视角对法律成本进行分类，在任何法治国家里，诉讼的成本即“生产正义的成本”，这一成本一般是由两个部分所构成的，一部分是国家负担的“审理成本”，即公共成本；另一部分则是由当事人所负担的“诉讼成本”，即私人成本。诉讼成本也是法律成本的一种。

那么，如何考虑诉讼中普通公民和中小企业的成本呢？想要足够权威地定义诉讼中的成本是非常困难的事情，而笔者认为通过描述整个过程中可能产生的成本和后果，从而使大家阅读之后可以自己预测进行诉讼的成本，是一种比直接定义普通公民和中小企业诉讼成本更有效、更感同身受的方式。因为，“定义是一种冒险，而描述却可以提供帮助”。[1]

---

〔1〕［美］本杰明·N. 卡多佐：《法律的成长，法律科学的悖论》，董炯、彭冰译，中国法制出版社 2002 年版，第 16 页。

但在开始描述之前，需要提醒大家的是，即便是通过诉讼解决问题，国家也不会让弱势群体的正义难以通过审判实现。无论审判能够怎样完美地实现正义，如果付出的代价过于昂贵，则人们往往只能放弃通过审判来实现正义的希望。[1] 所以，在矛盾纠纷多元化解机制开始探索、建立施行前，对于经济困难又需要法律帮助的人，笔者的建议为：一方面，要鼓励其学习法律、保护自己，特别是现在的普法活动和免费咨询都做得很好，如有问题借机提前询问总是好的；另一方面，如果不得不进入法律程序来解决纠纷，弱势群体往往在经济、时间、心理上难以负担相应的成本，这时就可以向本地的司法行政部门的法律援助中心申请法律援助。具体的步骤可以参考《法律援助条例》。国家为了保障经济困难的公民获得必要的法律服务，特别制定了这一条例，并使符合该条例的弱势群体可以依照该条例获得法律咨询、民事代理、刑事辩护等无偿法律服务，在实际中也起到了很好的效果。对于需要法律帮助的弱势群体来说，这是一个比较好的办法。而在多地进行矛盾纠纷多元化解实践、探索乃至立法、构建多元化解平台之后，则建议通过和解调解优先、分层递进、司法兜底的化解纠纷体系，让当事人能够争取在诉前把问题解决，从而有效避免矛盾升级，取得更好的社会效果。下面是笔者对诉讼成本的描述。

对于个人而言，如果我们想要定义一个人从一场民事诉讼

〔1〕 参见［日］棚濑孝雄：《纠纷的解决与审判制度》，王亚新译，中国政法大学出版社2004年版，第267页。

中是否维护了尊严、付出了多少成本、是否具有“性价比”是很难的，毕竟每个人都会依靠自己的一套价值体系来作出判断，而正义的面容也总是变幻万千的。不过，个人从提起民事诉讼到拿到终审判决整个过程所需付出的成本，是我们可以尝试核算的。笔者将从普通人的角度来描述当不得不依靠民事诉讼途径来救济自己权利时，所需要经历的过程和承担的成本，以期让大家对民事诉讼的成本、对法律风险预防的价值、矛盾纠纷多元化解的意义有一个直观的认识。遵纪守法的人往往不会成为被告人，能够自觉学法、理性处事的人（比如遇到打架斗殴风险该跑就跑）则大概率不会成为被侵权人，成为证人则依法配合办案机关就好，所以不在此展开。行政诉讼的数量相较于民事诉讼较少，而且往往也是原告视角，就不单独叙述。对于民事诉讼，一般至少有原告和被告两方，所以要对描述的视角先进行选择。考虑到原告的成本和压力一般情况下比被告要大，笔者在本书中主要围绕个人作为原告提起诉讼的守法成本进行核算，即向法院提起诉讼一直到判决生效并执行完毕所需承担的各项成本——经济成本、时间成本、心理成本以及民事诉讼风险。

首先，我们提起诉讼的首要成本便是经济成本。

特别是在因为经济往来所产生的涉及财产的纠纷中，一般来说其进行诉讼的经济成本比非财产案件要高。很多时候，权利受到侵害的个人要通过诉讼维护权利时，却对可能产生的费用没有一个直观的了解。为了更好地让大家有一个直观的感受，笔者通过举例子的方式来计算相应诉讼所产生的经济成本。但需要注意的是，本书中的经济成本仅计算诉讼产生的相关费用，不计算经济纠纷本身带来的直接损失和间接损失。

现在，我们假设甲借给了乙 100 万元并说好 1 年之后归还，但乙之后超过了约定期限 3 个月仍然没有还钱。这时，在诉讼时效之内甲要向人民法院起诉乙，需要承担哪些经济成本呢？需要支付的主要费用又有哪些呢？

在法院方面，假设甲起诉顺利，那么必然涉及的费用就是法院受理案件之后，7 天内需要预交的一审案件受理费 13800 元（为了方便举例，仅计算本金的诉讼费用）。涉及财产关系的案件受理费是根据诉讼请求的总金额来计算的，也就是起诉的金额越大，缴纳的案件受理费越多。一般来说，大家可以依据根据国务院令（第 481 号）《诉讼费用交纳办法》来进行计算具体的金额，也可以借助现在的一些诉讼费计算程序或者手机上的诉讼费计算 App 来快速完成计算，甚至很多法院的官网上都有简易的诉讼费计算器。

除了诉讼费外，民事诉讼可能产生的费用主要为两类。一类为需要向法院交纳的费用：案件受理费（必须预交），诉讼保全的相关费用，各类申请费以及证人、鉴定人、翻译人员、理算人员在人民法院指定日期出庭发生的交通费、住宿费、生活费和误工补贴等。另一类则为不涉及向法院交纳的费用：律师费、当事人自己因为诉讼导致的误工费、交通费以及其他为了打官司而支出的费用。

诉讼作为权利受到损害的公民寻求正义的有效途径，而公民接近正义的障碍之一就是当事人负担的法院成本。[1] 考虑到减少公民接近正义的障碍，国家为了公民更好地维护权利，对于非财产案件的收费相较而言是更有利于当事人提起诉讼的。比如劳动争议案件每件缴纳 10 元，商标、专利、海事行政案件每件交纳 100 元。[2] 甚至在满足相应条件的情况下，国家会对交纳诉讼费用确有困难的当事人提供司法救助，保障其依法行使诉讼权利，维护其合法权益。

在民事判决发生法律效力，也就是官司打完之后，如果完全胜诉的话，这个民事诉讼费用是由败诉方承担的；没有完全胜诉的话，人民法院会根据法律和事实来决定诉讼中各方承担的费用。[3] 那么，在民事诉讼有结果之前，这便是一笔原告必须先行预交的费用，也是无法回避的经济成本。而且，如果一审结果不理想，原告上诉的话，需要预先交纳二审案件受理费；当然，被告上诉的话，也需要预先交纳二审案件受理费。

至于不涉及向法院交纳的费用，则除了当事人自己因为诉讼导致的误工费、交通费以及其他为了打官司而支出的费用之

---

〔1〕 参见齐树洁：《民事程序法研究》，科学出版社 2007 年版，第 179 页。在现代社会，当事人时效性接近司法救济的障碍主要有律师费、法院的成本和其他经济法负担、小额请求（诉讼的必要费用与诉讼金额的比例不均衡）、诉讼迟延、缺乏法律援助当事人的无知等其他接近司法救济的事实上的障碍。

〔2〕 可参见《诉讼费用交纳办法》第十三条。

〔3〕《诉讼费用交纳办法》第二十九条：“诉讼费用由败诉方负担，胜诉方自愿承担的除外。部分胜诉、部分败诉的，人民法院根据案件的具体情况决定当事人各自负担的诉讼费用数额。共同诉讼当事人败诉的，人民法院根据其对诉讼标的的利害关系，决定当事人各自负担的诉讼费用数额。”

外，有可能发生的一笔较大的费用就是律师费。

我国律师费实行政府指导价，对于涉及财产的案件则也是按照所涉的金额使用累进制计算费用，当然对于合适的财产案件也可以采用风险代理方式，但也要根据具体的案情来决定是否采用这一方式。对于具体的费用多少，由于指导价只是提供了一个大概的标准，既要考虑具体的案情、承办律师等情况，也要考虑本地方所制定的律师收费标准，在实践中不可一概而论。

其次，时间成本也是进行民事诉讼不得不面对的难题。

一方面，民事诉讼的审理周期并不短。比如，法院受理案件之后，从立案之日开始计算，一般来说，如果是普通程序，则应该在半年内审结，如果是简易程序则是3个月以内。而且在一审的过程中，如果出现其他情况，比如说涉及鉴定，则审限有可能还会延长。需要注意的是，即使一审判决已然作出，但如果己方或者对方上诉进入二审程序的话，时间又会延长。

另一方面，在民事诉讼的过程中，当事人要自己去准备材料、去跑各种手续等事务，既会花费一定的时间，也会对正常的工作生活产生一定的影响。更何况，如果官司打赢被告不能马上依法履行判决，则还要涉及执行程序。所以对于一个普通人来说，并不短的诉讼周期会对生活产生较大的影响。

再次，则是民事诉讼中的心理成本。

对于心理成本，或者说民事诉讼中产生的心理代价，主要考虑的是我们普通人在社会中的重大经济往来往往是整个家庭的共同决定，或者即便不是整个家庭的共同决定，也会对整个家庭的生活产生较大的影响。那么，在整个民事诉讼事件的处理过程中（包括纠纷的产生、谈判、诉讼乃至执行），对于民事诉讼结果的等待会给家庭成员带来持续心理压力，尤其是决策者，其所承受的心理压力一般来说是最大的。从这个角度讲，完成民事诉讼是一件很耗心力的事情，甚至在一定程度上可以被视为一场意志的较量。特别是普通家庭如果因为经济往来导致了自身财产的重大损失，使日常生活也出现了较大的经济压力，则更会进一步放大诉讼所带来的压力和焦虑。至于人身关系方面的民事诉讼，则必然会对当事人的心理有更复杂的影响，在此就不展开论述了。

最后，则是民事诉讼风险。

民事诉讼风险，通俗地说就是，我们即便负担了上述的所有成本，也未必能保证自己的官司是一定“赢”的或者官司赢了之后能够完全地实现自己的权利的。在上文举的借钱的案子里，所谓能够完全实现自己权利的结果，就是甲胜诉之后顺利把该从乙那里拿回来的钱都拿回来了（利息暂且不论）。这也是大多数人对诉讼这种方式心怀疑虑的原因，毕竟，民事诉讼的成本和效益对于陷入纠纷的我们考量是否进入诉讼可以说是起着关键性的作用。民事诉讼风险的产生，既有可能是因为当事人举证不能或者超过诉讼时效而无法胜诉，也有可能是因为双方当事人自身或者现实的一些局限性而产生。

对于双方当事人自身的局限，则一般是指没有按照法律要求进行民事诉讼，常见的风险有：起诉不符合条件、诉讼请求不适当、逾期改变诉讼请求、超过诉讼时效、授权不明、不按时交纳诉讼费用、申请财产保全不符合规定、不提供或者不充分提供证据、超过举证时限提供证据、不提供原始证据、证人不出庭作证、不按规定申请审计评估鉴定、不按时出庭或者中途退出法庭、不准确提供送达地址、超过期限申请强制执行、无财产或者无足够财产可供执行、不履行生效法律文书确定义务。大家可以参考最高人民法院网站上《最高人民法院民事诉讼风险提示书》中的详细解释，现在很多法院的网站也有类似的诉讼风险提示书，不妨学习一二。

总而言之，以上便是对民事诉讼有可能产生的各项成本的简要分析，从民事诉讼的成本来看，对于日常生活中经济来往可能产生的法律风险进行预防是有一定实际意义的，甚至在某种意义上可以将之视为一种性价比越来越高的“保险”。笔者认为，对于普通人而言，个人在法律需求中最重要也是最被忽视的需求便是法律风险预防的需求。因为个人能否正确地重视法律风险，学习法律知识从而预防风险，通过法律引导自己的日常生活和重大经济来往，在一定程度上能够影响其会遇到多少法律纠纷，遇到这些法律纠纷时能否通过法律保护自己，以及依法维权时的效果和成本。坚持“党委领导、政府负责、民主协商、社会协同、公众参与、法治保障、科技支撑的矛盾纠纷多元化解工作体制”和个人主动地、有意识地预防法律风险是一体两面的，源头治理、排查发现、调处化解的矛盾处理过程也是对当事人预防法律风险、理性解决问题的普法教育。鼓励和引导当事人优先以和解、调解、仲裁、行政裁决、行政复议等非诉讼方式解决矛盾纠纷，既是社会治理的必行之策，也是我们作为普通群众真正解决矛盾、解决问题的理性选择。矛盾纠纷多元化解立法的初衷和原则是有效预防和化解矛盾纠纷，提高社会治理能力，促进社会和谐和公平正义，而我们作为个人采用非诉方式理性依法解决问题，也符合我们为了幸福的生活和生活的幸福向前努力的初心。在难以避免的矛盾之前，知晓诉讼的成本，明晰矛盾纠纷多元化解的途径，能够帮助我们更好地法内求平。

但是，即便立法、执法、司法都有普法的功能，前文也分析了诉讼成本的问题，笔者仍然想从普通人预防法律风险的角度讲一讲存在的困难，在矛盾纠纷多元化解中引导鼓励当事人通过非诉途径解决问题的必要性，和让更多的人通过“互联网+”、人工智能来预防法律风险、在线解决矛盾的重要性。

（二）防不及防：两难境地

在存在的困难方面，有鉴于生活的急剧变化和法律的专业性，对于我们普通人来说，适应这个“法律的必需品时代”，实现良好的个人法律风险控制，就存在普通人法律需求难以得到法律服务市场有效回应的问题。

受我国传统观念的影响，普通人并不乐于和法律打交道，特别是因为日常生活中的纠纷不得不进行诉讼时，我们往往是在不安而焦虑的状态中与代表法律的法院、律师等相关主体比较被动地打交道，甚至会觉得通过诉讼解决问题是不体面的。如果再往前一两百年，考虑到当时的司法环境，普通人的态度甚至会是“气死莫告状，诚死莫做贼”。而在当下，我们也对诉讼持审慎的态度。这也是传统社会生活中个人没有较多的法律需求，我们缺乏通过法律解决纠纷的经验，对法律陌生所致。所以，对于自身不熟悉而又对自己生活影响很大的事物，我们很少有人能第一次就处理得很好。

但是，在人类社会高速进步的现代，随着经济和技术的高速发展，法律正在成为我们生活中越来越重要的一部分。特别是我国正处于的社会转型期，经济活动中的分工益发细化、愈加专业，从而使经济关系也随之产生了相应的变化。对于个人而言，我们的工作越来越专业化，我们的生活越来越依靠别人的劳动成果，可以说，整个社会结构呈现出从同质性向异质性的变化。[1]

相应地，从个人的层面和视角进行观察和思考，我们就会发现：在现代社会飞速发展、市场经济不断强大的时代背景之下，无论是个人成为社会生活的主体，独立地享有和承担自己的权利、义务和责任，还是人与人之间的经济来往日益频繁，消费能力不断增强，每个人都日渐习惯依赖别人的劳动成果来生活得更好，都体现了我们个人的法律需求在现代社会中会随

---

〔1〕 参见郑杭生主编：《社会学概论新修》，中国人民大学出版社 2000 年版，第288 页。

着市场经济发展而不断增强这一趋势。

毕竟，我们每天都依赖素未谋面的陌生人提供的产品和劳动生活下去，而在市场经济之下，如何处理这些经济来往呢？比如针对21世纪以来兴起的网购，我们如何相信千里之外商家的产品质量是合格的、是满足我们需要的？我们又如何相信自己付款之后商家会诚实守信、如约发货呢？我们又如何相信当货物运送或者运到目的地出现问题时远方的商家会负责到底呢？出现这些问题时商家不负责任，我们应当如何维护自己的权利？对于这些不断出现在我们生活中的新的经济来往和新的问题、新的纠纷，除了相互之间的诚信、自律，我们只有依靠法律来维护、指引和解决与其他个体之间的相应的问题、纠纷。

如果让笔者直观地用数据说明法律日益进入我们的日常生活，比较有说服力的一个数据是近几年来法院审结民商事案件的数量。民商事案件数量的变化在一定程度上显示了日常生活中的法律需求变化。最高人民法院工作报告显示2013年至2017年，各级法院审结一审商事案件1643.8万件，同比上升53.9%；各级法院审结一审民事案件3139.7万件，同比上升54.1%。换言之，2013年至2017年相比前五年，无论是全国各级法院审结的一审民事案件还是一审商事案件都增加了一半多。而2022年的数据则是审结一审商事案件2472.3万件、审结一审民事案件4583.3万件，加起来有7055.6万件。又如，用笔者所在的丽江市的民商事案件数量变化做一个说明，通过近几年丽江市中级人民法院的工作报告可知，2013年全市两级法院共审结一审民商事案件2722件，2017年全市两级法院共审结一审民商事案件6139件，同比上升14.28%。我们可以明显看到，2017年丽江市的一审民商事案件是2013年一审民商事案件的两倍多，而到了2022年，全市的一审民商事案件为8969件。

可以说，随着社会分工和专业化的不断进步，只要我们的生活离不开别人的劳动和产品，那么我们就离不开法律对人与人之间权利和义务的维护和指引；只要我们的生活品质在不断提升、消费能力在不断增强、经济来往在不断增多，那么我们对法律的需求就会不断增加，法律对生活的指引作用也会越来越明显。随着法律成为生活必需品而来的，便是对法律的理解和运用成了日常生活的一部分。[1]

比如说，随着汽车正日益成为普通人生活中不可或缺的一部分，汽车文化或者说如何适应时代正确使用汽车的习惯、观念正在形成、养成之中。而汽车文化中的一个重要组成部分必然是汽车法律文化。或者通俗地说，汽车法律文化就是有车一族或者准备有车一族应当知道的法律知识和在此基础上养成的用车习惯。从法律的角度讲，30年前中国的大多数普通人，就没有今天的买车、养车、停车、修车、处理交通事故等“新烦恼”。

一方面，人们需要自觉地学习与交通相关的法律以备不时

---

〔1〕“首先是一种治国方略（社会调控方式），其次是指良好的法律秩序和依法办事的原则；最后是法治代表某种具有价值规定的社会生活方式。”参见张文显：《法理学》，高等教育出版社1999年版，第186页。

之需，例如，购买新车如何防范风险、如何维权，修理车辆如何不被“宰”，应如何防范、如何维权等。考虑到很多驾校没有如何处理交通事故的课程或者上了的效果也不是那么让学员印象深刻、能够学以致用，那么有一部分人便有可能会有遇到交通事故怎么处理的烦恼和相应的法律学习需求。毕竟，生活中并不乏发生交通事故之后出现如下的情形：涉事车主并不是理性地按正常步骤进行事故处理，而是要么张口结舌、面红耳赤、不知所措，要么挥手瞪目进行激烈的交流。

另一方面，车主也需要主动遵守法律、自觉改变用车习惯，而非被动地接受法律的指引和教育。比如醉驾入刑就让社会风气为之一新，使大家切实做到了“开车不喝酒，喝酒不开车”。

既然我们的生活不断发生巨大的变化，那么我们的生活方式也应当不断进行调试，以适应日新月异的现代生活。于是，由于市场经济对现代人生活中产生的影响无所不在，法律，也日渐成了生活中无所不在的“必需品”。

综上所述，法治是社会整合最有力的抓手。

诉讼是社会诸多控制秩序系统中的一种路径，也是解决实际问题的一种手段，当个体不得不通过诉讼程序来解决所遇到的问题时，其成本往往是高昂的。特别是在之前对法律完全不上心，当问题无法解决时再最后求助于法律时，当事人不仅要承担法律救济的成本和沉重的心理压力，而且往往也会因为之前对法律的不重视而导致通过法律途径救济权利的难度的增加，进而使诉讼的效果不佳。所以对于个体来说，最具有性价比的选择，便是通过法律来指引自己的行为，提前防范风险、保护权利，成为一个“法律风控”良好的现代公民。当真正遇上纠纷时，也能够通过多元的非诉方式进行化解，诉讼只应是不得已而为之。

在这个“法律必需品”的时代，高频次的日常法律风险预防需求和较为高昂的法律服务费用，致使普通的个人和中小企业面临着同一个问题——尽管法律风险的预防和控制对生活和经营来说变得越来越重要，但他们往往陷入一种两难的境地：

一方面，当普通人在生活经营中遇到法律问题时，即便其希望对法律风险进行预防和控制，却很难在现在的法律服务市场里获得及时、可靠、有效、价格适宜的法律风险预防服务（主要是咨询和风险提示），导致其难以有效地降低其所遇到问题的法律风险。

另一方面，当普通人在最后不幸陷入法律纠纷，难以通过协商等方式解决，不得不通过诉讼的方式维权时，又往往面临因为一开始没有进行有效的法律风险预防导致维权难度不必要的增加，以及通过法律渠道进行维权的成本又过于高昂的困难境地。

简要地说，即便个人愿意用法律指引生活，但考虑到普通人并不具备专业的法律素养这一因素，以及在当下的法律服务市场中普通人难以获得合适的个人法律风险预防服务，致使其法律风险预防需求得不到法律服务市场有效的回应。上文中笔者已论述过法律成为这个时代个人生活必需品的必然性，在下文中则主要对法律服务市场是否能够应对新的个人生活法律风险预防需求增长这一挑战进行分析。

我们为什么要重视法律风险的预防？

一般的个人和中小企业对生活中某一事件的法律需求，从逻辑顺序上可以大致地分为纠纷矛盾化解、民事诉讼、法律风险预防三个阶段。

纠纷矛盾化解，就是出现争议之后自行谈判、和解、调解等通过多元方式化解的阶段。提起民事诉讼则更能够顾名思义了。大多数人对这两个阶段并不陌生，也会在这两个阶段据理力争维护自己的权益，但对维护自己权益投入最具有性价比的阶段，却是大多数人都不重视或者即便重视也得不到足够法律服务的法律风险预防阶段。

法律风险预防是指个体准备设立某一权利义务关系时所需求的法律服务，因为这一阶段法律服务需求的核心就是风险预防。自从《国有企业法律顾问管理办法》首次提出企业法律风险的概念以来，法律风险的预防越来越得到企业的普遍关注和重视。在企业方面，可以通过对法律风险的预防和处理，来降低整体事件的风险和成本，这也就是企业中较为常见的风险控制。正所谓合同很难让企业赚到钱，但是企业亏掉的钱至少一半和合同有关，而能否签好一个合同，便是合同法律风险大小的关键。

毕竟，事前防范的投入与事后救济的投入是成反比的。事前防范投入成本大，事后救济投入的成本就小；事前防范投入成本小，事后救济投入的成本就大，一般取得的效果还比较差。所以在当下，企业往往会设立法务部、法务岗或者外聘法律顾问来控制企业经营过程中的各项法律风险，以期于经营过程中能够在效益和风险中取得最佳的平衡。一直以来，不断尝试在最大限度地保护企业、企业投资人的合法权益和促进社会发展、保护企业相对人利益之间找到一个平衡点，是企业界和法学界的共同课题。

而个人在经济往来中的法律风险，笔者将之定义为个人所期望的合同目的和实现方式与实际情况发生差异，并会对个人产生包括但不限于无法实现合同目的等损害的可能性。

个人进行法律风险预防，也就是为了在满足日常生活需要和避免法律风险造成的损害之间取得一个最佳的平衡点，避免既不能实现合同目的，又难以承受法律救济成本的两难境地出现。如何得到性价比最高的法律服务，这也是笔者希望和读者共同思考和解决的问题。

比如甲前去买车时，经过数个周末逛遍了4S店后，终于打算买某一辆车，但是4S店就是天天卖车的，对签购车合同到拿车期间的法律风险和注意细节比甲懂得多。甲有心买车，但又担心购车合同或者拿车期间的环节“有坑”，而作为朋友的我们也只能提供一些口头方面的建议。

这时，为了避免买车之后车子出问题又难以维权的两难境地出现，甲就需要法律风险预防的专业服务，不仅是对购车合同进行一个法律审查，更要结合买车常见法律风险以及该4S

店和所购车辆型号的基本情况给甲提供一个可能存在的风险和如何从流程的各个细节规避相关风险的法律建议，并提醒他需要保存哪些相关的材料。

而前述法律风险预防的目的，就在于发生纠纷时甲在采取调解、和解等非诉方式的矛盾化解阶段的谈判协商中占据更多的主动权，使纠纷能够在对甲有利的情况下快速协商解决，协商解决不成时，甲通过民事诉讼程序提起救济时，整体的诉讼成本和预期结果也使他能够承受。

那么，为什么甲难以在法律服务市场得到上述的法律风险预防服务呢？

“最美的法律制度，如果公众无法利用这种制度，那么这种制度再好也是没有多大用处的。”[1] 对于个体如何利用“美丽”的法律制度，并不能狭隘地理解为进行诉讼，而应该理解为使用法律制度来指引生活，保障自身权利的实现。如果个体在这个时代始终不重视法律，那么不仅难以通过法律来实现权利，更有可能难以依靠法律来维护权利。所以，只有知道可能的法律风险、知道诉讼的流程、知道诉讼的成本的人，才能更好地在生活中预防法律风险，进而避免诉讼的产生。或者，即使事情发展到不得不进行诉讼时，也是早有准备的、可控的、对自己利大于弊的诉讼。

在一个法律成为必需品的时代，为什么预防法律风险却成

---

〔1〕［英］P. S. 阿蒂亚：《法律与现代社会》，范悦等译，辽宁教育出版社 1998 年版，第 67 页。

为一件对于我们非常重要但尚未得到足够重视的事情？笔者认为很大一部分原因在于大家意识中普遍存在的厌讼轻法思维。诉讼，也就是大家所熟悉的“打官司”这一概念。无论对打官司是否熟悉，我们往往不到万不得已是不愿意将自己所面临的纠纷通过这种方式解决的。一方面，诉讼，或者说打官司在中国的民间传统中并不是一件好事，诉讼对于个人来说，也并不是一件让人能够轻松作出决定和应对的事情。另一方面，在不愿意进行诉讼的原因中，一个重要的原因便是对于诉讼成本的考虑——诉讼往往由难以达成一致的纠纷所产生，而纠纷当事人将冲突事实提交诉讼评价，除了感情冲动因素和诉讼经验缺乏等少数情况外，理性人都要对诉讼成本和诉讼效益作理性权衡。这不仅仅是出于经济成本的考虑，对于可能诉讼或者不得不用诉讼来维护权利的个人以及他的家庭来说，是否诉讼、如何诉讼以及诉讼结果是一件很重要的事，既关乎实际的金钱利益，更关乎做人的尊严和体面。

在国家不断推进依法治国的今天，个人也应当重视自己的权益，通过学习法律常识（特别是诉讼常识）来预防可能的法律风险，而非不假思索地把一切权利的实现归为国家的责任。比如说，诉讼不仅是法律传播的最佳方式，也是社会法治化的基本途径。[1] 而且在普法工作中，不乏“庭审进校园”或者组织大家旁听庭审的普法活动。由于每一场庭审都是一堂

---

〔1〕 参见庹继光、李缨：《法律传播导论》，西南交通大学出版社 2006 年版，第 8 页。

生动的法治教育课，所以前述普法工作取得的普法效果都不错。可是即便现在人民法院已实现通过网络直播庭审，提供了很便利的观摩司法实践的条件；但是，由于思想上不重视，绝大多数人对于诉讼和庭审的认知仍然是陌生、疏离的。

虽然每个人的生活中总有冲突和纠纷，但是在过往的观念中只有当这些冲突与纠纷依赖社会主体的自身力量无法解决时，求助国家司法机关公权力予以裁判才显得合理和有必要。[1] 恰恰是因为大家总是出了事情没办法再求助于法律，而对于事前的诉讼风险不重视、不预防，使普通人在日常生活中往往落入诉或不诉都成本高昂的两难境地。随着人民综合素质的日益提升，对于生活中的经济来往，假如有足够的法律意识，提前预防风险，并为万一可能发生的诉讼做好准备，使整个经济来往行为都风险可控，那么，大部分的诉讼案件是可以避免的。直白地说，很大一部分诉讼案件是因为当事人在事件一开始时不熟悉、不重视法律，草率地处理自己的权利义务，等“掉到坑里”之后再来寻找法律帮助，进而在时间、情感、金钱等方面产生了高昂的维权成本，甚至因为两难境地而作出错误的选择。

虽然重视和做好法律风险预防开始逐渐被一部分人所接受，但是法律服务市场的主要服务提供者——律师，对于中小企业和现代社会个人生活中的法律风险预防需求的增长有时却

[1] 参见［美］罗伯特·C. 埃里克森：《无需法律的秩序——邻人如何解决纠纷》，苏力译，中国政法大学出版社 2003 年版，第 84 页。

难以做到无缝对接和有效回应。

法律人在今天，应当如何有效回应这一挑战，仍然在摸索中。

一方面，个人面对生活中不断增长的法律需求（往往是买房、买车、结婚、签租房合同或者厂房合同等日常生活经营方面的常见法律风险预防需求）却没有寻求法律风险预防服务的意识，即便有意识地想进行法律风险预防也难以在法律服务市场得到性价比高的法律服务。即便法律意识较强的个人愿意承担较为“昂贵”的法律服务成本（一般是法律咨询费用或合同草拟、审查费用），但有时候只是得到律师对合同的书面审查，而非考量整个交易之后对整体法律风险的评估。并且，有的律师是否会提示签订合同和履行合同的注意事项和整体流程也是一个未知数。

那么，总而言之，个人在日常生活中，虽然有法律风险预防的需求，但往往不去寻找法律风险预防服务，或者即便去寻求法律风险预防服务，也往往难以得到价格合适的、效果满意的法律风险预防服务。

另一方面，有的律师更倾向于去承接大标的的诉讼业务，或者整体打包的非诉业务（PPP、上市或者公司法律顾问）等利润空间较大的业务，而非“零敲碎打”的单次法律咨询或者合同审查服务。因为当事人一个简单的法律要求，比如“律师帮忙看看这份合同有没有问题”解决起来却并不简单。特别是较为专业负责的律师，对于一份合同进行审查时会综合考量整体交易来提供法律意见，所耗费的心力和时间并不少；而且当事人自身的知识储备、心智也会较大地影响法律服务的效果，所以承接此类业务，有时对于律师来说确实是“性价比”不太高。

于是，对于中小企业和个人的日常法律需求，一方面个人不愿意寻求也难以寻求到合适的法律风险预防服务，另一方面有的律师考虑到业务的“性价比”也不太愿意承接此类业务，多因一果造成了中小企业和个人的日常法律风险预防需求仍然难以得到法律服务市场回应，需要探索更好解决问题的路径。

当然，中国的法律人也在积极利用新技术来回应上述的法律服务市场需求。比如用法律机器人、自动生成法律咨询报告、在线付费法律咨询等方式来解决此类的个人日常法律风险预防需求。

虽然此类法律产品自诞生以来取得了较好的社会效果，但是此类法律产品一方面对使用者的素质要求较高，另一方面此类法律产品更多是针对纠纷已经发生之后的诉讼准备阶段进行指引，所以也很难直接回应个人生活中对于法律风险预防的需求。

况且，有些人也会对律师有一些先入为主的片面看法，比如认为：“在民事诉讼中，律师就是那个把一半贝壳给了原告，把另一半贝壳给了被告，而自己却拿走了中间蚝肉的家伙；在刑事诉讼中，律师就是为坏人辩护。”因而就更不愿意进行法律咨询和购买法律服务，从而难以提前预防法律风险。

虽然律师行业属于法律服务业，要依法提供法律服务。但是，律师不应是商人，律师行业也不能成为商业。因此，不能在商品经济意义上理解律师所提供的法律服务的性质。[1] 虽然律师形形色色，却总有律师在为稻粱谋的同时，也坚持着最初的追求——“客户可购买的忠诚是有限的，律师职业的人格的一部分必须另外贡献给公益”。

笔者认为，盈利可以是律师执业的结果，但营利不应是律师执业的根本目的。从律师的职业特点来看，律师本身便是一种特殊的服务业，虽然是服务业，但很多时候是以智囊乃至老师的身份来对当事人所面临的纠纷进行指导的。那么，假如一个律师以营利为目的，时刻准备着提高业绩收入，那么利用相对于当事人的专业知识优势来谋取更高的利润便是一个符合逻辑、充满诱惑的选择。律师所面对的当事人也许不是很懂法律，但一定了解人性。当律师完全以营利为目的时，是难以给当事人提供有质量的法律服务的。长久地以营利作为律师执业的出发点，对律师的整个职业生命而言，弊大于利。

律师的执业活动应当以依法执业作为根本出发点，《律师法》第二条第二款明确规定：“律师应当维护当事人合法权益，维护法律正确实施，维护社会公平和正义。”律师虽然是法律服务提供者，但律师提供法律服务过程中必然要有一定的独立性和底线，否则不如不做相应业务。律师以营利为目的还

---

〔1〕 参见张志铭：《法理思考的印迹》，中国政法大学出版社2003年版，第83页。

会导致的一个恶果就是本应该最尊崇法律的律师反而会为了营利而无原则地迎合当事人的要求，在违法的边缘不断试探，最终付出惨痛的代价。《律师法》第三条第一、二、三款规定："律师执业必须遵守宪法和法律，恪守律师职业道德和执业纪律。律师执业必须以事实为根据，以法律为准绳。律师执业应当接受国家、社会和当事人的监督。"其实这一条在一定程度上是对第二条中"三个维护"的进一步阐释，从维护当事人合法权益、维护社会公平正义、维护宪法法律正确实施到遵守法律、恪守道德、以事实为根据、接受监督，无不说明了律师在执业过程中要坚守法律的原则，对是否是合法权益、是否是真实事实作出判断，而不是不假思索地不论合不合法就维护当事人的一切权益，或是接受委托之后就不顾事实地自由发挥。《律师法》中的规定，对于律师来说是贯穿整个执业活动当中理应遵守的原则，而原则对于律师来说，既是约束，更是保护。

更何况，律师本身非官非商、无职无权，只能凭借对法律的专业和信仰来实现自己的价值。从这个角度讲，律师理应是对法律正确实施最忠诚的执行者。如果一个律师在执业过程中没有原则，丧失自己的独立性，不仅对长远的发展不利，更是对自身价值的否定。而律师行业本身决定了要慢慢来，从业过程也涉及法律的实施和一定的社会责任，如果纯以收入论英雄、单以营利为根本，那么律师就把自己看得太低，也辜负了《律师法》对律师的定位、要求和希望。鉴于本书的主题，对于律师职业的讨论不再展开。

（三）趋势将至："必也使无讼乎"

"无讼"一词源自孔子语："听讼，吾犹人也，必也使无讼乎。"

德法加智治，无论是顶层设计还是具体应用，基层治理中的矛盾纠纷多元化解与善用互联网、人工智能之间的碰撞结合确实让人眼前一亮。在预防法律风险力求实现"必也使无讼乎"方面，笔者以一个普通人的视角接触下来，感到越来越可行、易用、靠谱。

比如在互联网时代的普通人的法律需要如何被识别、得到指引和在线服务，就已经有一个完整的闭环了。在线服务主要为在线签约、在线调解、在线诉讼。企业提供的服务主要为在线签约。在线调解和在线诉讼则为司法机关主导。法律需求指引主要为操作指引和律师评价、比价、竞价，政府主导下的多维度律师评价系统方兴未艾。法律需求识别主要为普法知识、法律实践过程自述等通过知识社区、问答社区、自媒体、视频网站等渠道形成的共享知识，帮助人们形成对法律问题的初步感性判断和处理策略。

在线纠纷解决系统，主要为电子调解和电子谈判。其实，在线纠纷解决系统接触的比较少，像电子调解和电子调谈判更多还是在书上看到或者听说，实践当中接触的企业搭建的服务比较少。而且像这样没有实体线下接触的情况下，对于双方的理智解决问题的要求较高，笔者觉得并没有很强的普适性。但是在政府主导下的话，也许会成为一个趋势，比如说 2022 年 1 月 1 日起施行的人民法院在线调解规则，通过司法机关主导和搭建的平台来进行就把没有实体线下接触的弊端处理掉了。非官方的在线调解从适用、信用、执行的角度来说有较大的限制。在线调解和诉讼在民事方面逐步得到推广，比如互联网法院就是典型。同时，其在刑事方面的应用也日渐增多。

在线签约系统是比较有意思的，而且现在其实已经做起来了，笔者之前就接触到微信还有移动的在线签约系统，感觉微信因为被广泛地使用、已经建立了实名制的信用，而且付费也比较方便，所以更便利于普通人签小标的的合同，整体过程也可以通过技术手段进行固定，具有法律效力，整体的手机签约过程使用感觉还是比较好的。随着熟悉或者说有需要的人越来越多，那么通过手机或者互联网在线签约也会成为一个趋势。特别是通过手机在线签约，签订自己的合同也好，或者微信提供的模板也罢，都非常便利，而且也解决了传统签约形式下的很多困难。

法律需求指引主要为法律业务的操作指引和对律师的评价、比价、竞价。笔者认为，在政府主导下形成对律师的多维度评价体系是一种方兴未艾的趋势。

操作指引主要为官方的操作指引，比如律协的具体业务操作指引或者官方草拟的维权指南、智能法律咨询系统等，具有较强的实操性和可行性，专业程度高，实用性强，一定程度上可以按部就班地指导实践操作。对于法律专业人士提供的操作指引和个人提供的操作指引，后者往往体现为现身说法生动的展示一个问题的解决，比如很多网上引起关注的一个纠纷如何进入法律程序到最终的执行，这种类型的当事人现身说法并通过文字或者视频提交网络诸君学习评议，但具体的实际情况需要进行判断，难以一概而论。

智能法律咨询系统常见的形式为通过在线诊断系统或者说咨询的法律服务系统来给予有效的在线法律服务，比如通过提出一系列的问题，然后根据客户对这些问题的是与否回答和相应不同路径的判断，最终给予相应的专业回答，生成法律咨询报告。

评价系统除了官方评价，还体现在包括但不限于律师信用系统、裁判文书网、企业信用信息系统、招投标信息等。可以说信息技术对筛选律师的帮助很大。比如说司法部的律师信用系统可以检索律师的信用信息，然后通过天眼查等软件可以直接搜索查阅相关律所的风险。又比如很多网络上对律师或者针对办案律师的正面或者负面的评价，这些都形成了一个具有雏形的评价系统，也相应地潜移默化影响律师选择机制、律师营销格局。同时，各种法律服务提供者排名的兴起，顺应了法律服务提供主体需要比较、定位、分类的比较需求，并且和官方提供的渠道、机制相结合，日益形成多维度的评价。无论是日益流行的以案说法的普法，还是对具体案件的多样化营销，都说明了实操层面的案件的重要性、不可替代性，甚至决定了法律服务营销的核心皆需围绕其进行。

而比价系统呢？因为个案的特殊，这个是比较难以形成的，更多还是律师之间的一个价格比较，比如通过某些网络平台的案源合作或者说相互通过付费平台委托调证、案件办理掌握的相关信息，对于相关律师来说有一定的价格比较作用。但是对于个人和小微企业来说，更多还是偏向收集一些信息后感性地进行比价，比如参考收费细则、感性经历（线上或者线下）、律师合作平台上的明码标价（咨询从业人员）形成初步判断。对于律师来说，由于客户的类型不同（是否为价格敏感型），法律服务的特殊性，实践中会根据不同市场、业务类型形成差异化很大的比价、报价策略。但是延展来说，律师在足够细分的前提下，形成长期的差异化报价（定价）策略是可行的，并能逐步地形成一种竞争优势。

竞价系统主要由强势的甲方招投标，其通过竞争性谈判等形式获得法律服务。对于普通人或者小企业来说，这个竞价系统就比较陌生了，更多是多方询价后进行判断，询价过程的不同也就意味着适用的逻辑和策略不同。

法律需求识别主要为通过知识社区、问答社区、自媒体、视频网站等渠道所发布的普法知识、法律实践经历等形成的共享知识，帮助人们对法律问题形成初步感性判断，并提供可供参考的处理策略。

诉讼程序所代表的高昂的时间成本、较强的对抗性（特别是原告与被告之间）、专业的法言法语和严谨但是较为复杂的程序，都让人会审慎地思考进入诉讼程序的相应的成本和所得所失。无论是避免进入诉讼程序、有效解决纠纷还是降低诉讼程序的成本，对于普通人或者说小微企业来说，获得新的法律援助提供方式是重要而且迫在眉睫的。

通过互联网的在线服务提供法律援助的新方式就是一种具有可行性的路径。比如法律讲演或者知识分享的大型社区，比如说类似的法律问题通过以案说法或者分享法律知识的形式，在微信公众号、互联网、视频网站等各个渠道形成的共享知识。人们通过这些渠道来了解所涉及的法律问题，而不必再麻烦专业律师。换言之，在互联网上形成的法律经验社区中，我们通过前人的足迹和友善的提醒（需要甄别）来获得解决问题的思路和参考。

对于熟悉互联网的人来说，多元的法律知识获取渠道和公益法律咨询以及各种法律知识分享足以支持他们做出一定程度的法律方面的选择。但是这也需要熟悉互联网和有一定的社会阅历，才能够在纷繁的互联网共享知识当中选择正确的、有效的知识而非无效甚至有错误偏差的知识。从某种角度讲，互联网的多元丰富和泥沙俱下是共存的。

知识的无限次重复和足够多人的参与，决定了互联网法律知识的分享在未来将起到越来越重要的作用。并且，随着网民不断的成长为新的中坚阶层人，和互联网一代日益进入社会，对互联网高度熟悉的人群占比不断提高，都会增加互联网法律知识的影响力。

再者，疫情过后，大量居家办公实操的经验，也一定程度加速了互联网对现实法律运作的影响。关注这一趋势对于法律人和普通人来说都是很有意思的，因为我们正身处其中。每一种趋势的到来都意味着会带来更多的改变，我们也可以借此更好地预防法律风险、处理生活中的问题。

在人工智能、信息技术汹涌而来的浪潮下，法律人的明天又会怎样？

法律作为一种科学，在遵循共同范式的基础上，将其标准化、系统化，实现分工和一定程度“工业化”是符合逻辑和趋势的。主要的阻碍为以下四个方面：（1）法律的标准化即法律适用的统一；（2）法律的人合性需要最多限度被克服或者被限制；（3）法律的整体把握大于部分之和需要用弹性的系统解决；（4）法律的地方性知识需要被系统兼容。这也是最终高级系统需要形成时必然要解决的四个问题。相应地，在建立针对某个领域的融合人工智能、信息技术的未来法律服务系统时，明天的法律人除了极少数处在行业顶端负责（或者能够）制定整个系统架构和规则的精英，很多人便会投身于这一法律系统的管理和服务岗位。比如从事知识工程师、流程分析师、项目管理师、风险管理师等。无论如何，法律的目的并不是要养活法律人。法律人的存在是为了帮助不同领域的人们对法律的诉求。

改变法律服务市场的三股力量为事多钱少、执业泛化和信息技术。事多钱少就是日益增长的中小型企业和普通人的法律服务需求，和他们难以接受的按照传统方式提供的法律服务的价格。也就是说，内部专业法务和外部专业律师对于中小企业来说并不是一个有性价比的选择。或言之，在欧美市场，按时间收费的律师收费标准在法律服务市场并非垄断的卖方市场时，对于购买者来说就是一个不具有性价比的选择。按价值收费正在慢慢成为一个反常规、激进的方式或者选择。特别是对于不涉及竞争的大量的重复劳动，完全可以通过外包或者智能手段来进行处理。比如合规业务，就可以通过系统来按流程分解完成。同时服务某一法律用户群体而非单个用户的新型法律服务机构就会顺势产生、发展壮大。在可预见的未来，笔者并不怀疑价值高昂与高度重复的法律问题依然会继续通过传统法庭用传统方式来辩论。当一宗纠纷事关存亡，客户们会继续雇用最有才华的律师来维护他们的利益。然而，让诉讼律师来解决价值较低或不太复杂的纠纷，这笔经济账恐怕就算不通了。执业泛化是指法律服务的提供者不止于律师。也就是律师、律所以外的市场主体（比如有限责任公司等）提供法律服务，甚至相较于律师、律所，“激进地”将某些法律业务的相关产品和服务“改造”成为可以分工和标准化的“工业化产品”。所以在现有的法律准入机制和时代技术变革下，体现在具体现象中的新力量和新改变就是律所、律师以外的新法律服务投资者、新法律服务提供者。

况且，从逻辑上讲，大批量生产和大规模定制技术提供的法律服务在理论上更便宜、更优质（如果能够做到）。而法律服务的系统化、标准化甚至说自助化正在快速地演进。而从实务的角度讲，无论是诉讼还是非诉讼的业务，均可以拆解为多个环节的任务，而其中仅有两三项任务是“非你莫属”型的，其余的环节完全可以由其他的能够相较于传统法律服务提供者而言低成本、高质量的供应商提供。比如文件审阅、整理归档，基本归类完全可以外包给更具有性价比的第三方完成。其中的很多环节完全可以让非法律工作者参与，同时通过标准化提高质效。例如诉讼中的文件审阅、尽职调查、基本合同起草、初步法律研究等。这类工作中蕴含变革的重大机遇：分辨出可以流程化并更高效处理的工作，然后交给资历较浅、成本更低的人来完成，或者直接交给计算机。

结合前述的执业泛化，信息技术的革命将为高频低价的法律服务需求带来有效的解决方案。随着社会大众逐渐习惯智能服务和信息技术的发展，对于智能公共法律服务的探索将会取得更多有效的成果。可以说，自助式、在线式、智能式法律服务的时代正在到来，并且逐渐展开。80%的可替代性的法律服务工作将会得到新的解决路径。特别是对于个体的法律服务需求，以政府主导的公共法律服务革新将会是一个好的选择，但是受众的适应需要一个引导和帮助的长期过程。再者，从法院和政府系统开始的系统化和标准化速度会直观地决定整个法律系统的变革速度。全国体制内各单位的信息技术体系的建立将长远地不断优化法律系统工作的质效，并且倒逼各个环节的参与者适应信息技术对于法律工作的改变。至于市场主体，则某一行业或者某类企业自己搭建或者从市场主体获取已经搭建的系统将会是必然的趋势。

当然，对于法律智能服务创业者来说，知识产权、数据库接入口、信息资源、数据来源等都是一个反复、复杂的博弈过程，也是人工智能法律服务系统发展浪潮当中必然经历的一些挑战。

法律职业本就处在转变的时期。一是法学法律教育的发展使法学不再是热门专业，或者说是稀缺的专业。从一开始的五院四系扩大到几乎所有的高校都开设法律专业，在一定程度上让法学毕业生的就业竞争变得越来越激烈。二是党政机关机构改革编制压缩的影响，1988 年以来我国党政机关进行的 7 轮机构改革，每轮都以精简机构压缩编制为重点，这自然对相关的招人编制产生了影响。三是专业服务机构的多元化经营发展对律师公证的行业形成很大冲击，比如说安永等机构纷纷涉足法律事务服务，特别是税法、合同、风控等领域。而人工智能加速了法律行业的转变，法律科技的迅猛发展，对法律职业产生巨大的压力。或者可以说，仅仅是人工智能、互联网、大数据等信息技术的发展就造成了对法律职业的强大压力和冲击，当然，这也是信息技术的大势所趋。

信息技术就是计算机、人工智能、大数据和“互联网+”等，信息技术对法律工作的影响和改变正在慢慢地落到实处。创新将让所有法律人用与过去不一样或者过去做不到的方式完成法律工作。标准化就是可替代性，这一理念中的理想法律系统最终能让法律服务或者说工作的各个标准化环节的可替代性达到最高，进而更加快捷、低廉和高效，从而打败大部分还停留在手工业时代的法律服务提供者。过于传统的人合性组织，反而会更关注短期的盈利而非长期的兴旺。或者说，人合性组织架构影响了组织的长远发展和规划，使之长久的竞争力与人合性程度成反比。以上的趋势也被很多智者捕捉到。

随着法律科技越来越多进入法律服务领域，律师、公证机构等的科技人员占比会逐步地进行提升。甚至可以说，很多律师事务所就会参与和主持法律科技创新。公司的法务职业也在转型，就比如说像谷歌公司的法务就是以标准化和法律运营管理为方向，他们基本不招聘应届生而只招聘具有法律实践经验的、不需要培训的人才，通过标准化的法律管理系统和法律模块系统来进行标准化法律产品产出（比如合同签订系统）和运营管理（比如合同从签订到践行、救济的各环节细节落实），从而极大地减少相应法律服务的外包成本，更加便宜、更加高效、更加有性价比。

对于法律科技的结合，主要为法律加信息化、加互联网和加科技三个主要的方向，总的来说是数字化的法律服务平台、综合性的泛法律服务、法律服务使能技术三种。数字化的法律服务平台更多的是为律师、律所或者法律服务机构提供数字化运营的 IT 平台（比如说 icourt），综合性的泛法律服务就是给市场中的企业和个人提供法律、财税、审计、投资等综合性服务法律服务，法律服务使能技术则是通过大数据、云计算、人工智能来提升法律服务的质量与效率（比如裁判文书网、立法智能系统）。所以笔者有一个大胆的预测，以后的法律职业当中，人数最少的是机关事业单位，次少的是律师、公证、基层法律服务、公司法务和综合咨询服务机构，而人数最多的法律职业将会是法律科技行业，也就是各类法律科技公司和机构将会成为从业人员最多的行业。

比如说立法研究员、电商运营法学、法律产品经理、法律知识工程师。法律产品经理就是通过其对法律的熟悉，然后根据客户的需要梳理相关的法律，根据具体的日常工作流程来研究需求，明确应用的场景。比如说对于公司法务的法律需求来进行沟通梳理其工作的具体需求和具体流程，然后根据需求和具体的应用场景来设计产品，最终形成一个成熟的法律产品，使用户可以通过这个法律产品快速地获得自己需要的法律服务或者法律文件，比如说可以通过一个定制的系统快速生成需要签订的法律合同。

而法律职业的发展，也要求大家成为“T”形的人才，比如对律师来说除了法律知识技能以外，“T”的一横，就是设计师的思维、数据的分析能力、对科技的基本理解能力、项目管理能力和商业能力相综合。

在法律产品制作过程当中，最缺少的是懂法律的法律架构工程师。比如笔者在学习法律职业未来相关线上讲座时，就有从业者以他指导下获奖的规范性文件备案审查系统举例，在整个系统的设计过程当中该从业者花费了大量的时间与这个架构工程师进行沟通，因为需要通过大量的解释才能让这个架构工程师理解这个业务的需求和如何进行设置。当然，最基础的是要做好手头上的事情，无论是法律的研究还是综合的研判能力，这是我们核心的基础能力。

那么，在变化成为唯一不变的时代浪潮下，作为一名法律人，我们可能需要问自己的是：我所做的工作的可替代性现在到了怎样的一个程度？我的工作能被人工智能拆解和优化到什么程度？如果我的工作可替代性很高，能被外包的人替代，或者说被机器人替代，或者说被人工智能替代，那么，我所努力的方向又在哪里呢？这不仅是法律领域所要考虑的，也是相关所有领域都正在面临的挑战。

毕竟，未来已来。与诸君共勉之。

（四）防微虑远：法内求平

那么在前文描述的现状之下，我们可以在日常生活中的法律风险预防方面做些什么呢？笔者认为，往成为一个具有一定诉讼意识的公民这一方向努力，是一个比较适宜的选择。“你可以没有诉讼意识，但是一定要有证据意识”是现在一种流行的说法。但是考虑到较强的证据意识其实也是较强的诉讼意识的体现，并且具有整体性的诉讼意识强于“孤立”的证据意识，所以笔者还是决定从诉讼意识的角度进行对本书的写作。

作为一个身处“法律必需品的时代”的普通个体，想要保障自己的权利——无论是防范法律风险，挑选法律服务，抑或自己进行简单的民事诉讼，至少需要对基本法律常识（特别是民事诉讼常识）有所了解，并通过对这些基本知识的了解来提前呵护自己的权利。如果普通人在这个“法律必需品的时代”一直不愿意对法律常识做一定的了解，那么对于法律相关的事务和人员必然也会是疏远的态度，也不会对法律风险进行预防，进而彻彻底底地做一个在权利上睡觉的人。那么，即便法制再健全、法治程度再高，也难以维护这样在权利上面睡觉之人的权利。现在日新月异的智能法律服务产品给我们普通人和中小企业提供了新的途径。

比如说，笔者在 2021 年用了几次 12348（中国法律服务网）的智能法律咨询报告自动生成功能，感觉很实用、很靠谱（还有法律文书模板生成功能，主要是起诉状智能生成和各种方面的文书模板，也有常见合同的智能生成功能）。可以咨询的内容涉及民间借贷、工伤、公司成立、刑事诉讼等具体的法律领域。而具体的法律咨询报告也是很专业全面的。一个借贷类的智能法律咨询报告通过一开始回答若干问题后就能相应地产生针对性较强的咨询报告内容，具体的内容有案情简介、结论初步预判、应还金额（本金、利息）、借款事实分析及证据收集（借款合意部分、借款交付部分）、纠纷解决方式（协商解决、调解解决、诉讼解决纠纷的优势）、人民调解（人民调解的优势、申请人民调解的方法）、法院调解（法院调解的优势、申请法院调解的方法）、诉讼解决纠纷的优势及劣势（诉讼解决纠纷的优势、诉讼解决纠纷的劣势）、诉讼相关事宜（诉讼时效、提起诉讼的法院、起诉需要提交的材料）、诉讼流程图、风险提示与声明，并且提供了相关的文书范本，在这份借贷类的智能法律咨询报告中就有借条、催款函、还款协议书、还款计划书、起诉状、财产保全申请书的文书范本。

对于普通人来说，遇到法律问题后需要的是一个初步的靠谱的法律意见和若干可能用到的法律文书，比如催告函、起诉状。而政府主导的智能法律咨询系统恰恰在这些方面起到了很好的作用。

首先，因其具有公益性所以让别人更容易信任。当事人咨询的每一个问题都涉及其切身利益，其更希望得到专业、客观、理性的建议，而政府进行主导建立的智能法律咨询系统，因为公益性所以能够基本保证客观中立。

其次，因为内容的全面专业而具有很强的操作普适性（但是对理解能力还是有一定要求的）。笔者自己使用了几次智能法律咨询报告的自动生成功能，所获得的智能法律咨询报告对普通人来说是非常友好的。咨询系统通过不断的提问来明确咨询问题的法律事实并给予针对性的意见建议，并围绕着具体的法律关系结合咨询人的诉讼请求，给出应该怎么做、为什么这么做、做的时候要注意什么的智能法律咨询报告。报告里面就包括了需要进行哪些证据，证据应该如何保存，需要写哪些法律文书，文书的模板是什么样子以及相应的法律规定，特别是丰富全面的文书模板给了咨询人很大的帮助，而且很全面、好用。这也体现了当下法律服务的系统化、标准化甚至说自助化正在快速地演进。

再次，智能法律咨询报告刚好提供了普通人最需要，但同时也是现实中比较难以获得的优质法律咨询服务。法律咨询，特别是个人法律咨询属于法律服务的长尾市场。需求量大，但是收费低很多，难以转化为诉讼案件，所以并不是很具有性价比的法律服务。“12348”（中国法律服务网）通过公益无偿的方式提供智能法律咨询报告，而且报告的内容专业全面，具有可操作性，就为需要咨询的普通老百姓解决了快速有效及时获得靠谱的法律咨询服务的问题。

复次，智能法律咨询报告能够让普通人通过咨询报告，对自己是否需要进一步的付费法律服务作出相对理智的判断。如果能够根据智能法律咨询报告，对自己的法律问题有初步的判断并结合咨询报告所提供的模板来按照里面建议的程序进行处理，那么也就没有必要去进一步寻求收费的法律咨询服务了。如果难以根据智能法律咨询报告对自己的法律问题作出判断，那就要考虑寻求专业人士的帮助了。

最后，也需要注意智能法律咨询报告的末尾风险提示：“1. 咨询人提供的信息应当真实、完整和准确；如咨询人提供的信息不真实、不准确或不完整，则咨询人责任自负。2. 本报告中的结论系我们基于咨询人提供的信息，并结合对法律的理解作出，不能替代任何司法判决或证据使用。3. 本报告内容仅供参考，不作为任何担保。”具体的访问方式是网页或者微信公众号上搜索“12348”（中国法律服务网）即可使用里面的服务，又或者在法院的立案庭附近的咨询机器上，也就是一个很大的、大概高度到腰至胸附近的电子屏幕上，直接用手指点击完成咨询之后当即生成智能法律咨询报告并发送至手机或者邮箱。

而当我们通过智能法律服务产品对生活中常见的经济纠纷、民事诉讼过程、民事诉讼成本有一个基本的了解，并能够在此基础上对诉讼的风险和效益做一个相对理性的判断时，我们就可以去追求以下三点个人的小目标：

第一，具有更强的法律意识（特别是诉讼意识），重视日常民商事行为的法律风险，防患于未然，谋定而后“签”，使自己尽可能不产生打官司的需要，并且为万一打官司的可能发生做好准备工作，尽量让自己立于不败之地。

第二，个人通过了解基本的民事诉讼常识和常见合同纠纷的常识，可以在日常生活中更好地作出相关判断，遇到相关的合同纠纷时，能够依法协商、依法调解、依法处理，自己捍卫自己的权益和尊严。争取在合同纠纷处理上不断向“知进退、明得失”的目标进步。

第三，个人面临需要诉讼的情况时，能够对请不请、如何请律师有一个自己的判断，对官司打得怎么样有一个大概的了解，从而在前期风险预防阶段所做准备的基础上，使自己基本有数、心里不慌，更好地通过司法程序救济自己的权利。

“人总是想把事情做得最好，但人的智力是一种有限的稀缺性资源，所以人们要了解所有备选方案及其实施后果实际上是办不到的。”〔1〕我们无法无所不知，但是我们可以通过了解所需要了解的知识，而尽力把事情做得接近最好。

“凡是法律，即有一个信还是不信的问题。”〔2〕而“信”，就应当既“行”且“持”。

法治化进程硬件层面主要是体系化地完善相关法律制度，而软件层面则是指大众对法律是否信仰。或者说，是否愿意用法律来指引生活。因为法治化的过程实质上就是逐步建立法律权威和法律信仰的过程。

因为具有法律信仰也好，具有法律意识也好，都是会直观地体现在是否将之践行在具体生活之中。毕竟法律信仰和法律意识的最大价值，就在于指引人们自觉地将其实践。法律信仰不仅是支持法律和法治事业的精神动力，而且是市场经济、民主政治和文明精神的基本支持力量。

没有法律信仰，法律是空白的，法治是无望的。〔3〕

“人性的首要法则，是维护自身的生存，人性的首要关怀，是对于其自身所应有的关怀。”〔4〕那么，在这个“法律

---

〔1〕周林彬：《法律经济学论纲——中国经济法律构成和运行的经济分析》，北京大学出版社1998年版，第37页。

〔2〕许章润：《法律信仰——中国语境及其意义》，广西师范大学出版社2003年版，“编者说明”第2页。

〔3〕参见谢晖：《法律信仰的理念与基础》，山东人民出版社1997年版，“自序”第3页。

〔4〕［法］卢梭：《社会契约论》，何兆武译，商务印书馆1980年版，第9页。

必需品的时代”，为了权利而斗争，为了权利而适用法律，为了更好的生活而使法律成为一种生活方式，将会是个体的一种不可阻挡的生活趋势。法律是社会诸利益团体综合博弈之后所取得的平衡，法律的权威存在于每一个适用法律来维护自身的个案过程之中。我们依靠法律来维护自身的权利，来追求自身的正义，因而我们才会信仰法律。那么，是否了解法律，对诉讼制度和诉讼现象的感性了解是怎样的？是否具有诉讼意识，认为诉讼制度能否有效地救济自己的权利？以上问题的答案决定着我们将怎样地去行使和维护自身的权利，也决定着我们是怎样看待法律和法治的。

笔者相信每个人都会有着自己的答案。

回归现状，对于个体法律风险预防的需求，即便是由专业人士编写的针对某种常见生活需求的法律风险防控操作要点，也对受众的素质要求较高，无法让大家简单地照章操作。毕竟，法律成为生活方式也是难以一蹴而就的事情。

但是，在变革的浪潮中，普通的个人也必然会去主动地学习基本的、必要法律知识。因为个人的法律服务需求动机主要是经济因素，个人始终是一个“理性经济人”。从制度需求理论上讲，通过法律服务使显露在现存制度安排结构之外的利润内在化，是法律服务需求产生的基本原因。〔1〕所以，随着社会经济的发展，个人必然要通过法律来维护自身在社会领域内

〔1〕参见［美］R. H. 科斯等：《财产权利与制度变迁》，刘守英等译，三联书店上海分店、上海人民出版社1994年版，第266页。

所获得的资源及相应的权利。

规外求圆无圆矣，法外索平无平矣。

在这个法律成为必需品的时代，对于平凡的我们来说，想要追求个人事业与生活的圆满，维护自身的合法权利，就必然需要用法律来指引自己的事业与生活，尽可能地做到在法律规则的范围内统筹自己的工作和生活，从而充分地预防日渐增长的法律风险。

但是，法律从来不保护权利上的睡眠者。在我国“厌讼”的传统和现代法治产生张力的背景下，在现代社会企业与个人法律风险预防需求日渐增长的趋势下，在法律服务市场难以有效回应中小企业与个人法律风险预防需求的现状下，对法律漠不关心、随波逐流的个体又如何能够让自己的公平正义不迟到呢？

英国法谚有云：迟到的正义便是非正义。但公平正义的实现不能只是依靠等待和希望，想要法内求平的我们就必须具有足够的法律风险预防意识，让法律照进现实生活，从而让自己的权利得到提前“呵护”。我们所争取的法内求平的“求”，并非盲求，也非“跪求”，而是需求，更是追求。

对于活在当下的诸君，学习法律常识、诉讼常识，重视法律风险、诉讼风险，并身体力行地预防诉讼风险，才是避免诉讼产生的最佳良方。而我们在制定矛盾纠纷多元化解的相关地方性法规、规范性文件时，想要尽量达到因时制宜、因地制宜的目标，就需要深刻理解普通群众预防法律风险、处理涉法矛盾纠纷的难点、痛点和背后之原因所在。从而使立法者能够针对性地开展调研、征求意见、草拟条款，为更好履行矛盾纠纷预防化解责任、做好矛盾纠纷源头预防和多元化解提供优质法治治理资源。

第五章　规范性文件备案审查

一、从一次提前介入认识备案审查工作

最初知道备案审查，还是在本地某区检察院工作的时候。当时收到区人大常委会发的一个规范性文件清理的通知之后检察院召开了相关会议和做了相应部署，在讨论梳理有没有公开的、涉及公民权利义务的文件时，也初步有了规范性文件的概念，但也只是感性地感觉到政府部门和公检法发文件会被监督。后来，笔者在2022年参与了丽江市人大的规范性文件工作，才猛然发现大学时学到的宪法监督、法律监督正通过我们的工作在法治体系的“毛细血管”中“鲜活流动”。

（一）备案审查工作流程

笔者最先接触的几个备案审查文件分别

是报送备案的《丽江古城消防安全管理办法》、《丽江市促进中小企业发展实施细则》和拟废止的《丽江中心城区水系管理办法》等几个规范性文件。在法工委领导的指导把关下，笔者开始了在“干中学”“学中干”。根据笔者统计，在前述几个规范性文件正式进入人大的备案审查程序的约 3 个月前，市政府规范性文件科的负责同志便主动提前向市人大法制委、常委会法工委和相关委员会同志征求意见。这也是一种提前介入，最后由当时的备案审查科负责同志汇总意见后函复。现在想来，这也是一种相对正式的备案审查提前介入尝试。提前介入是相对于正式备案审查程序而言，从近几年的工作实践来看，在市人大常委会阶段进行备案审查工作运转的主要程序是接收登记、分送审查、审查研究和反馈存档。具体程序如下。

一是规范性文件制定机关应当自规范性文件公布之日起 30 日内报送备案。报送备案的规范性文件材料应当包括：备案报告、规范性文件正式文本及其说明（纸质文本一式 10 份）。根据《云南省各级人民代表大会常务委员会规范性文件备案审查条例》的规定是纸质文本一式 5 份，但《丽江市人民代表大会常务委员会规范性文件备案审查办法》根据开展工作的实际，将这一要求细化、调整为一式 10 份。同时，还要求规范性文件制定机关通过云南省备案审查信息平台报送符合格式标准和要求的电子文本。在备案审查程序的启动上，除了制定机关报送，丽江市规定了市政府、市监察委员会、市中级人民法院、市人民检察院和各县（区）人大常委会认为市人大常委会接受备案的规范性文件有违反党中央的重大决策部署不相符或者与国家的重大改革方向不一致问题的、合法性或者适当性存在问题的，可以向市人大常委会书面提出审查要求，由法工委送至有关专门委员会或者工作机构进行审查。又或者其他国家机关和社会团体、企业事业组织以及公民认为规范性文件有违反党中央的重大决策部署不相符或者与国家的重大改革方向不一致问题的、合法性或者适当性存在问题的，可以向市人大常委会书面提出审查建议，由法工委进行研究，必要时送至有关专门委员会或者工作机构进行审查。按照书面提出审查要求启动程序的，法工委在规范性文件审查结束后的30日内，应当将审查研究情况向提出审查要求的主体反馈。

二是市人大常委会办公室或者法工委备案审查科对报备的文件进行接收、登记。法工委应当自收到备案材料之日起15日内进行形式审查，对符合法定范围和程序、备案材料齐全、符合格式标准和要求的，予以接收并通过云南省备案审查信息平台发送电子回执；对不符合法定范围和程序、备案材料不齐全或者不符合格式标准和要求的，以电子指令形式予以退回并说明理由。因备案材料不齐全或者不符合格式标准和要求被退回的，制定机关应当自收到电子指令之日起10日内按照要求重新报送备案。在云南省备案审查信息平台按照规定进行操作，让笔者感觉到每个环节都清晰、留痕、不会有争议，而且还会在操作后发送短信通知，很好地治愈了笔者的强迫症，使笔者感到了工作的“小确幸”。

三是法工委备案审查科根据内容分送有关专门委员会和工作机构进行审查，对不适当的，提出初步审查意见。这一步分发完成的同时，云南省备案审查信息平台也会向每一个参加初步审查意见的专门委员会负责人发送提醒短信。如内容涉及两个或两个以上专门委员会或者工作机构职责范围，应当同时分送审查。与此同时，法工委备案审查科也应当进行审查，对不适当的，提出初步审查意见。专门委员会和工作机构对规范性文件进行审查研究时，可以采取召开座谈会、听证会、论证会和实地调研等形式听取各方面的意见。必要时，可以要求制定机关说明情况或者补充相关材料，实践当中请制定机关特别是起草部门到会说明情况、提供补充材料起到了比较好的效果。要注意的是，市人大常委会应当在审查程序启动后 3 个月内完成备案审查研究工作。在工作过程中，如果经审查研究，认为规范性文件确实存在前述违反党中央的重大决策部署不相符或者与国家的重大改革方向不一致问题、合法性或者适当性存在问题的需要予以纠正，市人大常委会在提出书面审查研究意见前，可以与制定机关沟通要求制定机关及时修改或者废止。如果制定机关同意对规范性文件予以修改或者废止，并书面提出明确处理计划和时限，可以不再向其提出书面审查研究意见，审查中止。但是沟通无果，就要继续按照程序召开联合审查会议，要求制定机关到会说明情况，再向制定机关提出书面审查研究意见，要求制定机关在两个月内提出书面处理意见。

四是经备案审查工作领导小组组长（一般是分管市人大

常委会法工委的市人大常委会副主任）同意，正式启动审查程序，由法工委组织会同有关专门委员会、工作机构召开备案审查领导小组会议进行研究。审查研究的重点为是否存在违反党中央的重大决策部署或者与国家的重大改革方向不一致、合法性或者适当性存在问题的需要予以纠正的情况，根据文章主题，具体细化要求在后文详述，此处不展开。

五是由法工委备案审查科于审查结束后 30 日内将书面审查意见反馈规范性文件制定机关或者提出审查要求的国家机关或者提出审查建议的国家机关、社会团体、企业事业单位组织、公民。同时，规范性文件制定机关自收到书面审查意见之日起 30 日内反馈办理情况。对制定机关不予纠正的，市人大法制委员会、有关专门委员会、市人大常委会法工委或者有关工作机构，可以向主任会议提出予以撤销的议案、建议，由主任会议决定是否提请常委会会议审议。由主任会议决定提请常委会会议审议撤销规范性文件的议案时，制定机关应当派人到会听取意见，回答询问。市人大常委会会议经过审议，认为规范性文件应当撤销的，应当作出撤销的决定并向社会公布。而制定机关按照书面审查研究意见修改、废止的相关规范性文件，应当重新公布，重新报送备案。在规范性文件备案审查工作结束后，市人大常委会法工委应当将相关材料登记存档。最终，法工委要总结好每年备案审查工作的情况和下一年的工作计划，在每年 4 月底前向市人大常委会专项报告上一年度规范性文件备案审查工作情况。

以上是丽江市人大常委会开展规范性文件备案审查工作流程的简要介绍。

（二）规范性文件备案审查提前介入探析

虽然规范性文件备案审查工作的提前介入一定程度上加强了从事报备案审查工作相关同志的工作量，但也有一定的价值。比如，通过提前介入掌握将要提交审查的规范性文件的工作进度，从而提高工作的主动性和计划性；对存在较为明显问题的规范性文件提前提出针对性的意见，将事后的救济改为过程中的预防；提前掌握规范性文件的整体情况和难点问题，为后续的正式备案审查打好基础；从自己的角度提出意见建议，助力起草阶段的草拟工作，更好地集思广益。当然，矛盾是普遍存在的，除了增加备案审查工作者的工作量，还会有提前介入能否起到真正的效果，是否会影响后续审查时的工作质量、避免先入为主或者模糊审次的影响，提前介入的意见是否能一定正确、会不会影响起草者的判断等问题。

包括规范性文件能不能提前介入起草阶段，也是一个需要讨论的问题。有观点认为，本来就定位为事后监督的备案审查，在相关规范性文件没有生效或者说还在制定阶段、没有进入相应审查程序的情况下提前介入，缺乏法律依据，也与“被动审查为主，主动审查为辅”的原则相悖。但是从我们进行备案审查工作的依据来看，笔者觉得还是有提前介入的相应规定的。比如，《云南省各级人民代表大会常务委员会规范性文件备案审查条例》第四十条就规定："负责组织审查的机构应当加强与同级党委、人民政府负责规范性文件备案审查的工作机构和下一级人民代表大会常务委员会负责组织审查的机构，以及同级监察委员会、人民法院、人民检察院有关业务机构的工作联系，通过备案审查衔接联动机制，加强信息交流共享和工作协作。"《丽江市人民代表大会常务委员会规范性文件备案审查办法》第十九条也规定："法工委应当建立与制定机关的备案审查衔接联动机制，加强信息交流共享和工作协商。"从加强不同环节工作机构之间信息交流共享和工作协作、协商的角度去看待备案审查的提前介入似乎并无不妥。当然，介入的细化机制，包括介入主体、方式和内容等要素还需要更多地审慎探索和深入思考。

从介入的方式来说，笔者认为当时我们的做法是比较妥当的，即收到市政府办发函和市人大办复函公对公的形式进行，在回复前征集了人大法制委和常委会法工委全体人员的意见，汇总后形成正式的备案审查领导小组的复函意见。在整体推动上，也是市政府办规范性文件科的同志积极对接启动的。复函的内容或者说提前介入审查的主要内容则主要是按照备案审查标准对该份文件的有无相关内容与上级或者本级人大及其常委会作出的有关决议、决定相抵触；超越法定权限；设定减损公民、法人和其他组织权利或者增加公民、法人和其他组织义务的规范；违背法定程序及其他不适当的规定等情形进行重点审查，并结合立法技术规范、可操作性提出建议。比如，对

《丽江市促进中小企业发展实施细则》的提前介入中共提出了10条具体意见建议，在后续的正式备案审查文件中，这10条意见建议基本得到采纳。虽然在提前介入在细化机制运转良好的情况下能起到较好的效果，但是在备案的规范性文件日益增多的趋势下，是否都能够做到提前介入，抑或针对重点的、专业性较强的规范性文件提前介入，或是如何优化提前介入的细化机制，都是值得思考的问题。

二、备案审查的工作原则：有件必备、有备必审、有错必纠

知之愈明，则行之愈笃；行之愈笃，则知之愈益明。

备案审查的全称是规范性文件备案审查，是国家机关通过"备案"和"审查"相结合的方式对规范性文件进行监督的一种特定法律制度。具体指法定机关将其制定的法规等规范性文件依法定期限和程序报送有权机关备案，由接受备案的机关进行登记、分类、存档，并依法对其进行审查、做出处理。备案与审查是规范性文件备案审查的两个重要环节，二者缺一不可。通过备案确定审查及监督对象，通过审查发现并纠正违宪违法问题。没有在法定期限内报送备案不影响法规的生效，备案不是法规生效的必经程序。备案审查是一种事后的审查，而不是事前的审查。制定、通过、颁布、实施、报送备案之后才进行审查，是一种事后监督。具体来说，备案审查就是对法规、司法解释、规范性文件中的合宪性、合法性、适当性等问题开展审查研究，对存在不符合宪法法律规定、明显不适当等

问题的，督促制定机关予以改正。

（一）推动备案审查向纵深发展

规范性文件备案审查，是宪法和法律赋予各级人大常委会一项重要的法律监督职权，是我国宪法监督的基础和着力点。它立足于中国法治道路、法治模式、法治理论，是符合中国国情、具有中国特色的一项宪法性制度设计，也是符合中国国情的立法监督制度，是保障宪法法律实施、维护国家法制统一的一项重要举措。

党的十八届三中全会提出，健全法规、规章、规范性文件备案审查制度。党的十八届四中全会提出，加强备案审查制度和能力建设，把所有规范性文件纳入备案审查范围，依法撤销和纠正违宪违法的规范性文件，禁止地方制发带有立法性质的文件。党的十九大提出，加强宪法实施和监督，推进合宪性审查工作，维护宪法权威。党的十九届四中全会提出，加强宪法实施和监督，落实宪法解释程序机制，推进合宪性审查工作，加强备案审查制度和能力建设，依法撤销和纠正违宪违法的规范性文件。党的二十大提出，要完善和加强备案审查制度。党中央还明确提出，加强规范性文件备案审查工作是完善宪法监督制度的基础和重要着力点，要建立党委、人大、政府和军队各系统之间的规范性文件备案审查衔接联动机制，实现“有件必备、有备必审、有错必纠”。党的十八大以来，以习近平同志为核心的党中央高度重视备案审查工作。规范性文件备案审查制度的重要性与日俱增，制度也日益完善，能够更好地在备案和审查两个环节实现“有件必备、有备必审、有错必纠”。

面对新形势新任务，加强备案审查制度建设和能力建设，推动备案审查向纵深发展成为各级人大常委会的一项重要政治任务。备案审查制度与国家治理现代化具有内在互动联系，也与依法治国整体制度设计紧密结合，我们要从“宪法性制度设计”这个层面来理解和把握备案审查，而不是简单地将之视为一项人大内设机构的业务职能。不能将备案审查简单理解为是全国人大常委会法工委法规备案审查室在审查，或者仅有全国人大常委会法工委在审查，而应该理解为是全国人大及其常委会在审查，是各级人大及其常委会在审查。《立法法》《各级人民代表大会常务委员会监督法》设专章对“规范性文件的备案审查”作出了规定，《法规、司法解释备案审查工作办法》要求地方各级人大常委会参照执行。

2023 年 12 月 29 日，十四届全国人大常委会第七次会议表决通过的《全国人民代表大会常务委员会关于完善和加强备案审查制度的决定》，则是全国人大常委会首次以决定的形式对备案审查制度作出立法性的专门规定，既有实践经验的系统总结，也有创新的规定，对指导地方人大开展备案审查工作意义重大，在备案审查制度建立运行 40 多年的历程中具有里程碑意义。该决定的出台，大力推动了各级人大及其常委会行使好备案审查职权、发挥好工作合力，更加有效实现保障宪法法律实施、维护国家法治统一的目标。

行使规范性文件备案审查的主体是有权的国家机关，包括国家权力机关和国家行政机关两个系统，国家权力机关为全国人大及其常委会和地方各级人大及其常委会，国家行政机关为国务院和地方各级人民政府。就市人大常委会而言，人大及其常委会各专门委员会、工作机构都有承担规范性文件备案审查的职责。因此，具体到我们的工作中，市人大常委会法工委仅仅是市人大常委会的工作机构，为市人大常委会行使备案审查职权提供服务保障、当好参谋助手，而全国人大和地方人大常委会的备案审查室、备案审查工作委员会或备案审查处（科）也仅仅是相应常委会的工作机构或法工委的工作班子，在常委会、法工委领导下开展备案审查的有关具体工作。况且，在制度设计上，对于事后监督的备案审查制度，其在国家权力机关的审议主体是各级人大及其常委会，这也是我们作为工作人员所应准确把握的根本问题，要准确地把工作定位在为人大常委会行使备案审查职权提供服务保障、当好参谋助手上，而不是不假思索地认为工作机构审了就行了。

云南省人大常委会和丽江市人大常委会高度重视备案审查工作，近年来，省人大常委会和丽江市人大常委会在开展备案审查工作中积累了一些行之有效的经验和做法，也通过立法、制定工作办法的形式加以提炼和固化。自 2020 年 7 月 1 日起施行的《云南省各级人民代表大会常务委员会规范性文件备案审查条例》和 2020 年 10 月修订的《丽江市人民代表大会常务委员会规范性文件备案审查办法》在备案范围、备案要求、职责分工、备案程序、审查职责、审查标准、处理反馈、保障监督等方面均作了符合实际的明确规定。由于我们对备案审查工作的探索和推进是围绕着“有件必备、有备必审、有错必纠”的原则要求和逻辑顺序展开的，所以笔者将着重围绕这三个原则进行分享一些个人的思考和体会。

（二）以审查全覆盖实现监督全覆盖

备案审查的对象是法定机关依照法定权限和程序制定的规范性文件。有件必备，就要实现属于人大监督对象的规范性文件全部纳入备案审查范围，也即备案全覆盖。备案审查对象范围是由备案审查主体监督的范围决定的。不同的备案审查主体监督的规范性文件范围有所不同。按照法治原则，只要是规范性文件的制定主体属于人大监督对象，其制定的规范性文件都应当纳入备案审查范围，实现备案全覆盖，以备案全覆盖带动审查全覆盖，以审查全覆盖实现监督全覆盖。

从理论上讲，一般认为，规范性文件指的是各级国家机关在其职责范围内按照一定程序制定，涉及不特定的公民、法人和其他组织的权利和义务，具有普遍约束力并可反复适用的文件。《丽江市人民代表大会常务委员会规范性文件备案审查办法》将规范性文件定义为在本行政区域内，市政府、市监察委员会、市中级人民法院、市人民检察院、县（区）人大及其常委会按照法定权限和程序制定并公布，涉及公民、法人和其他组织的权利、义务，具有普遍约束力，在一定期限内反复适用的文件，主要有六类：（1）市人民政府制定的规章；（2）市人民政府制定的决定、命令、意见、办法等，以及以市人民政府办公室名义制定的有关规范性文件；（3）市监察委员会制定或者由其会同其他国家机关制定的有关规范性文件；（4）市中级人民法院、市人民检察院制定或者由其会同其他国家机关制定的有关规范性文件；（5）县（区）人大及其常委会作出的决议、决定、办法等规范性文件；（6）其他依法应当报送备案的规范性文件。这里需要强调的是，市政府规章除应当报送市人大常委会备案外，还应同时报送国务院、省人大常委会、省政府备案。

有件必备的要求是指凡属备案审查范围的都应当及时报备，不得瞒报、漏报、迟报。如果备案都做不到全覆盖，那么审查全覆盖就缺少了必要的前置条件，更遑论实现监督全覆盖了。所以准确地认定什么是规范性文件，对我们开展工作来说就是首要的问题了。对于规范性文件的公开发布、具有普遍约束力、在一定时期内可反复适用几个要件相对比较好把握，比如内部的文件就不用备案，不可反复适用的文件也无须报备。比较困难的是文件的内容须涉及规范公民、组织的权利和义务这一要件的把握，它要求的是根据文件的内容来确定，而非简单地看标题就定了。比如，有些文件即便标题上有决定、命令、决议的文字，但是内容只是授予荣誉或者任命职务，其内容就不具有规范性，也就不属于备案的范畴；但有的文件从标题上似乎不是规范性文件，只是写着批复、通告、纪要等，但是内容却涉及公民、组织的权利义务，那就必然要纳入备案的范畴。同时规范性文件还需要对外公开，也即经审议通过或批准后，由制定机关统一登记、统一编号、统一印发，并及时通过公报、网站、报刊、广播电视等公开向社会发布，不得以内部文件形式印发执行，未经公布的规范性文件不得作为行政管理的依据。

（三）有备必审、有错必纠

备案审查不是单纯的法律审查，而是合宪性审查、政治性审查、合法性审查、适当性审查等内容相结合的一种宪法监督模式。

合宪性审查是指对规范性文件进行审查研究过程中发现规范性文件可能存在违背宪法规定、宪法原则、宪法精神等合宪性问题的，应当按照相关规定向全国人民代表大会常务委员会提出审查请求。《法规、司法解释备案审查工作办法》第二十条规定全国人大常委会在备案审查过程中对法规、司法解释及其他有关规范性文件中涉及宪法的问题，全国人大宪法和法律委员会、全国人大常委会法制工作委员会应当主动进行合宪性审查研究，提出书面审查研究意见，并及时反馈制定机关。第十三届全国人民代表大会第五次会议上《全国人民代表大会常务委员会工作报告》提出："按照'有件必备、有备必审、有错必纠'的原则，纠正违宪违法行为，维护国家法治统一。"第十四届全国人民代表大会第一次会议上《全国人民代表大会常务委员会工作报告》提出："建立健全合宪性审查工作机制，在立法修法的事前、事中、事后开展全过程、常态化的合宪性审查。"一般认为，合宪性审查可分为事前审查、事中审查、事后审查三个环节。事前审查，即制定主体或起草单位在启动规范性文件制定工作之前，遇到有关宪法问题把握不准，向全国人大常委会提前进行请示。事中审查，即在起草或审议、讨论法规、规章草案，规范性文件制定过程中，遇到有关宪法问题把握不准，向全国人大常委会提前进行请示。事后审查，就是指备案审查。各级人大常委会对规范性文件进行审查研究，发现规范性文件可能存在宪性问题把握不准的，应当向全国人大常委会提出审查请求。

开展合宪性审查，都是针对可能涉及宪法规定、宪法原则或宪法精神的问题。实践中，这方面的情形时有出现。

比如，个别地方出台的地方性法规规定，公安机关交通管理部门因调查交通事故的需要，可以查阅、复制交通事故当事人的通信记录等信息，必要时可以依法提取和封存相关信息、资料。而《宪法》第四十条规定，中华人民共和国公民的通信自由和通信秘密受法律的保护。除因国家安全或者追查刑事犯罪的需要，由公安机关或者检察机关依照法律规定的程序对通信进行检查外，任何组织或者个人不得以任何理由侵犯公民的通信自由和通信秘密。

又比如最高人民法院司法解释规定，人身损害赔偿案件中，对城镇居民和农村居民分别以城镇居民人均可支配收入和农村居民人均纯收入为标准计算残疾赔偿金和死亡赔偿金（2020年《最高人民法院关于审理人身损害赔偿案件适用法律若干问题的解释》，该解释已经在2022年4月24日进行了修正）即所谓的“同命不同价”问题。而《宪法》第三十三条规定：“凡具有中华人民共和国国籍的人都是中华人民共和国公民。中华人民共和国公民在法律面前一律平等。国家尊重和保障人权。任何公民享有宪法和法律规定的权利，同时必须履行宪法和法律规定的义务。”

还有，有的地方性法规规定，有关行政部门为调查计划生育违法事实，可以要求当事人进行亲子鉴定；对拒不配合的，处以一万元以上五万元以下罚款。而《宪法》第三十八条规定：“中华人民共和国公民的人格尊严不受侵犯。禁止用任何方法对公民进行侮辱、诽谤和诬告陷害。”第四十九条第一款规定：“婚姻、家庭、母亲和儿童受国家的保护。”

上述这些情形，显然与《宪法》的规定直接相违背，也在全国人大常委会法制工作委员会开展备案审查工作时一一对接沟通进行了相应修改，并在公开的备案审查典型案例中进行了披露，此处就不再展开叙述。要特别注意的是，备案审查是启动合宪性审查的重要途径但不是唯一的途径，比如虽然地方人大不是合宪性审查主体，但是在备案审查工作中要将《宪法》作为重要依据，一旦发现合宪性问题，应当提请全国人大宪法和法律委员会进行审查。

政治性审查是指对规范性文件进行审查研究发现规范性文

件存在与党中央的重大决策部署不相符或者与国家的重大改革方向不一致问题的，应当提出意见。比如有的地方性法规规定，对违反计划生育政策多生育子女的国家工作人员一律给予开除处分，还有其他一些严格控制措施和处罚处分处理规定。全国人大常委会在2021年对《人口与计划生育法》再次修正，将2015年《人口与计划生育法》第十八条第一款规定的“国家提倡一对夫妻生育两个子女”修改为“国家提倡适龄婚育、优生优育。一对夫妻可以生育三个子女”。在此背景下，我国人口发展已呈现出重大转折性变化，这类规定虽目前有上位法的一定依据，但总的来看已经不适应、不符合党和国家关于改革完善计划生育服务管理的精神和方向，应予适时调整，进行修改完善。

合法性审查是指对规范性文件进行审查研究，发现规范性文件违背法律、法规规定，有下列情形之一的，应当提出意见：（1）与法律、法规规定相抵触；（2）与上级或者本级人大及其常委会作出的有关决议、决定相抵触；（3）违法设定公民、法人和其他组织的权利和义务，或者违法设定国家机关的权力与责任；（4）超越法定权限或者超出授权范围；（5）违背法定程序；（6）其他违背法律、法规规定的情形。比如有的地方性法规对随意处置垃圾等行为规定的处罚，轻于《固体废物污染环境防治法》的规定；有的地方性法规对未按规定设置大气污染物排放口及其标志的行为规定的处罚，轻于《大气污染防治法》的规定。

适当性审查对规范性文件进行审查研究，发现规范性文件存在明显不适当问题，有下列情形之一的，应当提出意见：（1）明显违背社会主义核心价值观和公序良俗；（2）对公民、法人或者其他组织的权利和义务的规定明显不合理，或者规范性文件所规定的手段与其制定目的明显不匹配；（3）因现实情况发生重大变化而不宜继续施行；（4）其他明显不适当的情形。概括起来简单地说，备案审查的重点就是是否越权、是否抵触、是否不一致、是否不适当、是否程序错误。

比如有的地方性法规规定，驾驶无号牌的非机动车上道路行驶，专用号牌电动自行车未按规定进行安全技术检查，驾驶禁止通行的非机动车上道路行驶，或者未按规定使用悬挂专用号牌的电动自行车的，由公安机关处50元以上200元以下罚款。有公民对上述规定向全国人大常委会法工委提出审查建议，认为处罚幅度明显超出《道路交通安全法》有关规定。但是考虑到《道路交通安全法》自2003年通过以来，新的非机动车种类数量多、速度快、安全性差，事故发生率、伤亡率高，社会危害性明显增加。对道路交通安全管理根据地方实际情况进行依法规定，回应现实需求，并没有不适当的情况。

有错必纠是指对审查中发现的问题应当按照规定作出处理，不得打折扣、搞变通。备案审查中发现问题一般是先沟通协商，提出意见，由制定机关自行纠正。前一步未果的情况下则提出书面审查研究意见，建议制定机关自行纠正。如果制定机关不愿自行纠正，市人大常委会法工委向制定机关发出书面纠正函。但是，如果制定机关仍然不愿纠正，市人大法制委员会、有关专门委员会、市人大常委会法工委或者有关工作机构，就可以向主任会议提出予以撤销的议案、建议，由主任会议决定是否提请常委会会议审议。从工作实际情况来看，由于经过沟通协商，制定机关一般都会自行纠正，所以我们市人大常委会还没有启动过正式的撤销程序。但是打铁还需自身硬，要切实实现好有错必纠的要求，必须加强备案审查能力建设，提高工作质效，才能真正让备案审查体现“长出牙齿”的刚性和权威。

三、案例：开展备案审查工作的“小切口”

2023 年 3 月闭幕的第十四届全国人民代表大会第一次会议对《立法法》进行了修正，进一步完善了备案审查制度，承担“管住红头文件”重要职责的备案审查工作在新时代被赋予了新的使命任务。

从根本上讲，当前加强备案审查工作，就是要确保中央令行禁止，保障宪法法律实施，维护国家法制统一，落实全面依法治国，推进实现国家治理体系和治理能力现代化。世界法治发展史证明：每一次有效的宪法（法律）监督（备案审查），都是将高高在上的宪法（法律）所规定的公民权利和国家制度请下神坛，根植于现实社会，进而推动某一领域的法治化进步。

各级人大常委会开展备案审查工作，并非“挑刺”，而是通过发现一类问题、选编一个案例，最终目的是推进某一领域具体制度规定的法治化。备案审查案例是备案审查工作实践的重要积累，反映了我国备案审查制度发展的历程和探索的脚印，并向社会公众传递其中体现的备案审查工作的“刚性监督”和“民生温度”。也可能是之前律师从业和刑事司法工作的影响，笔者接触备案审查工作之后便很关注备案审查案例，也发现备案审查案例的相关工作正在快速发展。

自2017年以来全国人大常委会每年持续听取和审议法制工作委员会备案审查工作情况报告，其中披露的备案审查年报案例已经积累了71个年报案例。除了全国人大常委会，各省人大常委会也在探索发布备案审查典型案例。比如全国人大常委会法制工作委员会出版的案例选编一书就编选了全国人大常委会和省级、市级、县级地方人大常委会审查研究的169个案例。这些案例作为备案审查工作的重要成果，是备案审查工作的宝贵资源，有着突出的借鉴和研究价值，也为各方面开展备案审查工作相互学习借鉴提供鲜活的范例。

随着对上述案例的学习，特别是2023年全国人大常委会法制工作委员会一号案例公布之后，案例指导体系也许是一个未来的趋势。笔者不禁开始思考未来的备案审查工作中是否会有统一的类案适用规则，并且离在我们的具体实践中适用不会太远。就如同在司法领域，最高人民法院统一法律适用进行类案检索的指导意见就对案例在司法实践当中的适用进行了具体的明确：按照最高人民法院指导性案例、典型案例和参考性案例；本省高级人民法院的参考性案例及裁判生效的案件；上一级人民法院及本院裁判生效的案件；除指导性案例以外，优先检索近三年的案例或者案件；已经在前一顺位中检索到类案的，可以不再进行检索。

全国人大网站在全国人大常委会法制工作委员会中设专栏“备案审查工作案例选编”，并于 2023 年 1 月 13 日发布第一号案例“关于地方物业管理条例限制业主共同管理权有关规定的审查研究案例”。这个案例针对到 2022 年 8 月为止，全国范围内 49 件地方物业管理条例存在的限制业主权利问题（对未按时交纳物业服务费、专项维修资金等未履行业主义务的业主，地方物业管理条例能否直接剥夺其业主委员会参选资格，或者对其参加业主大会、行使投票权等共同管理权的行使作出引导性限制规定）进行了备案审查。

从问题是什么，是否违法，违法的原因是什么进行了深刻的说理分析，接近 1500 字的说理把法理、道理讲的深入浅出，对前述问题限制业主权利违法从业主共同管理权的性质、民事法律关系、立法权限等方面依次进行论述，使我们一看就明白问题的症结在哪里。同时，这一案例也对全国人大常委会法制工作委员会如何开展备案审查工作和审查的后续工作、成效进行了说明，对我们学习、认识和更好开展备案审查工作帮助很大。特别是指导案例一定程度上具备了“软性约束力”，能够指导我们开展同类规范性文件的备案审查工作做到“同案同决”，避免出现存在类似问题的法规、规范性文件，更好地提升规范性文件备案审查的工作质效。在 2023 年 8 月 9 日，全国人大常委会法工委发布了第二号案例“对地方物业管理条例有关移交专业经营设施设备所有权等规定的审查研究案例”，也一如既往地维持了原有的风格。

可以说，一号案例只是一个开始。或者说，只是提示我们“未来已经到来”。

从设区的市人大开展备案审查工作的角度看，笔者认为备案审查案例作为理论思考和实践探索结合的产物，既是立法经验与智慧的结晶，又是联结实践与理论的桥梁。为了充分发挥备案审查案例的示范指导作用，做好备案审查工作的大文章，笔者建议以备案审查案例为“小切口”，进一步提高备案审查工作质效：

一是围绕备案审查案例做好调查研究工作。在调查研究和总结剖析的基础上，积极寻求上级人大的工作指导，组织县（区）人大相关工委撰写报送备案审查案例，做好备案审查案例剖析文章的草拟上报，让总结出的备案审查工作经验得到宣传推广。

二是结合备案审查案例做好培训研讨。通过组织召开全市规范性文件备案审查培训研讨会议，开展以案例讲解、实操交流、理论讲授、选题分析等为内容的培训研讨，让“知识输出”和“知识输入”互相促进，提升备案审查业务能力。

三是以备案审查案例为切入点提高公民参与度。建议在推动备案审查案例选编信息化建设工作的过程中重视备案审查案例数据库的建设。在备案审查案例数据库建设过程中将覆盖省市县三级人大常委会和多个领域的备案审查案例逐步向社会开放，进一步提高公民参与度，提升备案审查工作质量。

四、备案审查中重点条款可视化的思索

在多人会议特别是备案审查领导小组审议会议中，对于审议的规范性文件的基本条款内容、基本法律依据、先后顺序、逻辑关系并没有理解明白，将会导致会议进程退回到建立共识阶段，如果反复退回到建立共识阶段，那么会议的长度将会增加、解决问题的有效性讨论将会减少、效果将会降低。

从高效传递关键信息的角度分析：一方面，常用的图表即注释稿（也就是大致均按照条文顺序、条文内容、法律依据、参考依据、备注几项内容形成的规范性文件内容对照表或者不做图表但在每一条末尾列举前述内容），基本达到了高效传递信息的目标。另一方面，对于需要在会议上讨论的重点条款，考虑到要介绍条款的法律检索结果、存在争议焦点、对争议焦点的分析、相关法律关系的解析等内容，如果依次通过口头汇报，则可能失之于冗长，且重点不够突出、层次不够清晰，还需要参会者通过多次提问来建立一致的共识。包括对于一些专业性较强的规范性文件，为了提升审议的质效，我们还采用了邀请起草部门到会、对重点条款采用 PPT 介绍等形式提升汇报的效果。

笔者在思考规范性文件审查中重点条款如何汇报时，想到

之前参与某复杂刑事案件的汇报时，由于主体多、时间节点复杂、法律关系复杂，导致在不同层级之间的汇报会中都要占用比较长的汇报时间才能到焦点问题讨论环节。经过思考，笔者认为大量的基本事实信息和对信息的逻辑分层混杂在一起是汇报时间长的原因之一，而使用图表或者思维导图则是快速建立讨论共识的有力工具。所以在备案审查会议中尝试使用图表表述重点问题，笔者认为不妨一试，并且可以在实践中不断优化、不断使之与具体业务更加契合，从而提升工作的质效。具体的想法为：

相关图表的使用必然要按照核心争点和逻辑关系，通过核心争点上着重显示关键信息来精准地传递核心信息。所以提炼核心信息是非常重要的，既要提炼要点，更要注意简洁严谨符合法律逻辑。

具体图表的使用，对于形状、箭头、颜色、结构的使用则需要围绕具体的应用场景和适用对象来进行选择。思考如何围绕表达目的使用图表，比如要全面表达信息，如何能够通过图表更简洁明了、突出重点；或者突出关键纠纷，如何突出关键信息、清晰展示逻辑架构。

但无论如何，图表只是一种高效向特定人群展示信息以快速达成沟通的基础共识的工具，有利于我们快速地认定事实、提炼出争议焦点。

图表作为开始逐渐在法律实务中使用的工具，最大的价值在于用最短的时间传递最多的关键信息并争取最好的效果，即所谓的“一图胜千言”。特别是在对多人传递信息的时候，通过图表可以快速地传递关键信息，减少多数人理解最小公约数导致的基本情况解释环节时间。

对于具体条款内容和法律关系分析，则可以一定程度使用图表和思维导图增强沟通效能，特别是涉及多个上位法和多个审查要点的条款，使用图表可以一目了然地表述焦点问题的重叠关系，减少沟通障碍。具体地说，一整页的文字可能只需要一张图表和寥寥数字表述出来，并且能够通过图表非常直观地将时间节点和关键法律依据之间的逻辑关系和先后顺序表达出来，降低了大家的理解成本。毕竟，对于具体条款的表述和法律检索的表述，更多是为了最快速度地达成共识，通过建立共识才能够在建立共识的基础上进行下一步的讨论。

五、备案审查的刚性监督和民生温度

2015 年修改《立法法》，赋予所有设区的市享有地方立法权，我国的立法主体增加到 879 个（30 个自治州以及广东省东莞市和中山市、甘肃省嘉峪关市、海南省三沙市 4 个不设区的地级市也享有地方立法权），2023 年修改《立法法》，我国的立法主体增加到 880 个（海南省儋州市作为不设区的市也享有地方立法权）。当时笔者有一个想法，即在立法主体增多的大趋势下，备案审查工作承担着让国家法律体系“血脉”通畅的重要作用，而我们市县两级除了规章还要面对数量更多的规范性文件，这些规章和规范性文件是法律体系贯彻到第一线的最直接的体现，也是社会公众日常接触最多、最符合民生的具体规定。各级国家机关的法律法规不得同宪法、法律等上位法相抵触，不得在没有上位法依据的情况下减损公民权利、增加公民义务，地方性法规、规章和规范性文件更要做到不抵触、具备可操作性，才能保证令行禁止。因而在刚性监督方面，备案审查让宪法法律“活起来”，“法外设权”不行，“立法放水”也不行，对经审查发现存在不符合宪法法律规定、明显不适当等问题的，应督促制定机关予以改正。

（一）刚性监督

备案审查案例可以直观地体现规范性文件备案审查制度是刚性审查，该纠要纠，该撤要撤。比如全国人大常委会法制工作委员会在全国人大常委会会议上作的《关于2021年备案审查工作情况的报告》明确列举了备案审查典型案例，汇报了经审查沟通后制定机关废止某存在合宪性问题的民族自治地方民族教育条例的全国人大常委会典型案例。又如，2017年云南省人大常委会在备案审查中发现某市新公布的该市某自然保护区管理办法对自然保护区范围和界线的确定、核心区和缓冲区有关禁止性行为的规定等与国务院《自然保护区条例》不一致；个别条文语义表述模糊，不利于自然区保护；对个别禁止性行为处罚的规定缺乏上位法依据。经审查处理，该市政府在次年修订了该办法。

而笔者印象中很深刻的一个案例是丽江市的《丽江市漾

弓江流域水环境保护办法》（以下简称《漾弓江办法》），这一案例也公开在了当年的省人大常委会备案审查工作报告和丽江市人大常委会备案审查工作报告之中。这个案例不仅展示了备案审查的作用，更提示我们立法工作需要有一定的提前量或者说前瞻性，即便是地方立法也应该有广阔的视野。笔者当时向我们市人大民侨委的负责人专程求教了数次，在这一案例当中的相关背景、备案审查过程、原因分析、未来工作谋划等方面得到了领导深入浅出的讲解，受益匪浅，这也是因为这位领导不仅熟稔司法行政、地方立法工作，更是具备多年人大代表身份，所以丰富的岗位经验、工作实践让他的观点总是条理清晰、直指关键，笔者常开玩笑说这位领导的发言记下来就是会议记录了。

首先，介绍一下《漾弓江办法》的背景知识，也即漾弓江的具体情况。自宋筑大研，丽江便以高原水乡闻名。壮阔雪山背景下的小桥流水人家是丽江的特色，可以说，水是丽江的命脉、丽江的灵魂；丽江也因水而生，因水而兴，因水而闻名于世。而漾弓江是金沙江右岸一级支流，在丽江境内河流全长 49.3 千米，流域面积 480 平方千米，涉及古城区、玉龙县 9 个乡镇（街道），是丽江市的政治、经济和文化核心区。漾弓江源出丽江市玉龙县白沙镇，由北向南流经丽江坝而向鹤庆县，在丽江城区穿街过巷，形成小桥流水人家，家家流水、户户垂杨的独特生态环境。但是，城镇化、旅游发展带来的用水量和排污量增加、雨污分流等问题，带来水质陆续超标的预警。

其次，说明《漾弓江办法》的制定和修改原因。自 2016 年以来，丽江市在贯彻落实习近平生态文明思想，打好污染防治攻坚战实践基础之上，制定办法，用法治思维和法治方式解决漾弓江流域水环境保护的时机也日趋成熟，遂于 2020 年开始制定《漾弓江办法》。2021 年 1 月 29 日丽江市政府出台的《漾弓江办法》在当年便进行了修改。原因在于 2021 年 3 月 1 日，我国的第一部流域保护法——《长江保护法》正式实施，对长江流域的生态环境保护和修复以及长江流域各类生产生活、开发建设活动提出了更加严格的要求。漾弓江是金沙江右岸一级支流（非重要支流），属于《长江保护法》调整范围。

最后，市人大常委会备案审查的修改意见。针对《漾弓江办法》需要在精神、原则、规定上和《长江保护法》相一致的问题，丽江市人大常委会在备案审查工作中提出了相应的备案审查意见建议。主要的审查意见是将《长江保护法》作为《漾弓江办法》的立法依据和处罚依据，对于《长江保护法》明确为开展水环境保护宣传教育是媒体责任的内容体现在《漾弓江办法》之中，将《漾弓江办法》中擅自引进外来物种的条款进行修改使其与《长江保护法》的“禁止在长江流域开放水域养殖、投放外来物种或者其他非本地物种种质资源”规定相一致等内容。《漾弓江办法》也在当年进行了相应修改。

除此之外，集中清理也是备案审查刚性监督的重要内容。

规范性文件集中清理具有立法监督性质，我们现在进行的规范性文件清理基本都是全国、全省统一布局、统一标准，对清理原则、清理范围、清理内容、具体分工、实施步骤、时限要求、结果处理等内容都有统一的规定，并且结果处理中一般需要明确何时进行修改或者废止。在清理过程中督促制定机关修改或者撤销同宪法法律相抵触的行政法规规章等规范性文件，能够有效地对某一领域的现行有效规范性文件进行审查，然后一次性“打包”处理，是备案审查工作的重要内容。特别是对与上位法不一致、不衔接、不适应的法规规定督促进行修改、废止，能够进一步提高地方立法的质量，更好地维护国家法治统一、完善社会主义法律体系。

（二）民生温度

备案审查工作是有温度的，刚性的监督背后，紧连着民生。规范性文件涉及公民、法人和其他组织的权利义务，具有普遍约束力，直接影响到人民群众的切身利益，与群众的生产、生活息息相关。“群众利益无小事、民生问题大于天”，加强对规范性文件的合法性审查，是顺应群众意愿，保护群众利益，督促政府依法行政的必然之举。开展备案审查工作，有利于及时发现、纠正“问题文件”，维护人民群众的合法权益，避免公民因“抽象行政行为”受侵害而维权无门的情况出现。备案审查被视作公民权利救济的“最后一道屏障”。

比如某市人大常委会经执法检查发现该市住宅二次供水管理办法实施细则关于二次供水设施改造、维护费用由产权人承担的规定，与该市供水用水条例关于此类情形应由供水企业负责的规定相抵触，涉嫌违法增加用水用户的义务和负担，免除供水企业的法定义务。经审查，该市最终废止了该细则并出台新的实施细则。又如丽江市在 2022 年备案审查工作中，在提前介入中发现《丽江古城消防安全管理办法》第十一条公众聚集场所安全管理中的消防培训、定时巡查规定的相关内容，按照注释稿的现有法律依据属于增加公民义务后，及时提出相应明确意见并在制定过程中得到采纳修改。

在 2022 年的备案审查工作中，我们发现丽江市某县人民政府 2022 年 9 月制定的《消防安全管理办法》存在违法条款且未按规定向该县人大常委会报备后，市人大常委会法工委及时提醒、对接、督促并要求该县人大常委会持续跟进，经协调沟通，市人民政府办公室已向该县人民政府办公室提出及时自行修改违法条款的备案审查意见。

在这个案例的审查过程中，对备案审查案例的学习也帮助了审查的开展。因为每一个被审查的文件专业性很高，作为该专业的外行，一要做到尊重专业，二要按照法律依法审查，三要积极学习。当时笔者检索到了某省人大常委会的备案审查案例选编中一个相关度较高的案例，即《省人大常委会审查纠正某市古城区消防安全管理办法关于申报消防设计审验建设工程和实行防火巡查经营主体范围的规定》[1]。这一案例提到该省的省人大常委会在备案审查中对要求“古城区内经营者每日早、中、晚应当分别对经营性场所进行全面自查，做好巡查记录，消除火灾隐患，防止火灾事故发生”的规定系将实行每日防火巡查的经营主体范围作了扩大，且不论是否为消防安全重点单位，无差别要求古城区内经营者每日对经营性场所进行全面自查、做好巡查记录，涉嫌违法增加公民、组织的义务，存在与上位法的规定相抵触情形。那么，在对《消防安全管理办法》的研究过程中，我们也发现了同类问题的存在并提出了相应的意见。可以说，类似的案例让我们能够更好地掌握相关专业规范性文件的重点、焦点问题，更好地开展审查工作。

六、规范性文件审查：从预判开始

对于规范性文件的审查，与其说是为了找问题而找问题，不如说是为了避免有问题的文件继续执行而找问题，所以笔者对于提前介入规范性文件的探索也是积极的态度。但是，如何在工作要求和工作量都日益提升的背景下对要审查的规范性文件有逻辑、有章法地发现问题，这是一个问题。当然，全面审

---

〔1〕 参见《【备案审查案例选编】省人大常委会审查纠正某市古城区消防安全管理办法关于申报消防设计审验建设工程和实行防火巡查经营主体范围的规定》，载微信公众号“广东人大”2022 年 1 月 5 日，https：//mp. weixin. qq. com/s? __ biz = MzI5MjA4ODYwOQ = = &mid = 2652909834&idx = 5&sn = 9d837eff0c165edc0e2554ffdd18a85b&chksm = f7d22f44c0a5a652ad597b191c4a487f69924c651c4a58aa17abddfeba1fb2d19e7688541b1b&scene = 27。

查规范性文件的全部条款和认真研读注释稿是必不可少的环节也是找问题的基础，可以说属于重剑无锋或者无招胜有招。基础的审查工作主要为：该机关是否具有制定规范性文件的权限，规范性文件是否与上级规范性文件相抵触，规范性文件的条款和依据是否与上级规范性文件条款相抵触，规范性文件的名称是否符合规范，规范性文件是否与法律、法规相抵触，是否与法律规定的原则及精神相抵触，是否增设法律、法规规定之外的行政权力事项，是否减少法律法规规定的法定职责，是否设定新的行政许可、行政处罚、行政强制等事项，是否设立减损公民、法人和其他组织的合法权益或者增加其义务，是否超越职权规定应由市场调节、企业和社会自律、公民自我管理的事项等。

但是，在此基础上，类似于"华氏优选法"或者"要件审判九步法"，我们能否有一定的"招式"或者"章法"来提高审查的质效呢？对于这一方面的探索，笔者觉得核心的"七寸"在于权利和权力之间的博弈，也即规范性文件的文本有无扩张权力、减轻责任、限制权利、增加负担。而抓住"七寸"的章法就在于预判、解释、归纳和判断。

第一，预判的形成。

一定要结合"七寸"对规范性文件的审核重点条款有一个预判。要先有一个预判，再结合预判去寻找具体的问题和其上位法依据。

比如，对消防类的规范性文件，初步的预判是将公民和经营者消防义务的设置、相关部门消防责任的设置作为审查重点；关于市场管理和经营主体的规范性文件，就可以重点审查是否违法干预市场主体正常生产经营活动，比如是否违法设置市场准入和退出条件，是否违反市场准入与退出标准，是否违反商品要素自由流通标准，是否违反影响生产经营成本标准，是否违反影响生产经营行为标准。预判也就是用我们朴素的同理心、逻辑和之前参与备案审查工作，学习备案审查案例、相关知识形成的感性印象来作出初步的判断，在整体了解文本的基础上，重点对前述条款的法律依据进行逐字逐句的审核研究。

预判虽然指引了方向，但是具有两重性，对则一通全通，错则寸步难行。怕的就是错的预判下仍然固执，结果是自己扭曲了对法律的理解。这就需要我们有一个好的预判，来确立归纳审核的重点。

个人的综合经历会影响预判，所以要清醒认识到预判的两重性。因而也要有意识地多学习相关案例、多进行反思、多观察社会、多换位思考，才能够有好的预判，自己一定要审慎，一定尽量减少主观因素的影响。更不能因为自己学习法律而脱离群众，对自己的预判过于自信。

法律的适用和符合大多数人朴素的正义观并不矛盾。所以在备案审查中通过基层立法联系点征求涉及群众的意见是很有价值的，群众的判断也许是朴素的，但也肯定是比较实在的，会为审查工作的开展提供帮助。

所以，我们要在认识到预判可能错误的前提下综合性地进行判断，既在框架内进行预判，也要结合朴素的正义观进行判断，并且心怀敬畏，常常自省自己认知的有限，有意识地拓展自己对常识常情常理的理解。

比如，2024年4月底丽江人大网站公布了一个关于丽江市网络预约出租汽车经营服务管理相关规范性文件的备案审查案例。[1] 在这个案例中，丽江市人大常委会法工委经过审慎研究、征求了相关专家意见建议，在提前介入阶段发送了书面提醒函。最终，2024年3月底新制定的《丽江市网络预约出租汽车经营服务管理办法》中关于运输证办理的条款由原来的"服务所在地道路运输管理机构依据车辆所有者和网约车平台公司申请……"改成了"市人民政府交通运输行政主管部门依据车辆所有人或者网约车平台公司申请……发放《网络预约出租汽车运输证》"；关于驾驶员证办理的条款由原来的"道路运输管理机构依据驾驶员和网约车平台公司的申请……"改成了"市人民政府交通运输行政主管部门依据驾驶员或者网约车平台公司申请……发放《网络预约出租汽车驾驶员证》"。

在对该文件的审核过程中，丽江市人大常委会法工委相关同志通过前期检索学习和提前介入掌握情况，预判了准入资格是审查的重点内容。经过认真研究了相关上位法规定、具体政

---

〔1〕 参见丽江市人大常委会：《从"和"到"或者"的改变》，载丽江人大网站，http：//www.lijiangrd.gov.cn/xljrd/c100785/202404/6ab8439c652946a0bd7f60975d6aea52.shtml，最后访问日期：2024年5月16日。

策要求、外地类似规定和本地相关网约车司法案例，对相关条款的性质、制定程序、是否与上位法一致、是否限制公民权利进行了详细分析，最终得出了相关条款涉嫌对申请主体进行限制、存在变相要求市场主体加入另一市场主体的情况。新旧办法从“和”到“或者”寥寥几个字的转变，让自然人申请运输证和驾驶员证不再需要依附于平台公司，从制度机制上斩断了市场主体加入另一市场主体的变相强制规定。这一进步凝聚的是丽江市人大常委会备案审查工作的认真细致和明察秋毫，更是地方人大对国家法治统一的坚守与捍卫。

第二，对文本和所依据上位法的解释。

对文本和所依据上位法的理解要避免形式主义，机械地按照词句进行适用，切忌想当然。要理解上位法具体规定的目的之所在，才能更好地理解具有一定抽象性的法条所表达的准确含义，进而判断规范性文件文本是否正确。

要习惯正确对待自己的第一印象，有意识地进行反思。

当然，法律制定颁布实施之后就像出版的作品，也就是一定程度上具有自己的独立存在，其内涵和意义必然会有其独立性所在。所以既要寻找官方的解释进行研读，也要自己不断重复思考，来加深对法条的理解。我们要考虑解释的多种可能性，也要注重论证的充分性。在论证中要高度重视符合法条的文字含义，符合法条的目的所在。

第三，对文本要点的归纳和判断。

规范性文件文本是否符合作为依据的上位法规定，也有赖于我们对文本要点的归纳。

首先，注重文本提出的要素和上位法规定中要素的关联性，概念的内涵和外延能否明确是一致的；其次，归纳的顺序要按照上位法规定的顺序去梳理，按照主体、行为、责任的顺序，在逻辑上做到通顺，在对照上做到全面；再次，对文本归纳要精细化，我们分析的时候，往往不一定需要跟着文本的整体内容去归纳，而是要特别注意涉及权利、义务、权力、责任的要点，作为归纳的重点；最后，通过围绕"七寸"全面、细致的对比，形成最终结论。

我们的结论需要有符合性，即能够清晰对比文本和上位法法条所要求的要素以及要素之间的关联性，进而对有无扩张权力、减轻责任、限制权利、增加负担得出结论。对结论反复进行权衡，考虑是否协调、妥当，要审慎、耐心、细致。

这三步就是三段论的倒置，规范性文本作为小前提，上位法依据作为大前提，进而按照备案审查要求进行判断；如果无法成功适用，则应该调整自己的预判再次进行适用。

七、备案审查数据系统和法律人的明天

2023 年 9 月，笔者在受邀参加第五届地方立法理论与实务论坛返程的飞机上，恰有缘与同来参加论坛的北大法宝研究员老师坐在一排。我们当时从北大法宝在论坛上展示的 AI 立法聊起，当时笔者提出 AI 生成法律文本是否会在地方立法的特色和适应当地特色方面有所不足，而研究员老师则表示这一

问题有赖于通过相应立法项目的立项报告和调研报告作为生成法律文本前的数据资料来破解。笔者就不禁感叹知道人工智能离参与立法工作很近，但第一次感觉是离得这么近。而后续的交谈之中就谈到了人工智能在备案审查当中的应用，笔者的想法是可以通过人工智能将送审的备案审查文本输入之后，逐条甚至逐关键词显示上位法依据和对应的备案审查案例，这样就可以避免注释稿不全面的风险，极大地减少备案审查的准备工作。但是这样的应用必然需要依赖一个完备、及时更新的法律法规规范性文件数据库和备案审查案例库，而这些正在不断推进的线上智能法律服务产品都需要时间。

比如在备案审查中使用的法律依据检索，笔者主要通过国家法律法规数据库进行，它的相关法律法规下载整体上是完备、权威并且带有公益性质的，实践当中比较好用，并且使用高级检索功能也不用付费，直接点确定就可以了。但是在使用中笔者就发现一个问题，比如检索《立法法》，就会出现两个一样的检索结果（新修正的《立法法》在第二个），只在检索栏最右侧的时效性明确为“有效”和“已修改”、公布日期明确为“2015-03-15”“2023-03-13”。这样年纪偏大、不太熟悉互联网操作的同志或者不掌握《立法法》修改这一情况的同志就会随意点进去，然后下载了修正前的《立法法》。这个问题可能在我们互联网一代看起来不是一个问题，但却是2023年5月底笔者参加全国人大立法培训班讨论议程时，一位州市人大常委会法工委主任提出的问题。笔者也赞同他对于国家法律法规数据库同时列明修改前后法律时直接在法律名称之后备注修改前和现行的等类似文字的建议，以便于大家的理解和下载。除了法律数据库，各省的法规规章规范性文件数据库也在近年来完成建设，更加便利了我们开展地方立法、备案审查的法律检索工作。比如云南省的法规规章规范性文件数据库就在2023年上线了，手机上也可以使用小程序登录，向社会公众提供了一个易于操作、权威有效的法律公共产品，让每一个关心规范性文件备案审查工作的个体都能看得见、找得着、用得上。

笔者相信，在不用太远的未来，在前述数据库、案例库建设的基础上，用人工智能加以辅助的备案审查系统、地方立法系统必然不断完善、日益实用，直至成为我们工作中不可或缺的一部分。

第六章　地方立法探索

一、丽江市地方立法实践

我国实行统一而又分层次的立法体制。地方立法具有实施性、补充性、探索性功能。通过地方立法，才能通过法定程序使党的政策、中央精神、国家法律落地生根，解决好法治通达群众、通达基层的“最后一公里”问题，为国家治理体系和治理能力现代化提供有力支撑。我国人口众多、地域辽阔、区域发展不平衡、各地情况差异大。赋予地方立法权，有利于调动地方积极性、主动性、创造性，为地方改革发展留有空间。通过地方立法，才能因地制宜、因时制宜，聚焦地方存在问题，立务实管用之法，有力推动经济社会发展。

地方人大及其常委会要开展好地方立法工作，就必须深入学习贯彻习近平法治思想，落实 2023 年 9 月全国人大常委会立法工作会议、全国地方立法工作座谈会的精神，确保地方立法工作的正确方向。要围绕这两个会议提出的地方立法工作“三个功能定位”和“七个把握”的要求。三个功能定位即地方立法要牢牢把握实施性、补充性、探索性三个功能定位。七个把握要求，即要做到：（1）把握好地方立法工作正确政治方向；（2）把握好提高地方立法质量这个关键；（3）把握好地方立法的问题导向、实践导向、目标导向；（4）把握好践行全过程人民民主要求；（5）把握好人大在地方立法工作中的主导作用；（6）把握好维护国家法治统一的宪法原则；（7）把握好地方立法能力建设的重要任务。从而行使好宪法法律赋予的立法职权，不断提升新时代地方立法工作的质量和水平。做好地方立法工作，要主动顺应新要求、呼应人民新关切，充分发挥地方性法规的三个功能定位，为推进地方高质量发展提供坚强的法制保障。

丽江市正式行使地方立法权的时间节点是 2016 年 3 月 1 日。从正式行权开始，丽江市人大常委会在省人大常委会的悉心指导下，在市委的正确领导下，始终坚持以习近平新时代中国特色社会主义思想为指引，认真学习贯彻党中央重大决策部署以及《宪法》《立法法》有关规定，紧紧抓住立法质量和效率这个关键，牢牢把握科学立法、民主立法、依法立法原则，突出生态文明建设、城乡建设与管理、历史文化保护等重点，围绕中心、服务大局，紧贴丽江实际，积极履行立法职能，发挥立法引领作用，党委领导，人大主导，政府依托、各方参与的立法格局初步形成。

立法、监督、决议决定和任免是人大主要的职能，发挥人大在立法工作中的主导作用，是党中央作出的明确部署，是宪法赋予人大立法权的必然要求，也是解决部门利益影响立法等问题的关键环节，更是新形势下加强和改进立法工作的重要着力点。人大主导立法首先要确保立法主责委员会的人员编制，确保有一批懂法律、有经验的人员队伍。自 2015 年设区的市被授予立法权以来，丽江市经历了多次机构改革，丽江市人大及其常委会的机构设置也多次变化，但立法主责委员会的编制却在不断加强，2015 年在保留已有的常委会法制工作委员会的基础上新设立丽江市人大法制委员会，立法力量得到加强。这背后是丽江市人大常委会对立法工作的重视，是对习近平法治思想的落细落实，也是丽江市人大常委会高质效主导全市地方立法、高质量完成各个立法项目的关键保障。

2016 年以来，丽江市人大及其常委会先后完成了《丽江市城市管理条例》《丽江市人民代表大会及其常务委员会制定地方性法规条例》《丽江市泸沽湖保护条例》《丽江市文明行为促进条例》《丽江市集中式饮用水水源地保护条例》《丽江市文明行为促进条例》《丽江市乡村清洁条例》《丽江市旅游条例》《丽江市人民代表大会常务委员会关于加强丽江市中心城区建筑风貌管控的决定》等 9 部地方性法规的制定工作

(其中《丽江市泸沽湖保护条例》已于2023年12月1日废止)。协助省人大常委会制定《云南省程海保护条例》《云南省纳西族东巴文化保护条例》《云南省泸沽湖保护条例》，修订《云南省程海保护条例》《云南省纳西族东巴文化保护条例》。

在这些条例中，于2017年正式施行的《丽江市城市管理条例》是丽江市人大常委会在2016年3月获准拥有立法权后制定的首部条例，备受全市各族群众关注。在云南省人大常委会的关心支持、丽江市委的高度重视、市人大常委会和市人民政府及其相关部门的共同努力下，继丽江市第三届人大常委会第二十七次会议审议通过后，经2017年3月31日云南省第十二届人大常委会第三十三次会议批准，于2017年5月1日起正式实施。《丽江市城市管理条例》共八章四十七条，由总则、规划建设、市政公用设施、市容环境卫生、园林绿化、道路交通、法律责任、附则等内容构成。总则对制定依据、适用范围、管理原则、管理权限、权利义务等作出规定；第二章至第六章对城市规划建设、公用设施、环境卫生、绿化、交通等作出具体规定；第七章对违法处罚作出规定；第八章附则对实施时间和其他作出规定。该条例主要有以下三个方面的特点：一是立足丽江实际。在条例起草之初，就牢牢把握了体现丽江特色的立法工作思路，要求工作人员在起草法条时一定要结合丽江实际，针对丽江自己的问题提出解决方案。如针对丽江旅游城市的定位，作出了“城市面山区域内不得设定采矿权”

的规定；如为保护丽江城市地下水资源，作出了“禁止任何单位和个人擅自在城市公共供水管网覆盖范围内开挖承压井和深水井”的规定；针对在城市道路上喊客拉客行为，作出了禁止“在城市道路上以阻拦、尾追正常行驶车辆等危及交通安全方式招徕游客”的规定。二是内容涵盖面广。城市管理已不仅仅局限于过去的市容环卫、城市公共设施等狭义范围，而是涵盖了城管、规划、建设、交通、环保、园林、工商（现在则为市场监管）、旅游、公安交警、水利等方面的名副其实的“大城管”城市管理综合体，这就迫切需要一部综合性的城市管理地方性法规，对城市综合管理的概念、管理规范和标准、相关部门的职责以及运行机制等问题予以明确和规范。《丽江市城市管理条例》积极回应新形势、针对新问题、拿出新举措，就规划建设、市政公用设施、市容环境卫生、园林绿化、道路交通等方面作出了详细的规定。三是坚持以人为本、公平正义的立法价值取向。习近平总书记反复强调以人民为中心的立法理念，强调在立法工作中要恪守以民为本、立法为民理念，贯彻社会主义核心价值观，使每一项立法都符合宪法精神、反映人民意志、得到人民拥护。为贯彻好以人为本、公平正义的立法价值取向，该条例规定“建设工程应当实行封闭施工管理，现场周边设置围档”“建设工程现场出入口应当设置清洗设施，出入的运输车辆保持清洁”，保障了市民安全文明卫生出行的需要；规定禁止“晚 22 时至次日凌晨 6 时期间，在学校、医院和居住区等噪声敏感区域内进行产生噪声的施工、装修、加工等活动”，既关切了市民夜间安静休息的需要，又照顾了施工装修人员正常务工的合理需求；规定“城市道路、过街天桥、地下通道等应当配套建设无障碍设施，任何单位和个人不得占用、损坏或者改变其用途”，照顾了特殊市民的特殊需求。出台《丽江市城市管理条例》进一步提高了丽江城市管理水平，推动现代文明城市建设；进一步完善了城市管理法规体系，推动“法治丽江”建设；进一步理顺了相关部门职责，提高行政效率和政府服务质量。

作为知名的旅游城市，丽江市制定的首部关于旅游业发展的地方法规是《丽江市旅游条例》。该条例经丽江市第四届人民代表大会常务委员会第二十八次会议审议通过，云南省第十三届人民代表大会常务委员会第二十八次会议批准，自 2022 年 3 月 1 日起施行。旅游业作为丽江的重要产业，蓬勃发展二十多年来，有力地促进了丽江经济社会的发展。随着时代的发展和旅游需求的变化，丽江的旅游发展依然存在低水平、同质化等问题，亟待进一步规范。《丽江市旅游条例》的贯彻实施，是培育千亿级旅游产业，建设世界文化旅游名城的需要；是巩固旅游市场秩序整顿成果的现实需要；是补充相关上位法、为丽江旅游持续健康发展提供良好法治保障环境的需要。《丽江市旅游条例》包括总则、旅游规划与促进、旅游经营与服务、旅游监督与管理、法律责任、附则等六章共三十八条。作为丽江市第一部关于旅游业发展的地方法规，为优化旅游环境、促进丽江市旅游业高质量发展、建设世界文化旅游名城提供了有力的法治保障，对推动丽江市依法治旅、依法兴旅起到极大的促进作用。《丽江市旅游条例》深入总结了丽江旅游管理多年来的实践经验和管理成果，对旅游管理体制、规划发展、执法方式、实施范围、相关权责等方面作出了明确的制度规定，是一部重改革、可操作、接地气的地方性法规，为丽江持续推进依法治市，促进了旅游法制化建设，为深化旅游管理体制改革、规范行政权力制度化、促进监管部门职能转变形成了重要法制保障。通过制定该条例，进一步明确职能职责，净化旅游市场秩序，促进旅游业提质增效，有效促进丽江旅游业持续健康发展；通过立法来巩固丽江旅游市场秩序整治工作经验，破解难题，达到长效治理的目的；将之前丽江市旅游管理实践中很多独具丽江特色的做法、经验、制度，进一步总结、提升，上升为法律规范，对旅游管理中突出的问题加以补充规定，对相关上位法进行延伸、细化，以确保上位法更加有效地在丽江落地实施，为促进丽江旅游持续健康发展提供良好的法治保障。

在立法形式创新上，丽江市制定的首部立法性决定是《丽江市人民代表大会常务委员会关于加强丽江市中心城区建筑风貌管控的决定》，于 2023 年 5 月 31 日经云南省第十四届人民代表大会常务委员会第三次会议批准，自 2023 年 6 月 1 日起施行。这是丽江市创新“小快灵”立法形式出台的第一部地方性法规，也是云南省各州市在《立法法》再次修改后首部以立法性决定形式制定的地方性法规。立法中，丽江市人大常委会始终坚持党的全面领导，充分发挥人大主导作用，坚持“不抵触、有特色、可操作”立法原则，认真践行“小快灵”立法理念，注重提高立法质量，深入推进科学立法、民主立法、依法立法。由于在本书中已单列一章解读该决定的立法相关情况，在此就不再展开说明。

丽江市人大及其常委会能够完成上述地方性立法、取得良好成效的原因，除了始终把坚持党的领导贯彻到立法工作的全过程和各方面，确保地方立法工作正确的政治方向；还有便是能够及时健全完善立法机制、合理编制立法规划、始终坚持开门立法、注重发挥审议作用、严格做好备案审查、加强立法队伍建设。但是，丽江市的地方立法工作，也存在一些困难和问题。比如说人大主导作用发挥不够充分、政府依托作用发挥不够突显、各方参与氛围不够浓厚、立法能力建设不够扎实、立法工作质量不够理想等问题。笔者将结合具体的立法实践，对这些问题从严把“三关”、践行全过程人民民主、加强立法队伍建设几个方面与读者朋友一起探讨，以期能够相互有所裨益。需要说明的是，因为规范性文件备案审查工作已在本书中有专章的内容，故在此不再展开说明。

二、严把立项关，完善地方人大立法立项机制

恰如要件审判九步法对案件的处理顺序是从确定诉讼主张、明确核心争议焦点这一“七寸”开始抽丝剖茧、分条缕析。对于开展地方立法来说，笔者认为也应是找准开展工作的

“七寸”所在，然后再抓住纲要、纲举目张。而立法程序上的“七寸”即立项关、起草关、审议关这三关。通过“严把三关”，充分发挥人大在地方立法工作中的主导作用自然也就事半功倍了。

当然，把好“三关”的共同前提、根本要求是把好政治关，把握正确的政治方向，体现立法的政治性。在坚持党的全面领导、保证人民当家作主等重大问题上，必须做到头脑特别清醒、立场特别坚定；同时，必须自觉贯彻落实到地方立法工作中，对立法规划计划编制和调整，立法工作中涉及的重大体制、重要项目、重要事项等都及时向同级党委请示报告，把党委的部署要求坚决贯彻到立法工作中。在确定立法项目、起草审议法规草案时，自觉同习近平总书记的重要指示要求对标对表，同党中央决策部署及党委工作要求对标对表，及时、准确地将党的政策主张通过立法程序转化成为国家意志。

对于丽江市人大常委会开展地方立法工作的经验而言：就是要始终把坚持党的领导贯彻到立法工作的全过程和各方面，确保地方立法工作正确的政治方向。切实把市委的正确主张和重大决策通过地方性法规固定下来，变成全市人民群众的共同意志。始终坚定地站在政治的高度，坚定不移地贯彻执行市委的路线方针和重大决策，坚持在立法活动中向市委请示报告，所有的法规草案都要征求市委的意见，确保立法工作在市委的正确领导下健康有序开展。

立法规划、立法计划是地方立法工作的“路线图”“施工图”，也是法规起草单位的“任务书”和“责任表”。地方人大常委会编制和实施立法规划、立法计划，是因需、应时、统筹、有序开展立法的重要举措，可以有效发挥立法的引领、推动、规范、保障作用，切实避免越权立法、重复立法、盲目立法，推动地方立法质量和效率得到进一步提升。地方立法立项机制的形成和完善，在加强地方立法的计划性、科学性，提高地方立法的质量和效率，促成地方法规框架的形成中发挥着积极作用。立项是立法准备阶段中的重要环节，关系到地方立法的方向和质量，关系到地方法治化建设的进程。立法规划、立法计划一经通过就具有法定性和严肃性，保证规划和计划落实是地方立法工作的重点。

良好的开端是成功的一半。立项便是制定一部地方性法规的开端所在。把好立项关即做好地方立法的立法规划、立法计划制定工作。纳入立法计划、立法规划的项目一般分为调研项目、预备项目、审议项目。调研项目为法规草案尚未成熟，需要进一步开展调研和深入论证的项目，一般在已立项的项目中研究确定。预备项目为法规草案基本成熟，需要进一步评估论证并根据实际情况可以调入审议类的项目，一般从上年度调研项目中研究确定。审议项目为本年度提请省人大常委会会议审议的项目，具体包括继续审议、制定、修改和废止四类，一般从上年度已经审议或者预备项目中确定。进行立项的地方性法规项目一般要充分进行论证，至少要达到符合立法权限，立法目的明确，立法具有必要性、紧迫性和可行性的要求。特别是在必要性上要明确是否必须通过地方立法解决相应问题，无法通过其他制度、措施替代，或者以其他制度、措施替代达不到应有效果。在可行性上，要充分论证准备在立法中设定的主要制度、措施能否有效施行，施行的成本能否被社会承受。在实践中，并不是提出的立法项目建议最终都能立项。比如在立项阶段，对一些建议的立法项目进行论证，就发现存在某某类型保护区的规划已到期，新的规划编制和相关方案还没有完成制定，则如果立法，相应的保护范围就不明确，从这个角度讲，立法的可行性就存在一定问题，条件还不成熟。而有一些立法项目的建议，由于不是必须要通过地方立法来解决相应问题；相反，其相关的上位法依据充分，有法可依，产生问题的根源并非法律缺失的问题，而是没有严格执行好上位法，所以解决的关键是要贯彻实施相关上位法到位，而非进行地方立法，所以也没有被纳入立法计划。

就笔者参与的设区的市（丽江市）地方立法来说，立法规划和年度立法计划的制定是为了加强对制定地方性法规工作的统筹安排，由市人大常务委员会根据经济社会发展、民主法治建设和上位法变动情况的需要制定。立法规划草案一般应当在常务委员会每届任期的最后一年拟定；年度立法计划草案一般应当在上一年的第四季度拟定。在具体的制定流程上，市人民代表大会法制委员会、常务委员会法制工作委员会负责组织编制立法规划和年度立法计划，由市人民代表大会常务委员会秘书长主持召开市人民代表大会有关专门委员会和常务委员会有关工作委员会、市人民政府负责法制工作的部门会议研究后，形成本届立法规划草案和年度立法计划草案，由市人民代表大会法制委员会提请常务委员会主任会议通过，印发常务委员会会议，并向社会公布。

立法规划草案和年度立法计划草案通过前，由市人民代表大会法制委员会报送省人民代表大会法制委员会、省人民代表大会常务委员会法制工作委员会征求意见；通过后，报送省人民代表大会常务委员会法制工作委员会，便于省人民代表大会常务委员会在立法规划和计划中统筹安排全省各州市拟报批准的立法项目。之所以要严格按照程序制定立法规划和立法计划，就是为了围绕贯彻落实党中央大政方针和市委决策部署，真正将地方立法的长远性和阶段性结合起来，努力实现既做好地方立法的长远设计，又针对地方发展急需立法需求进行立法规划，避免立法的盲目性，减少“见子打子”、临时上阵现象，从而提高立法科学性、合理性和时效性。

当然，地方立法的立项阶段也有其特点所在：

一是地方立法制定立法规划、立法计划需要服从上位法，具有时效性（党的二十大报告首次将立法的“时效性”与“系统性、整体性、协同性”并列提出，时效性成为高质量立法的重要要求）。地方立法是对国家立法重要、有益的补充，是我国立法事业上的“马前卒”，是社会主义法律体系的重要组成部分。但是也正因如此，地方立法的功能定位于实施性、补充性、探索性。由于法律体系建设自上而下的特点，又由于地方立法对中央立法而言具有从属性的特点，所以地方立法的立项、进程必然要服从于国家立法的进程。可以这么说，任何一件国家法律的出台、修改和废止，都会对地方立法规划的执行带来不可避免的影响。所以笔者相信，在制定地方立法规划前，开展地方立法工作期间，地方立法工作者都会非常关注国家立法的规划、计划情况。但是，由于设区的市人大常委会的五年规划往往与全国人大常委会、省人大常委会的五年立法规划的起止时间不完全同步，而且作为设区的市人大常委会也难以对一两年甚至两三年后的全国人大常委会、省人大常委会的立法项目进行科学预测，这就在衔接性上存在一定的变数。简而言之，试与诸君虚构一个例子：比如某市人大常委会开展某方面的生态保护条例立法，拟于 2024 年制定并报批该条例，结果 2025 年国家或者省一级要修改上位法，而且可能是废止原条例的全面修订，则该市相关条例为了避免出现与上位法不一致的情况，只能调整立法计划进行延期或者暂缓。

二是地方立法规划、立法计划会遇到变数或者说动态调整。编制和实施立法规划，是对未来五年地方立法工作的整体统筹，是胸有全局地按照成熟程度安排立法项目，区分轻重缓急设定立法任务，使今后一段时间能够有计划有节奏有重点地推进地方立法工作。但是，一方面，当前我国正处于经济社会全面转型时期，应兴应改之事不断出现，立法需求随之不断产生，立法条件也在不断变化，以五年为跨度编制地方立法规划必然需要留有一定的弹性。另一方面，假如提出立法项目时调研、论证不够充分，也会让立法规划、立法计划中的立法项目延期或者暂缓乃至搁浅。

不断完善、细化立项论证的制度机制，使之能够充分考虑立法项目的立法需求是否必要、立法条件是否成熟，始终是地方立法工作的一个重点任务。所以对立法规划和立法计划的制定，除了严格遵循法定程序，更要做到“广”“准”“深”。第一，初期的项目征集上要围绕立法权限，对城乡建设与管理、生态文明建设、历史文化保护和基层治理等方面的事项广泛征集相关立法项目，要采取多种渠道方式公开征集项目，也就是突出一个“广”字。第二，筛选项目上要坚持问题导向，提升针对性和可操作性，突出地方特色，丰富立法形式，注重“小切口”立法，坚持急用先行、成熟优先，既立足当前，又着眼长远，统筹进行安排，力求做到一个“准”字。第三，听取意见上要深入各有关方面，广泛听取意见建议，最大限度凝聚立法共识，座谈会、调研走访、个别交流等方式做到面对面征求、“零距离”倾听，认真做到一个“深”字。并且在制度设计上优化对立法项目的充分论证。笔者建议可以在人大制定地方性法规的条例或者相关规范性文件中对论证立法项目的主体进行明确规定，比如：“市人民代表大会有关专门委员会、常务委员会工作委员会提出的立法建议项目，由有关委员会分别组织立项论证；代表议案提出的立法建议项目，由有关委员会研究并根据情况组织立项论证；向社会公开征集的和公民提出的立法建议项目，由市人民代表大会法制委员会、市人民代表大会常务委员会法制工作委员会研究并根据情况组织立项论证；市人民政府有关部门提出的立法建议项目，由市人民政府负责法制工作的部门统一组织立项论证。”然后在研究过程中对立法项目是否符合立项要求进行研讨确认。

而在具体对立法项目开展立项论证过程中，笔者建议应当做好以下工作：第一，要整理好拟提交的立法项目所涉及的现行有效的上位法、相关政策、省市文件，包括相关制度和文献支撑等，这也是为了充分论证其立法必要性、可操作性等方面的必要条件，同时如果立项成功还可以为起草阶段形成说明每一个条款的立法依据、立法参考的注释稿做准备。第二，要在调研论证前明确该立法项目的宗旨、目的、意义，在调研前通过收集相关单位、社会公众意见，聚焦需要立法解决的问题，形成需要立法解决的问题清单。但是这里需要强调的是，要形成的是需要立法解决而非需要通过普法、执法解决的问题。实践中存在的问题与立法必要性分析，包括具体案例、统计数据分析。第三，对立法项目的调研过程要围绕要通过立法解决的问题、文本内容主要是哪几方面、针对需要立法解决问题清单拟设定的主要内容、解决问题的主要制度设计与可行性分析、起草过程中可能存在的问题与不同意见分析等大方向的问题进行。

三、严把起草关，提高“法规案”质量

起草是立法的基础环节，直接关系法规草案质量和立法进

程。地方性法规草案一般由提案人组织起草。综合性、全局性、基础性的重要地方性法规草案，可以由市人大及其常委会有关委员会组织起草。起草地方性法规草案，可以吸收相关领域的专家参加，也可以由提案人委托有关专家、教学科研单位、社会组织等起草。

提高“法规案”质量，主要是发挥政府在地方立法中的依托作用。政府在地方立法中占据十分重要的位置，大部分地方性法规草案都是政府牵头起草。笔者在实践中发现，很多人不知道市人大常委会审议的地方性法规中有很多是由市人民政府起草，甚至对立法工作不熟悉或者没有接触过的法律人也不掌握，就如笔者来市人大常委会工作前其实对这一情况也不是太了解。但是地方立法工作是统筹协调的，市人民政府编制年度立法工作计划、制定关系重大经济社会方面的规章时，应当按照有关规定及时报告市委，并与省人民政府和市人大常委会的立法规划和年度立法工作计划相衔接。而且市人民政府的立法工作规定往往会明确市人民政府领导地方性法规草案拟订和政府规章制定工作，统筹实施市人大常委会年度立法计划中确定由市人民政府负责起草的项目，并且县（区）人民政府，市人民政府各部门、各直属机构应当按照各自职责，做好有关地方性法规、政府规章的起草工作，配合市级负责法制工作的部门做好相关立法工作。

针对拟制定的地方性法规，一般采用立法工作专班的机制，以求最大限度整合立法资源和力量。比如说某市要制定某某湖泊保护条例，采用的是市人民政府起草报送市人大常委会审议的模式。则市人民政府一般会根据市政府当年度立法工作计划的安排，制定该湖泊保护条例的立法工作方案，根据方案组建立法工作专班，专班主要是相关市政府分管领导和涉及条例起草的相关部门。在专班中，一般由提出立项申请的县级人民政府、市级政府部门或者该立法项目的主要实施部门、行业主管部门组织起草，如果涉及两个以上部门职责的，则由主要部门牵头起草；急需、重要的立法草案可以由市级负责法制工作的部门组织起草。地方性法规起草工作启动时，一般会召开起草开题会，由市人大常委会立法工作领导小组和市人民政府起草专班成员就起草工作的重点、难点和法规名称、法规类型、法规结构以及注意事项等进行座谈讨论。

在具体起草过程中，要坚持问题导向、实践导向、目标导向，注重开展“小切口”“小快灵”立法，着力发挥政府立法和执法过程中积累的实践经验，着力解决实践中需要通过立法加以规范的问题，确保每一部法规都立得住、行得通、真管用。相关过程在本书重点说明的几部地方性法规中已详细说明，在此就不举例了。起草单位按照法定程序和立法工作方案形成某某湖泊条例的送审稿后，就到了将送审稿及其说明、条文注释和有关材料报送市人民政府审查的程序节点，则应当首先径送市级负责法制工作的部门按照程序办理。市级负责法制工作的部门按照相关程序审查通过后继续按程序要求提请市人民政府常务会议或全体会议讨论、审议。而经过市人民政府常务会议或全体会议讨论、审议通过的某某湖泊立法草案，最终由市级负责法制工作的部门会同有关单位按照会议决定修改完善并报市长签署市人民政府议案后，以市人民政府议案形式提请市人大常委会审议，从而结束政府的主要起草工作。

市人大常委会对政府或其他方面负责起草的法规草案，则需要做好提前介入、协调配合、督促推动等工作，及时研究解决立法中的重大分歧和问题，推动按计划提请审议。

草拟完成的地方性法规草案应当具有合法性、适当性、规范性、协调性、可操作性和地方特色。就笔者参与的地方立法实践而言，笔者认为最重要、标准最明确的就是地方性法规草案的合法性问题。合法性主要是指依法立法（程序合法、没有超越地方立法权限），没有违背上位法、与上位法不一致的情况，包括设定国家机关的权力与责任或者设定公民、法人和其他组织的权利与义务都要按照法定程序、权限进行。地方性法规设定行政许可、行政处罚、行政强制也必须符合法律规定，特别是行政三法（《行政处罚法》《行政许可法》《行政强制法》也有人称为行政法“三部曲”）的规定。从立法的时间来看，系 1996 年《行政处罚法》、2003 年《行政许可法》、2011 年《行政强制法》的顺序。行政三法的发展历程，既有时代发展的背景，也有一以贯之的脉络，是我国行政法发展道路中实现管理与服务并重、规制与权益保护并重、实体处理与遵循正当程序并重的发展历程的写照。在地方性法规制定过程中一定要高度重视行政处罚、行政许可、行政强制的相关条款设定，要遵循相关上位法的立法精神。

比如对行政处罚的设定要整体把握落实行政执法体制改革要求、严格规范公正文明执法要求、加强对行政权力的制约和监督三个方面。《行政处罚法》第十二条明确了地方性法规设定的行政处罚如果属于对法律、行政法规已有规定的基础上进行具体规定，那么，必须在法律、行政法规规定的给予行政处罚的行为、种类和幅度的范围内规定。如果属于法律、行政法规没有规定的情况，那么地方性法规为了实施法律、行政法规，可以补充设定行政处罚，但是应当通过听证会、论证会等形式广泛听取意见，并向制定机关作出书面说明。而且在地方性法规审议通过（批准）后，报送备案时，应当说明补充设定行政处罚的情况。地方政府规章可以在法律、法规规定的给予行政处罚的行为、种类和幅度的范围内作出具体规定，对于尚未制定法律、法规的，则可以定警告、通报批评或者一定数额罚款的行政处罚。

对行政许可的设定，应当是按照必要的限度在条件和程序上进行限制，做到规范和透明。因为行政许可作为对社会事务、经济事务的事前监督管理，制定《行政许可法》就是为了明确行政许可设定权、规范行政许可事项和环节，让许可和监管并重，避免重许可、轻监管或者只许可、不监管，形成公开、有效的监督制约机制，避免权力“寻租”。相对应的就是行政许可法确立的信赖保护原则、行政许可的一次性告知制度、时限制度和听证制度，不仅具有先进性，而且也有利于具体实践。其他的还有公开（比如行政机关应当将法律、法规、规章规定的有关行政许可的事项、依据、条件、数量、程序、期限以及需要提交的全部材料的目录和申请书示范文本等在办公场所公示；行政机关作出的准予行政许可决定，应当予以公开，公众有权查阅）、公平、公正、非歧视的原则，便民（比如行政机关应当建立和完善有关制度，推行电子政务，在行政机关的网站上公布行政许可事项，方便申请人采取数据电文等方式提出行政许可申请；应当与其他行政机关共享有关行政许可信息，提高办事效率）的原则等。《行政许可法》的立法过程可以说始终贯彻了个人自治优先、市场优先、自律机制优先与事后机制优先等原则，对可以设定行政许可和不得设定行政许可的事项都作出了原则性的规定。根据具体规定，尚未制定法律、行政法规的，地方性法规可以按照《行政许可法》设定行政许可，可以在法律、行政法规设定的行政许可事项范围内，对实施该行政许可作出具体规定，但作出的具体规定不得增设行政许可。

又比如，在行政强制措施方面。作为行政三法中第三个出台的法律，《行政强制法》历经五审后于 2011 年 6 月 30 日第十一届全国人民代表大会常务委员会第二十一次会议通过，自 2012 年 1 月 1 日起施行。该法明确设定行政强制措施的行政主体，规范行政强制措施的具体形式、实施主体和程序性规定，对履行行政管理职责的必要手段进行了明确，推进依法行政，维护公民合法权益。此前，我国行政强制措施和行政强制执行规则均分散规定于个别的部门行政管理法（如《传染病防治法》《突发事件应对法》《城乡规划法》《食品安全法》等）之中，无统一的行政强制法律。作为我国调整和规范行政强制制度的基本法律，该法确立的各项行政强制原则，特别是比例原则，比如规定了行政强制的设定和实施，应当适当。采用非强制手段可以达到行政管理目的的，不得设定和实施行政强制。在具体规定方面，尚未制定法律、行政法规，且属于地方性事务的，地方性法规可以设定《行政强制法》第九条第二项、第三项的行政强制措施，即查封场所、设施或者财物和扣押财物。法律、法规以外的其他规范性文件不得设定行政强制措施。值得注意的是：行政强制执行由法律设定。并且法律没有规定行政机关强制执行的，作出行政决定的行政机关应当申请人民法院强制执行。没有行政强制执行权的行政机关可以自期限届满之日起三个月内，依照规定申请人民法院强制执行。这一点是实践经验的延续，比如 2002 年，根据当时我国的现行法律、法规的规定，只有公安、海关、税务等少数行政机关有强制执行权，大多数行政机关还没有强制执行权。这些行政机关认为需要强制被处罚人履行行政处罚决定时，可以向人民法院提出执行申请。行政处罚法规定，当事人逾期不履行行政处罚决定的，行政机关可以依法申请人民法院强制执行。笔者进行了检索，行政机关自己有权执行的主要是公安、税务、海关、国家安全机关、水利、质监、工商（现在是市场监管）、专利等。相应地，《行政强制法》第十七条规定行政强制措施的执法主体比较庞杂，个别地方和部门将行政强制权委托给社会组织和不具备资格的执法人员实施，有的甚至雇用临时人员执法，执法随意性大，导致侵害公民合法权益发生，影响法制的严肃性。为对行政强制的执法主体进一步加以规范。行政强制实施权不得委托，这与其他行政权力的实施有很大不同。

至于地方性法规草案的适当性标准则是符合社会主义核心价值观和公序良俗，对公民、法人或者其他组织的权利和义务的规定科学合理，为实现立法目的所设定的具体方式方法与立法目的相适应。规范性则主要是指地方性法规草案符合法律法规规定和立法技术规范的相关要求。协调性则是地方性法规草案对外能与同位阶法规相互衔接、对内各条款之间协调统一。可操作性则是指地方性法规草案从立法目的、调整范围、具体规范和相关法律主体的权力与责任、权利与义务都是明确、具体，不存在模糊不清的情况，满足具有针对性、可执行性要求的。地方性法规草案具有地方性特色，即具有本地特征、体现本土需求、具有原创内容这几方面的特征。

在整个法规草案起草过程中，都必须坚持实事求是、求真务实，从实际出发，始终把立法质量放在第一位，稳中求进、守正创新，区分轻重缓急，坚持时、度、效相统一，坚持进度服从质量，成熟一个、提请一个（由市人民政府提请市人大常委会审议）。只有脚踏实地、扎实细致、精益求精地做好每一个“法规案”的起草工作，才能确保每一项立法都经得起历史和实践的检验。

四、严把审议关，提高审议质量

审议是立法程序的核心环节。要发挥好审议的作用，很重要的一点就是由起草主体严格按照立法计划报送地方性法规草案，确保市人大常委会有足够的时间对地方性法规草案进行研究。

就笔者在丽江市的立法实践而言，在审议阶段，一般来说是进行两次审议（对涉及面广，或者在立法的可行性等重大问题上存在较大分歧意见的地方性法规案，在经过法定程序后可以进行第三次审议，也可以多次审议、搁置审议或者暂不付表决）。第一次审议一般是由自身职责与立法项目联系最紧密的市人大专门委员会或者市人大常委会工作委员会（以下简称有关委员会）作为一审委员会进行牵头推进，第一次审议主要发挥有关委员会专业方面的优势，有关委员会的审议意见应当重点围绕地方性法规的政治性、合法性、必要性、可行性、专业性进行。地方性法规草案经常务委员会会议第一次审议通过后，则由负责审议的有关委员会应当在工作交接会后十个工作日内，将审议意见的报告、常务委员会会议审议意见以及其他与地方性法规草案有关的材料移交法制工作委员会。市人大常委会法制工作委员会应当在有关委员会交接后十个工作日内拟定地方性法规草案修改工作方案继续推进工作。列入常务委员会会议议程第二次审议的地方性法规草案，由市人大法制委员会根据常务委员会组成人员、有关委员会的审议意见和各方面提出的意见，对地方性法规草案进行统一审议，提出审议结果报告和地方性法规草案修改稿，对重要的不同意见应当在审议结果报告中予以说明。

在二审委员会阶段则发挥市人大法制委员会、市人大常委会法制工作委员会“统”的作用。在地方性法规草案统一审议期间，市人大法制委员会、市人大常委会法制工作委员会应当根据常务委员会组成人员第一次审议地方性法规草案提出的审议意见有针对性地开展调查研究，对地方性法规草案中涉及的政治性、合法性、科学性、规范性以及针对性、适用性、可操作性问题或者重点难点问题与有关委员会、有关部门充分协商，形成统一意见。

但是在两次审议过程中，笔者认为，虽然侧重点不同，但是都需要围绕立法原意、需要解决的问题、法规条文设计、法规文本结构、法律语言表述等进行全面审议，通过审议研究清楚法规所要调整的社会关系，将问题的本质规律把握准确，将解决问题的思路对策研究透彻、对症下药。每次审议都需要严格按照立法程序要求，注重发挥常委会组成人员审议在地方性立法中的作用。比如，在常委会议前通过信息平台等提前将地方性法规草案印送给组成人员，有地方性法规草案审议时优先安排审议时间。在审议中组成人员充分发表意见，工作人员对组成人员审议进行整理，形成立法参阅交相关委员会进行研究，充分保证了组成人员的审议意见在保证立法质量中作用的发挥。在审议过程中，组成人员实现了一般性审议向重点内容审议的转交：将地方性法规不与上位法相抵触，不与党中央、国务院制定的方针政策相抵触；不与上级人大常委会做出的决议决定相抵触作为重点内容进行审议。

两次审议也都需要认真组织立法座谈会、征求意见会、分组审议会议、公开征求意见等，研究吸纳常委会组成人员、人大代表和各方面的意见建议，防止立法中的利益偏向，在集思广益、凝聚共识的基础上作出科学决策，确保法规文本质量。

五、践行全过程人民民主

习近平总书记在党的二十大报告中指出，“发展全过程人民民主，保障人民当家作主”“全过程人民民主是社会主义民主政治的本质属性，是最广泛、最真实、最管用的民主。必须坚定不移走中国特色社会主义政治发展道路，坚持党的领导、人民当家作主、依法治国有机统一”。

在地方立法工作中，就要坚持立法为了人民、依靠人民，民主立法、开门立法，立法前问需于民、立法中问计于民、立法后问效于民，凝聚各方面智慧和力量做好立法工作。在立法修法项目的确定，法律法规草案的起草，草案审议和修改完善，全过程和各环节都要体现扩大人民有序参与和诉求表达，都要反映人民意愿、代表人民意志、维护人民利益，切实将全过程人民民主要求落实到地方立法中，着力推进各方积极参与地方立法。努力让每一部法规都满载民意、贴近民生、顺应民心，使立法过程成为满足人民需要、扩大人民参与、接受人民监督的生动民主实践。为立法为民、拓展民主立法渠道、充分发挥人大代表在立法中的重要作用，因立法为民在本书多处已有详述，故本章主要着重分享对后两个方面的思考。

第一方面主要为拓展民主立法渠道。

2019 年 11 月 2 日，习近平总书记在上海的全国人大常委会基层立法联系点考察时强调指出："我们走的是一条中国特色社会主义政治发展道路，人民民主是一种全过程的民主，所有的重大立法决策都是依照程序、经过民主酝酿，通过科学决策、民主决策产生的。"基层立法联系点是践行全过程人民民主的重要窗口和载体，是让民意民智成为激活高质量立法的源头活水。基层立法联系点设立在基层一线单位，极大丰富和拓展了地方立法集中民意、汇聚民智的渠道和方式，让基层群众更多从旁观者变为法律法规制度政策制定的参与者、贡献者，使制度设计直接反映和体现了基层群众的智慧和意愿。习近平总书记指出，评价一个国家政治制度是不是民主的、有效的，其中重要一条就是看"人民群众能否畅通表达利益要求；社会各方面能否有效参与国家政治生活"。基层立法联系点凭借植根于人民、来自人民群众的优势，对保障人民在立法中的有效参与、尊重群众在立法活动中的重要地位、提高人民群众参与立法过程的主动性起到了非常重要的作用。由于对基层立法联系点相关作用的发挥已经在第一章中详细进行了说明，故在此处不再展开叙述。

地方人大工作的一个最大优势就是调研活动多、接触层面广、了解情况全面、涉及事项多，工作视野开阔，也最接地气。在地方立法中我们要善于发挥这一优势，要从会议室走向现场，多深入基层、深入群众，深入到生产生活第一线，由“闭门造法”向“开放立法”转变，使地方立法更富时代性、特色性、可操作性和实效性。也只有面对面地深入听取人民群众意见建议，实地走访调研掌握真实情况，才能在地方立法中努力做到平衡权利与义务、权力与责任、管理与服务、需要与必要、公平与效率等重要法律关系，保护广大人民群众特别是社会弱势群体的正当利益，实现“良法之治”。

在程序方面，对立项、起草、审议地方性法规草案的各个阶段，就应当就法规的调整范围、涉及的主要问题、解决办法、权利义务关系、同有关法律法规的衔接等方面进行调研、论证或者听证，听取市人大代表、有关专家、基层群众及其他方面的意见。

在机制方面，主要是丰富和拓展公众有序参与立法的途径，做好法规草案公开征求意见工作，建好用好基层立法联系点、代表活动阵地（“站”“家”“室”），灵活运用调研、座谈、论证、听证、评估等方式，把立法工作建立在坚实的民意基础上；完善人大代表参与立法工作的制度机制，邀请人大代表特别是相关领域或具有相关专业背景的代表参加立法调研和审议，重要法规草案印送全体代表征求意见，认真研究吸纳代表提出的意见建议并及时沟通反馈。

在立法工作中贯彻全过程人民民主理念，必须重视和做好立法宣传工作，充分体现“民有所呼、我有所应”的精神。在2021年10月13日的中央人大工作会议上，习近平总书记对人大在发展全过程人民民主方面提出的要求中就包括“要加强对中国特色社会主义民主、对人民代表大会制度的研究宣传工作，讲清楚我国政治制度的特点和优势，讲好中国民主故事”。地方立法必须要把立法工作同普法工作有机结合起来，认真做好重要立法项目、重要立法活动的宣传工作，积极展示立法工作和法治建设成就，使立法普法“接地气”“润人心”。要加强立法全过程宣传解读，通过采取访谈对话、线上互动、意见征集、开设媒体专栏等形式加强立法宣传，使立法过程成为普及法律知识、弘扬法治精神的过程，提高人民群众参与立法的主动性和能力。在具体的实践中，丽江市人大常委会主要是找准职责定位、落实普法责任，比如在《丽江市人民代表大会常务委员会关于加强丽江市中心城区建筑风貌管控的决定》《丽江市城市生活垃圾分类管理条例》等多部地方性法规中都设专条明确执法部门普法责任，突出法治宣传教育内容，强化普法法治保障；坚持“开门立法”和在立法中实时普法，依托近年来新设立、聘任的4个基层立法联系点、26名立法联系专家、51名立法意见征集员，把立法的公开征求意见、座谈调研、听证论证过程作为人民群众有效参与立法、充分表达意见和加强法治宣传教育的过程。比如建筑风貌管控决定立法中，仅市人大常委会审议阶段就进行了16轮座谈交流，多次和群众面对面深入交流，征集到300余条有效的具体修改意见建议。

第二方面主要为充分发挥人大代表在立法中的重要作用。

人大代表是国家权力机关的组成人员，代表人民依法参加行使国家权力，是发展全过程人民民主的主力军，是发展全过程人民民主的重要依托力量。人大代表来自各地区、各民族、各方面，具有广泛的代表性，同时他们又工作和生活在人民群众中间，对现实生活中的实际问题和人民群众的愿望呼声了解最深入、感受最直接。在立法工作中贯彻全过程人民民主理念，必须把充分发挥代表在立法工作中的积极作用摆在重要位置，把做好立法工作和做好代表工作有机结合起来。笔者认为，积极探索完善人大代表参与立法的程序规范方面，可以按照立法的程序进行尝试，除了上文已经提到的人大代表参与调研和审议，还有法规立项和实施后评估阶段的参与机制细化，即将参与立法的范围由“立法中”向“立法前”和“立法后”两端延伸，充分保障代表依法参加行使立法权。比如在法规立项阶段，要把人大代表议案、建议作为立法项目的重要来源，注重通过网络、座谈、函件等多种形式向人大代表征集建议项目。在法规实施后，要积极组织人大代表开展法规实施情况的调研、执法检查和立法后评估，同时监督法律法规的贯彻实施。在方式方法上，则是通过召开座谈会、问卷调查等方式广泛征集意见，提高公众的立法参与度，推动立法工作倾听民声、集中民智、汇聚民意，从而使立法更具有针对性和可操作性；颁布实施的过程中，借助人民的力量，加强法规的宣传，使生效法规更能接地气，更显实效。

六、加强地方立法队伍建设

毛泽东同志很早就讲过："政治路线确定之后，干部就是决定的因素。"习近平法治思想"十一个坚持"中有"坚持建设德才兼备的高素质法治工作队伍"。新时代新征程对地方立法工作提出新的更高要求，习近平总书记强调："人民群众对立法的期盼，已经不是有没有，而是好不好、管用不管用、能不能解决实际问题。"这就要求我们必须加强立法队伍建设，提升地方立法能力和水平，打造一支德才兼备的高素质地方立法工作队伍。

对于如何打造高素质立法队伍这一问题，从单位的角度讲，丽江市人大常委会不少公开的材料、简报中都明确了要不断深化立法是一门科学的认识，积极向党委汇报，引进高素质的立法专业人才，增加立法人才储备，配足配强立法工作力量，努力让立法人才"进得来、用得上、留得住"。根据工作需要，加强立法专家库、基层立法联系点建设，强化对立法队伍的培养培训，着力提升队伍的法治思维和创新思维，提升善于因时制宜、知难而进、守正创新的能力，提升善于运用法治方式开展工作的能力，努力打造一支德才兼备的高素质地方立法工作队伍。特别是立法人员作为立法工作的具体承担者，也是立法能力生成、提升的核心要素，是影响立法质量的关键。

丽江市将市人大常委会立法人员、其他有关党政机关立法人员及其社会参与立法人员凝聚起来形成合力，作为提升立法能力、切实保障立法质量的重点工作来抓。通过加强立法知识培训、立法理念培育、立法技能培养等方式，着力提升市人大常委会、有关党政机关以及社会参与立法人员的政治素质、业务素质、能力素质，为高质量立法奠定坚实基础。一是加强理想信念教育，弘扬伟大建党精神，深入开展社会主义核心价值观教育，坚持高标准、严要求，确保做到忠于党、忠于国家、忠于人民、忠于法律。二是加强立法理论知识学习，不断提升立法工作者的基本知识修养，形成正确的法治理念，为提升立法能力打好基础；通过自学和培训等方式认真学习从事立法工作所需要的法学知识与其他相关学科的知识，着重学习法学、部门法学基础知识，以及党和国家关于立法及其工作的政策性知识等。通过理论学习进一步提升丽江市立法系统立法者的基本知识修养，形成正确的法治理念、为提升立法能力打好基础。三是加强立法理念培育，注重培育科学立法、民主立法、依法立法、人本立法的理念，在传统立法观念的基础上进一步树立问题立法、超前立法、绿色立法、控权立法、精品立法等新立法理念。加强选派立法人员参加全国人大常委会、云南省人大常委会举办的立法培训班，通过外出培训，使丽江的立法人员了解立法的基础知识、掌握了基本规律、懂得了基本技能，立法能力得到很大提高。四是加强立法技能培训，选派立法工作队伍中的优秀人员参加全国人大、省人大组织的各层次立法培训班，使立法人员全面了解立法的基础知识、掌握基本规律、懂得基本技能，不断提升立法人员的能力和水平。

从个人的角度或者说笔者个人实践的角度，笔者想和诸位关心立法工作的读者朋友分享（或者说抛砖引玉）的心得如下。

第一个方面是有“三度”。在地方立法工作中，立法工作者就要通过“三度”出新，勾勒为民“初心”：一是要有高度，坚持三者有机统一，围绕中心服务大局，严格筛选立法项目，将“人民呼声”化作“立法清单”；二是要有温度，践行全过程人民民主，广泛征求民意，迈入人民共治共享新格局，注重立法结合普法、执法、司法，让法治力量浸润人心；三是要有尺度，用好基层立法联系点和人大代表“家、站、点”，发挥民意直通车作用，收集民生难点、痛点、堵点，切实提升人民群众参与度、可及性、获得感，最终做到知民情、汇民意、解民忧。

第二个方面是重视创新。习近平总书记指出，我们的先人们早就提出：“周虽旧邦，其命维新。”创新精神是中华民族最鲜明的禀赋。而作为从事地方立法工作的党员干部，要在工作中守正创新，就需要做到打好基础、深入调研、用对方法。一是打好基础。基础不牢，地动山摇，积累足够的政治素质、业务素质、综合素质，是创新的必要条件、前提条件，但不是充分条件。二是深入调研。时代是思想之母，实践是创新之源。我们必须要带着问题意识，大胆提问，审慎求证，既看高楼大厦，也看后院角落；既要宏观分析，也要解剖麻雀；既要提炼总结本地特色，也要“走出去”求取真经，通过调研掌握实情。三是用对方法。通过打好基础厚积而薄发，深入调研博观而约取，我们还需要依据政策法规、制度机制，以“小切口”方法，找准问题症结，提出办法，结合实践反馈不断优化办法，扑下身子、耐下性子、顶住压力，才能真正做到“苟利于民、不必法古，苟利于事，不必循俗”的创新目标。

成如容易却艰辛，事非经过不知难。创新需要的不只是归纳总结的方法，更是要做到三个务必的坚定决心和切实行动。在地方立法工作方面，笔者联想到近年来丽江市人大常委会以建筑风貌管控为“小切口”，不设章节地制定了关于加强中心城区建筑风貌管控决定这一立法性决定，保护了丽江中心城区蓝天白云、雪山古城的传统风貌；以生活垃圾分类为“小切口”制定了城市生活垃圾分类管理条例，突出源头减量、分类收集、分类运输和处置，通过小支点推动城市品质提升这件大事。通过本书对这些立法感性经验的梳理，让笔者深刻认识到，在地方立法工作中守正创新，就需要在坚持党的领导的前提下、不断提升立法能力的基础上，围绕党的二十大报告对立法工作提出的要求，结合《立法法》再次修改调整设区的市立法权的变化，深刻认识到特色就是地方立法的生命，要立足补充性、实施性、探索性的功能定位，善用“小切口”“小快灵”立法，因需适时开展立法工作。不断立足实践优化立法全过程提前介入细化机制、基层立法联系点搭建民意连心桥探索等工作创新。

后记之一：立法人的恒心、初心

立法是重要的政治活动，是为国家定规矩、为社会定方圆的神圣工作，正确的政治方向是立法工作的生命线。合格的立法人，首先是政治合格，这是对立法人的第一位要求。我们应当认识到政治素质是法律人最首要的素质。就像我们中国的学校都是政法大学的表述，比如西南政法大学等，政在法前，这也是一种直观的对政治素质重要性的体现。国家治理现代化过程中，法治是政治的具体表现，政治是统领。正如习近平总书记指出，走什么样的法治道路、建设什么样的法治体系，是由一个国家的基本国情决定的。作为法律人，我们要清醒、深刻地认识到中国特色社会主义法治体系的优越性，不能被西方错误思潮所误导。要坚定理想信念，切实把思想和行动统一到中央精神上来，增强政治敏锐性，提高政治鉴别力，严守政治纪律和政治规矩。这也是立法工作者要做到善于把握大局的必然要求，而过硬的政治素质是正确把握立法目的和总则的必要条件。在立法过程中，既要保证立法原则不偏离大局，又要将这些原则制度化、具体化，将党言党语转化为法言法语，就要在立法过程中，坚持在党言党，把对党忠诚、为党分忧、为党尽职、为民造福作为根本政治担当，切实守好政治“生命线”。

在不断提升自己政治素质、加强党性修养的同时，我们也要认识到提升业务素质、综合素质的必要性。毕竟，空言道何以弘道？作为一名基层法律工作者，笔者也时常思考如何自我修行、提升能力，以能够在不断提高的工作要求、现实考验面前胜任工作任务，力求夕惕若厉，无咎。对于立法人的“技战术”自我修行，笔者主要从恒心、初心两方面进行交流。

唐朝贾岛的《剑客》一诗曰：“十年磨一剑，霜刃未曾试。今日把示君，谁有不平事？”这首诗的弦外之音是，剑客寒窗苦读了十年，真才实学还没有施展，宏图大志还没有实现，期待有朝一日能大干一场。但是有耐心和持久胜过激烈和狂热，没有“十年磨一剑”的日积月累，也谈不上“今日把示君”的跃跃欲试。在本书中提及此诗，想要说的是过程，是持之以恒的毅力，坚持执行自我磨炼的决心，而非最后的状态。

恒心在于对专业的要求和坚守，在于将专业上的知识和工作上的要求认真、细致并持之以恒地做到位。笔者在思考什么是法律人的专业时，想到了以前写过律师的发展要建立信任、砥砺思维、洞明世事、案卷等身，围绕着职业把接案、办案、为人、处事四个方面都谈了一下，从这个角度讲，法律人的专业离不开具体职业带来的共性和特性，我们选择了职业，就选择了一种生活方式，将职业和生活区分开来更多时候是一种概念，职业与生活共同塑造了我们，比如法律人的强迫症、专业谈话中喜欢讲逻辑和围绕要点、喜欢冷静审视和下结论，也有视角上的不同，比如法官和律师对同一个案件会有不同的考虑，前者会首先考虑法律适用、后者会首先考虑能否立案。但是将这些零碎的共性和特性、工作与生活总结起来，笔者认为专业就是能够恰如其分地解决本领域的问题，专业人士的专业程度就是对本细分领域所有错误的掌握程度（犯过很多错误或者能够避免犯绝大部分错误）。法律的生命在于实践。对于法律人来说，对某一法律业务领域流程的熟悉、流程人员的熟悉、流程常见问题的处理的熟悉乃至于对流程处理结果的熟悉都需要大量的时间成本、经济成本、心力成本，所以法律人对该业务领域的经验和熟悉程度是把握具体流程各个节点的质量和效率的关键所在，故而在长期的实践当中能够少犯错误便是专业程度的体现。

那么，立法人的专业或者说在立法工作中用恒心坚持专业，既需要精益求精打磨法条，也需要日复一日打磨自己。

打磨法条的功夫既在文本中也在文本外。在文本中打磨法条则主要依靠立法技术规范（前文详述，此处不重复）和法律专业知识，在文本外打磨则需要法律素养和综合素质。

（一）积累从法律知识到法律技能的跬步

对于法律专业知识，则必须有意识地从知识到技能，并且有针对性地培养立法人的智能技能与实务技能。尽信书不如无书，技能的培育是从书本到实务的惊险一跃，也是每一名法律人必须要自己探索的一段路。在法学教育的过程中，一种常见的观点认为中国法学教育中技能培育是较为缺席的。也就是说，法学院教育与实务界教育的脱节较为严重。实务界一般投诉毕业生们“高分低能”。往往就此认为法学生只懂理论，不懂实务。事实不然，法学生不懂的是理论，即他只懂得背诵理论而不懂得活用理论。换言之，就是不能了解理论，进而运用理论。但是，在法律化作现实的实践过程中，无论任何一个法律岗位，都不仅需要法律智能技能，还需要实务技能。

处理符号的能力，即智能技能，也就是知道对一个法律问题如何运用法律规范和法律概念来进行分析论述，是处理法律业务的必要但不充分的条件。智能技能加上处理实际社会问题的能力，即实务技能，才能成事。如果只懂法律问题，不懂得如何以法律为准绳、以事实为依据实事求是地完成工作任务，那么，就是缺少实务技能。毕竟，在复杂的社会丛林处理事情也是很困难的，需要了解社会，了解人性，了解自己等。笔者将此类实务技能涉及的处理社会问题的能力归纳为法律事务中涉及人的因素。这里提到的处理好涉及人的因素的社会问题，并非大家津津乐道的“潜规则”“厚黑学”之类，而是懂得常识常情常理，或者说具有相应的政治学、社会学、心理学等相关学科的素养，能够用较为宏观全面的视角看待法律问题、进行换位思考。

事非经过不知难，成如容易却艰辛。笔者自己的反思，便是如果是现在的笔者去处理当时的某个法律事务，基本是会采用另一种策略或者行为方式，虽然对这个法律事务在法律上的判断是没有变化的，但是法律事务并不能孤立地存在于世界上，它也只是构成社会运转的一个系统，属于整体的一个部分。所以笔者常常说非法本和非法律经历相对于科班出身的法律人，其在实务技能方面是具有优势的。当然，成为一个既有智能技能又有实务技能的法律人必然是我们终身学习的目标。正如马克思所说：立法者应该把自己看作一个自然科学家。他不是在创造法律，也不是在发明法律，而仅仅是在表述法律，他用有意识的实在法把精神关系的内在规律表现出来。要能够正确地表述法律，就需要牢固树立坚持真理、实事求是的观念，不断地打磨智能技能和实务技能，既坚持原则，不迂就回避矛盾，又防止人云亦云，主观盲从。

具体来说，笔者认为主要做到几点：一要能够思考，对实体法和法理学具有足够的知识，并能够按照逻辑对法律问题进行有效、尽量客观的论证；二要有基本的常情常理常识方面的知识储备，对法律的政策基础、社会环境有正确的认识，对法律事务和程序具有应该有的足够知识；三要具有终身学习的理念和积极学习的恒心，能够在语言学、逻辑学等涉及学科上不断学习，善于运用检索来开展学习研究，具有足够的分析和阐明抽象概念的能力。从而使自己努力成为一个善于思考、综合素质过关、“T”字形的法律人，能够具有效率地适用法律，即解决法律问题的能力。

那么，作为一名法律人，如何在实务方面打磨自己的法律和综合素质呢？在笔者看来，提升法律素养主要是通过不断地培养自己的法律思维、积累法律知识、掌握法律技能。作为说服性思维的法律思维，是规范性思维、程序性思维，也即法律职业共同体使用相同的概念、接受相同的价值理念，通过符合逻辑、有正当性的推理过程和理由得出合法性的结果，最终在法律问题的处理上能够达成共识。对法律思维的训练，需要有意识地将一切社会问题全面、准确地转化为具体的权利、义务关系来处理，同时着重培养对程序各个环节的敏锐性。

当然，对于作为基础的基本法律知识的积累也应该像锻炼肌肉一样贵在坚持、科学进步。因为脑力劳动和体力劳动是共通的，记得有一次签合同的时候，刚从工地上下来的一位大叔戴着安全帽，仔细地从衣服内侧的兜里面拿出了一支钢笔，在逐字阅读了合同之后，签下了自己的名字。他当时说，你们搞脑力劳动的就是轻松。笔者就和他说：“我认为脑力劳动和体力劳动都是一样的，都是劳动，都需要不断锻炼，都是熟能生巧，干得多了身体或者脑子就适应了，适应之后就能够干得更多，适应更强的工作强度，学习掌握其中的技巧，就能把工作干得更好、用时更短，这些都是共通的；而且肌肉用多了身体会疲惫酸痛，脑子用多了会耗神头痛，本质上大家都是一样靠力气吃饭的打工人。”法律知识的积累也要追求在拳不离手、曲不离口的练习下苟日新，日日新，又日新，而掌握法律技能则更多是从实践中求进步。

（二）从实践中来到实践中去

在比较早以前、刚开始做律师的第三个月，笔者是这样总结过去一个季度思考所得的：（1）风险。律师作为一个职业，需要最大限度地分层次规避风险，规避自己的风险，规避客户的风险，规避案件整体的风险。所以应当谨慎言行，夕惕若厉；也更应当完善流程和书面记录，使任何状态下的工作都在合格的底线以上。（2）沟通。要选择最具有效果的沟通方法，这对于当事人的工作效果会有很大的提升。一方面，要根据案件的情况和当事人的处境选择沟通的态度和频率；另一方面，根据当事人的理解能力和案件情况，选择沟通的整体计划。沟通要和案卷计划结合起来。（3）诉讼方案。案件办理中的文书都需要流程化，标准化。比如，对于非诉，应当定期将法律分析报告储存起来，最后制作一个书面的目录。对于民事诉讼，从接案记录，谈话笔录，案情通报，证据接收，庭审分析，结案报告各个环节做好标准化流程，然后加注目录形成一个案卷，酌情加入一个工作进度统计表。要和与当事人的沟通结合起来，并最终形成一个提供给当事人的版本。（4）形象。良好的形象是工作事半功倍的保障。除了最基本的穿着、体形、精神面貌，笔者认为目前的重点有两处。一处是工作上的对外形象，是各个工作细节的形象体现，比如提供刻录盘给书记员，在证据目录上标页、贴纸，工作流程的展开，常见咨询的回答，全部流程化，专业化。另一处是整体形象的营造，也就是除了衣着之外对个人形象的建设和维持，理性，人品好，能够达成目标，这需要长久的专业口碑、实力口碑。（5）规划。本来想说是思考，但思考必须形成计划并付诸实施。律师的价值在于其法律服务的稀缺性（专业、人品、技术、资源）。在做好本职工作，越来越专业化的前提下，如何成为具有不可替代性的律师？要做到这个目标，就需要跳出本地来规划职业。最好能结合在本地的比较优势，长久规划。

在较早以前，刚开始到检察院第一检察部时，对第一个月的工作，笔者是这样总结的：如何记好讯问笔录？模仿和实战永远是最好的学习，找一本案情近似的办结卷宗学习揣摩，然后在检察官指导下上手操作是最快、最有效的学习方法。通过关注别人的笔录是怎么做的来思考自己做讯问笔录时需要记哪些内容，哪些地方需要被讯问人按手印？需要被讯问人在讯问笔录上写什么内容？进而思考整体讯问过程的注意事项以及结合案情应该如何进行讯问。相比于审查逮捕阶段的讯问，在审查起诉阶段的讯问，如果有鉴定报告，则应讯问被告人是否被告知鉴定意见以及是否有异议并如实记录。讯问笔录除了让被讯问人在每页底部签字、写日期捺手印，还需要在每页页码上捺手印。为了方便，在核对无误后的签字阶段，应该一开始就让其在最后一页写好“以上笔录我已看过，和我说的相符”并签字、写日期捺手印。同时，讯问笔录开头的时间、地点、被讯问人名字和身份证号码以及收尾部分“属实”的回答也需要按手印。审查监控录像应当先总体看一遍，然后在审查时有意识选择重点片段进行反复慢放观看、详细记录。特别是在捕诉一体的工作设置上，审查逮捕阶段审查监控录像的整体记录要突出重点、精确到秒、描述全面而准确，从而便利于后续刑事诉讼程序对整体记录的使用，提高办案效率。可以在记录时酌情对关键情节截图，这样有助于检察官快速而直观地理解监控视频所要证实的案情，可谓一图胜千言。对于强制猥亵罪的案件，由于往往发生在房间内或者隐秘场所，所以往往会有两个特点：一为犯罪嫌疑人拒不承认或者仅承认少部分内容，零口供案件并不少见；二为缺少直接体现犯罪事实的证据，需要很多间接的证据相互印证组成证据链。

耐下心来总结反思，不断优化学习和工作的细节，直至形成自己的模式，能够扎实地办理具体的案件，是笔者律师从业和在检察院办案阶段自我打磨和沉淀的主要收获。到了接触立法工作阶段，就是按照自己之前接受的法学教育、经历的法律实践所带来的经验、教训、总结和学习方法、惯性，更加有效率地根据立法工作需要打磨自己的智能技能和实务技能，由于是新的领域，所以两者都需要大力学习，也颇有本领恐慌之感。所幸领导同事都是良师益友，获益匪浅。而在党组和领导的关心下，笔者有幸先后参加了2022年云南省人大常委会举办的全省立法干部培训班和2023年全国人大常委会法工委举办的立法干部培训班，之后多次参加了立法调研和协助省人大常委会协同立法、高原湖泊立法等工作，这些培训、调研和学习机会，对于开阔视野，提高工作能力，坚定法律理想，不断反思、总结，同时努力笔耕不辍，起到了不可估量的作用。

（三）博观而约取：用法律指引生活

至于综合素质的打磨，无外乎世事洞明皆学问，人情练达即文章。法律是用来指引生活的，是一种社会控制系统。那么，对社会都不了解又怎么谈法律呢？不只是立法，恰当地使用法律解决实际问题需要四个方面的知识：一是法律专业知识，主要为理论和逻辑知识；二是对相关领域法律系统运行规则的理解，正确地理解其内部博弈和外部制约有利于判断每个环节的行为弹性；三是涉及具体领域行业的运作规则及背景知识，缺乏对其领域必要知识的理解将使法律工作无从着手；四是对于社会文化的理解，能够对具体的法律事务有一个中肯的判断和预期。同时，法律人律师往往能够接触诸多社会层次的纷繁社会现象，也需要我们用自己的价值坐标和社会的诸多现象相结合并作出自己的判断和选择，这也是法律人的起而行道、身体力行了。而针对前述的四点积累自己的综合素质、提升与人打交道的能力、放宽看问题的眼界，便是对自我综合素质培养的“行之有道”了。

同时，还需要开阔视野，放大格局，多多学习外地的先进经验和创新做法，使我们的工作能力、综合素质提升能够跟上发展的潮流。丽江的很多长辈都对我说过：要站在玉龙雪山上看世界，不要站在金沙江底（也有说虎跳石上）看世界。翻开书本，苏轼也这样说：博观而约取，厚积而薄发，吾告子止于此矣。想来，大抵长辈们都希望年轻的子侄辈能够有一个广阔的视野，博采众家之长来帮助自己成长。这也是长辈的谆谆教诲、金玉良言，我们既要有恒心埋头走路，也要学会不时抬头看路。

总而言之，以上是笔者从有恒心的角度打磨法律文本和“打磨”法律人的一管之见，难免有所局限，更多是抛砖引玉和诸君进行笔谈。但是吾生也有涯，而法海无涯，书囊无底。对于在可预期的一生中坚持打磨法律技艺和自我打磨，笔者的第一个想法是知识无穷，而知识的敌人不是无知，而是已经掌握知识的幻觉，要始终摆正自己是一个求学者的位置，学习既是过程，也是目的。笔者的第二个想法是学无止境，行以致远，人生本就是一段段的经历和感受，既然学习已然是生活的一部分，那就继续且行跬步。笔者的第三个想法则是既发善念，汝能“持”否？知道和做到之间是世界上最远的距离，恒心既有怎么做的含义，也有为什么要做、怎么能坚持的内涵。前面谈了怎么做，这里想和大家聊一聊对为什么和靠什么“持”的思考。笔者粗浅的结论是热爱生命、贵在自知，方能“持”。

（四）人贵自知：自知而有恒心

恒心也指人的善良本心，这种说法出自《孟子·梁惠王上》：苟无恒心，放辟邪侈，无不为已。诗中的剑客苦练十年，带着骄傲询问的却是谁有不平事。十年磨一剑恰如雕塑家在石头上雕塑雕像，这是一个漫长的过程。笔者在奥斯陆读书时常去奥斯陆公园（也称维格兰雕塑公园）散步，里面一个个雕塑惟妙惟肖。当时笔者经常有一个念头就是要一点点在石头上雕琢出人的细腻形态、细微表情等细节，是需要怎样的耐心来度过漫长的雕刻岁月？除了坚持，如果没有对生命的热爱和对雕塑的热爱，笔者相信维格兰可能难以成就这样的景色。支撑耐心的底色就是对生命和事业的热爱，当人未被异化时，当劳动是一种需求时，热爱生命和事业便是人的善良本心。芸芸众生，孰不爱生？爱生之极，进而爱群。所以十年磨一剑的恒心，既是苦苦打磨的坚持，也是热爱生活的善良和生命力。

所以恒心源于热爱生命，而热爱生命，是因为能够认识生活、认识自己、从而心怀感恩与敬畏，既发善念，也能“持”之。一言以蔽之，源于有自知之明。而人也贵在自知。

在时代的潮流下充满了各种细小的变数，而一个小小的变数可能就决定了一个人的一生。在各种未知的变数到来前，我们要多想一些可以直接做的事情，少想一些应该可以的事情。自知是尽量正确地认识周边的环境和自己，知道自己的所长所短，明白自己的局限性，进而尝试适合自己的新事物，让自己不断地进步，最好能设立一些非竞争性的目标。于是，就可以有恒心地做一个情绪稳定、脚踏实地、日拱一卒的法律人了。

（五）不忘初心，方得始终

无论是人生观还是价值观，划定坐标系的原点必然是自己的初心。从当下来说，我们共同宏观的初心便是为中国人民谋幸福，为中华民族谋复兴。

具体到笔者个人的社会角色而言，笔者在律师执业阶段的初心是“三个维护”（维护当事人合法权益，维护法律正确实施，维护社会公平和正义），在检察院阶段的初心是“努力让人民群众在每一个司法案件中感受到公平正义”，在学习做一个基层立法工作者阶段的初心则是“以人为本、立法为民”。凡天下事，均在人为。三个阶段的初心其实都可以归纳为脚踏实地，多学一点对国家和社会有用的知识，多做一点对别人和大家有益的事情，在工作中尽力而为，使权衡的公约数取舍之间能让社会更好一些、损耗更少一些、事情更好一些，在推进我们党伟大事业的过程中能够融入一点自己的个人价值，也就不枉此生了。

后记之二：风物长宜放眼量

正如《时间地图》一书所说，放大观察的时间单位会让很多有趣的发现显现出来。

虽然认清生活的真相是一个主观概念，但是真诚地面对自己真实的生活状态，然后去力所能及地努力，是有意义的。我们对于如何认识生活和如何看待努力，很多时候也应该采用长期主义的视角。毕竟，驽马十驾，功在不舍。

（一）从微末处执着理想

2016年6月，也就是传说中的“猴年马月”，笔者离开学校进入社会开始了自己的法律实践。从事法律职业伊始，我便通过写作记录自己的法律实践。到现在，记录和思考法律实务细节、观察法律行业发展、学习法律知识成了习惯。于是，笔者希望通过习惯性的笔耕不辍和在文档里长夜行军，与同样有着“法海无边、且行且渡”感想的诸君分享自己感性的法内求平、规内求圆相关思考。

整体地写写记记，从时间顺序上是这样的：

2017年，笔者结合法律实践草拟了关于球员合同谈判的法律服务宣传资料，并尝试制作了以“让自己不打官司”“丽江民间借贷纠纷分析”为主要内容的两份法律服务宣传资料。

2018年，云南省举办了首届青年律师论坛。由于少年胆气粗，且自己从拿到律师执业证便开始独立执业，从如何办案到何以开拓市场都是不断地反思、总结、实践的全链条周而复始，也写了很多如何办案、如何发展职业的文章。在有思路、沉迷学习的前提下，跳到水里学游泳，虽然难免喝两口水，但是也确实很快就自成一套招法了。于是当年看到云南省首届青年律师论坛召开通知的时候，笔者一口气投了五篇文章，大概是响应不仅迅速而且诚意满满的缘故，有幸作为唯一入选论文一等奖的地州律师。也在论坛中再逢硕士同门师兄弟吴皓，由于我们二人每每必然对律师执业、办案的观点相谈甚欢但答案基本迥异，大概就是相谈甚欢、默契说出结论、沉默和继续沉默，然后讨论沉默的原因继续新的相谈甚欢这样的节奏，所以便随着日渐频繁的交流而谋生了共著一书的想法。

2019年，笔者结合司法实践完成了第一本书《法内求平：14类旅游企业常见法律风险预防》，并始终将黄家镇老师“在日常中见得光芒，从微末处执着理想。水滴再小，也能折射出太阳的光芒，个人再微弱，也能贡献自己的力量”的教导记在心头，努力践行。这本书虽然从初心来讲是作为法律产品设计，但是毕竟是“长子”，心里更多有偏爱和亲切。在写作这本书的时候，笔者就想起了西南政法大学金承光老师和云南大学沈寿文老师逐标点符号改论文的情景。毕业几年，偶然看了当年的本科论文、硕士论文初稿，确有一些不堪入目之感，所以猜想大多数时候大概改学生论文对于导师来说也是非常辛苦的，更加感受到师恩厚重。也正是被老师反复耐心修改指引，才能勉强写出还过得去的法律文书和文章。

2022 年，自强不息，积小而大，非精进乎。历经曲折，在李群老师、陈熙老师的帮助下，很荣幸在法律出版社出版了我和吴皓共同撰写的《精进：技术派青年律师的成长之道》一书。经过很多个在文档里长夜行军的日子，我和吴皓以倾力呈现真实所思所想的初心完成了此书，希望能给读者朋友带来启发和共鸣。这本书的历经曲折总体而言就是两位作者“改到不想改了，吐了”和“算了，还是改吧”之间的治乱循环和“自我 PUA”吧，所以出版时更多是百感交集。这里也想再向各位读者朋友推荐一下这本书，原因在于作者离开律所后出版了此书，所以“提桶跑路者，其言也善也”，可以说书里面的执业感悟、职业规划和执业技巧都是毫无保留、坦率诚恳的，基本到了知无不言，言无不尽的地步，希望各位法律学习者、从业者有兴趣的不妨看一看。至于作者的“转进”，可以说每个行业都有自己的特点，关键是要适合自己，而每个行业也随着更多的人离去、更多人的加入而日益蓬勃发展。也恰是对律师行业深入的观察和思考才能得出最后的结论，有何去何从、何以安身立命之感或者何以精进、何以日拱一卒之间的朋友不妨在书中一叙。

2023年，业精于勤荒于嬉，由于一直处在一个飞速学习、不断见识的状态中，于是自然地按照惯性思考、总结和写作，恰好法律出版社的老师问我有没有新的作品。所以笔者就突然“压力山大”了，之前写文，主要是为了自己高兴，颇有傍花随柳过前川的闲适自得，主打一个手痒放空随意，是一种何妨高卧且加餐的精神状态。笔者“固所愿也”地签了合同后，就限于一种完成它的强迫症状态。大概就是一个业余摆烧烤摊的小伙因为有人天天催他出摊有了上班的感觉（固定的日更目标和完成目标的深度强迫症），从顺其自然的云淡风轻余心乐，变成了“我要写完这本书”这句话语的奴隶，大概就是突然从“清扬婉兮，适我愿兮”一下子快进到了“女曰鸡鸣，士曰昧旦”。但是也挺好的。既然本就是“不敢请耳”，契约既定，反而给自己一个加速度，少了一些随性。每一段旅程上有一个明确的指路牌能够使人更好地稳步向前。更何况每天的工作就是学习的鲜活素材，能够学以致用、学用结合，不得不说这就是法律人的幸福所在，而且只用考虑如何“勿薄细碎仇”地把事情做好，不得不说是难得的机会，让我始终心怀感恩和幸福。

目前笔者依然在自己的小小角落里继续按照观察法律行业

发展、学习法律知识、探究法律实务细节三个方面尽量做到每周写一篇记录。我们无法预知未来，当我们某一天做成某一件事或者达成某一个成就，我们在回顾时才能将过去生活中的点点滴滴经历联系起来，而活在当下，我们理应相信我们现在愿意付诸努力的某一事物会在未来的某一天串联起来。对于充满迷雾但又必然有终点的人生地图，用自己的方式尽力去做一些通过直觉和感觉愿意去做的事情，大力输出，然后定期思考总结，最后才能在若干年后恍然大悟。至于努力在何物上，就要自问本心了，至少要兴来能独往，才能行到水穷处。

（二）冷静而达观的生活

学习和做人、做事都要沿其脉络。

工作和生活是一体两面的，大家都在寻求着一种冷静而达观的生活。工作后，笔者习惯时不时地在《沉思录》一书中寻找对话和灵感，纵观全书，当时站在古罗马帝国顶点的马可·奥勒留写下的，也是一直在鞍马劳顿中寻找着一种冷静而达观的生活。大约1900年之前的人在想些什么？比较有意思的是这本书是古罗马的一位皇帝所写，所以好奇当了皇帝之后又在想些什么。抛却那些作者受限于当时环境和知识积累的思考，笔者更主要关注着作者对人生的看法。不过对于死亡，作者的考虑是死亡是一件必然的自然的事情，我们应该明白地按照本性度过自己的生活。生活也就是从生到死的过程，我们活在时间这个动态的变化过程中，没有我们想象得那么强大，也难以追求那么多的欲望，所以清醒和自控对于一个人很重要。正如在作者的时代，人类还没有这么强大，能够如当今一般大规模地移山填海，所以人类在古代的敬畏心理和对悲剧英雄的同情欣赏会远胜现在。这也体现在奥勒留的比喻里：“树叶，一些被风在地上驱散的树叶——而这就是人类。”也正因为我们短暂地存在，所以害怕短暂和追求所有成为我们内心的欲望，但是这样盲目的追逐并没有意义，你，到底要不要？清醒和选择，是我们在向死而生过程中把握当下的最大权利。更何况，奥勒留一直强调的是在知道自己渺小、短暂的情况下去认识和追寻符合本性的生活。“因为所有这些东西就像诗人所说：是‘从春天产生的’，然后风把它们吹下；然后树木又在它们原先的地方长出新的叶子。”所以，我们往往从对死亡的认识中开始思考。所以体现在书中，便是作者一直对生活抱有现实的态度，谨记事物的无常性，并深知不幸与幸运会交替发生，并尽量客观地描述事物、尝试站在更高的角度观察生活。

对于工作，奥勒留直白地表示要自己想清楚了去认真的工作，“不要不情愿地劳作，不要不尊重公共利益，不要不加以适当地考虑，不要分心，不要虚有学问的外表而丧失自己的思想，也不要成为喋喋不休或忙忙碌碌的人”。正是因为对现实的环境、自我的接纳，所以不需要从别人那里坚定自己的选择，不需要别人的帮助来继续自己的生活，也不需要从别人那里得到自己的安宁，只是接纳自己、了解自己、按照自己的想法去做应该做的事情。只有这样，“一个人就必然笔直地站立，而不是让别人扶着直立”。所以我们说工作是自己的决定，或者可以说工作是为了自己，“不要像一个被强迫者那样劳动，也不要像一个将受到怜悯或赞扬的人那样劳动”。即便没有附加在工作上的压力、期望等因素，也应该按照自己的原则去完成自己选择的工作，因为工作也是我们生命的一部分。对自己负责，而不是对外在的评价、内心的软弱想法负责，是一个人的尊严所在。而这样选择的外化就是坦然、平和地工作。

对于生活，大概就是冷静地接受现实，做力所能及的事情，并关注自己的内心活动而不是别人的内心活动。“不要去注意别人心里在想什么，一个人就很少会被看成是不幸福的，而那些不注意他们自己内心的活动的人却必然是不幸的。”意见是最宝贵的也是最没用甚至有害的，所以要从理解生活的人那里寻求意见，而不是在众声喧哗中听取所有人的意见。当然，选择正路、做一个好人是最省力的。“总是走直路，直路是自然的，相应地说和做一切符合健全理性的事情。因为这样一个使一个人摆脱苦恼、战争及所有的诡计和炫耀。”所以真诚地与他人相处其实是自己内心对自己真诚的一种体现，顺从自己的真实想法且做正确选择才能减少内心的损耗。真正如影随形而又你死我活的战争不过是我们内心的自我征伐罢了。所有的忧烦都只是内在对外在的一个反应，其实我们可以停止这些忧烦。“今天我摆脱了所有苦恼，或宁可说我逐出了所有苦恼，因为这不是发生在外部，而是发生在内部，在我的意见中。”所以走直路，减少忧烦的反应，然后有意识地训练自己理性地停止忧烦。

所以对于宁静，对于如何获得生活的宁静，奥勒留坚持认为“宁静不过是心灵的井然有序”。与其去向犬儒学家所说的不如躺在罐子里晒太阳，不如这样更好：“做必要的事情，以及本性合群的动物的理性所要求的一切事情，并且像所要求的那样做。”所以做好一件事的最高标准在于恰如其分，而一个强迫症的最佳拯救方式是有一个足够适用且细致的心灵坐标系，没有分类的标准就很难让心灵井然有序。而我们也依靠自己心灵的坐标系去指导自己去做必要或者说应该做的事情，清醒冷静的顺其自然其实也是很有难度的。合理适度的自我控制能够让生活恰如其分，追逐所有的欲望其实是一种刑罚，而强求能力之外的事物也不过是自我折磨，生而为人，理应“驱散想象，克制欲望，消除嗜好，把支配能力保持在它自己的力量范围之内”。所以自我学习也是我获得生活宁静的路径。

至于如何自我学习的脉络：笔者开始学会一点自我学习的方法源于硕士时候马腾嶽老师的文化人类学和政治人类学课程。当时这门课程作为云南大学法学院民族法专业的特有课程，上课人员只是本级的民族法专业法学硕士，导致了我只要请假就有 1/3 的学生无法到场（后续有多名博士过来长期听课）。马老师的课是从《科学革命的结构》讲起的，在了解了范式和科学共同体之后，便沿着人类学的发展脉络一本本书讲起。短短的 17 周里，笔者初步理解了知识是有脉络的、学术是对话的、法律是不见鬼的三句话，老师指了一条路，剩下的还是要靠自己，毕竟读书不是一件浮躁的事。老师说，学术到了后面，就是做人了。所以笔者也会继续按自己的思路去读书，“看看时间会带来什么”是件有趣的事，反正时间总会带来什么。至于人生的“律否”，确实不是一个单项选择题，所以也就且行且思了。

在学习民族法的过程中，笔者一直记得王鑫老师说的“学人类学的教授往往活得长”这句话，毕竟纵览不同的社会意义、人生价值定义，让人在仰观宇宙之大之余，也更容易放宽心胸。承认个人的渺小和倾听内心的声音是一体两面的。假如我们放大观察历史的时间单位，那么，即便达不到“人猿相揖别。只几个石头磨过……”的高度，但当我们自我总结时，把时间尺度从天放大到一年或者三年，用一句话总结一年或者三年某一方面的变化时，就会发现真正作用于我们生活的事物。所以，笔者的感想就是相信自己的直觉和感觉，按照自己的方式用尽最大的执行力。而我们的选择系统，也将越来越明确。

（三）让丽江还是丽江

对于时代浪潮下的我们，最合适的话大概就是“你只管努力，剩下的交给时间”。

作为一名基层立法工作者，能在家乡从事立法工作，又处于大力开展“小切口”“小快灵”立法，丰富立法形式，提高立法质量的阶段。每天都有新的学习课题，每天都能向领导、同事学习到新的立法知识，都会有新的立法问题需要去处理，是非常难得的学习机会。也正因如此，历经几年，将从事地方立法工作的所遇所行所思所想积累成这本《地方立法实践与探索》，内容里有很多是对丽江市人大常委会进行地方立法的集体智慧进行总结和搬运，也有笔者自己的一些对于地方立法工作不成熟的思考。对于始于 2015 年的设区的市级地方立法，其定位是补充性、实施性和探索性的，所以突出地方特色是本书写作的一个主要特点。比如，2023 年以来丽江市颁布实施《丽江市人民代表大会常务委员会关于加强丽江市中心城区建筑风貌管控的决定》，努力使丽江成为在道路上、在广场上、在公园里都能看得到雪山、看得到蓝天白云的美丽城市，让丽江新建设的中心城区与古城相匹配，与雪山相呼应，与文化相协调，让丽江城市居民和游客享受祖辈留下的遗产和大自然的馈赠；颁布实施《丽江市城市生活垃圾分类管理条例》，为形成政府治理、社会调节、居民自治的良性互动提供了立法支撑，通过立法定规矩定方圆使垃圾分类、环保节能的理念更加深入人心，让市民游客能够对遗撒丢弃、混合翻捡、混运混装垃圾等不文明的“小事”有了说“不”的权益，以垃圾分类管理的小支点推动城市文明“大提升”，做好垃圾分类管理这件丽江建设世界文化旅游名城品质提升的“关键小事”，高原水乡的居民小区和大街小巷将更加干净整洁，垃圾分类将成为丽江这座旅游城市新的风尚。

我们需要在最细微的地方——这个国家最基层的单元里去观察国家意志的贯彻才能真正有效地判断法律的生命力。因为法律是一种文化现象，而一国的文化就是一种生活方式，所以真正影响法律和秩序建构的是实实在在的生活方式。换言之，用本科的法理学进行解释，就是理想中的法律、法条中的法律、现实中的法律之间有着足够让法律人深思的距离。这也是为什么始终要坚持“以好不好、管不管用、能不能解决实际问题为导向”开展地方立法工作的原因所在。

能够学以致用是法律人的幸福所在。能够且学且思从事地方立法工作也是难得的机遇。所以，愿在这一个角落里长夜行军、不断跋涉，并愿每位读者朋友也一径长途，行则将至。

致谢：感恩戴义，当怀欲报之心

笔者的第三本书《地方立法实践与探索》即将出版，很高兴能有一个机会向默默为我付出、帮助我的人表示最真挚的谢意。虽然感谢是美德中最微小的，但是如果我们能时时想着感恩，就会时时想着图报，也才有机会把“人人为我，我为人人”这个通俗的格言落实在行动上。特别是随着踏入社会以来的年岁日长，我日益感到做一个始终心怀感恩的人是最基本、最重要的道德修养。我们可以继续帮助我们帮助过的人，但更应该“吃水不忘挖井人”，记住“有恩必报，有德必酬”的古谚，毕竟，忘恩负义是恶习中最不好的。

感谢丽江市人大常委会各位领导、各位同事对我一直以来的关心、指导、帮助、包容和鼓励，很荣幸能在大家的帮助下成长，我将始终心怀感恩，老实做人，踏实做事。

感谢古城区人民检察院各位领导、各位同事对我的支持、关心和理解，特别是给了我意料之外的认可、鼓励和包容，让我一直心怀感激。在案件办理第一线的日日夜夜是我成长路上影响深远的一段经历。

感谢各位指点和支持我写作的长辈，您们的帮助使我在写书和为人处世上都受益匪浅。

感谢我的父母、弟弟和亲人，他们不仅一直以来尊重我的选择，而且也正是在他们的鼓励和支持下，我才能完成本书的写作。感谢我的父亲，他的实干精神和奉献精神对我影响很大，使我获益良多。感谢我的母亲，她的善良和无私让我始终努力去做一个善良的人。感谢我的弟弟，他的勇猛顽强始终是我的坚实后盾。感谢我的妻子，她的默默支持和分担让我在繁忙工作的同时能有余力进行本书的写作。感谢我的岳父岳母，他们的理解和支持让我和妻子能够把更多的时间用在工作上。感谢我的儿子，他出生时我的感受是“卜云嘉日，占亦良时。凡百有心，奚特于我！既见其生，实欲其可。人亦有言，斯情无假”。参与他的成长除了“养儿方知父母恩”外，便是和这个新生命一起学习做人的道理和生活的方法。与其说教育他，不如说是一起成长，当然，他是成长为主，我是自我改进为主。

在西南政法大学的四年，是我学习法律的启蒙，毕业之后，我也常常想起“群山逶迤，两江回环。巍巍学府，屹立西南”的歌声，和在渝北校区炽热的夏天、魔法伤害的冬天从南园宿舍爬“绝命坡”上“四教”的感受，也常会记起三教门前的春秋树和乌泱泱一大片大清早等开门冲进去抢座位的热血学子……感谢黄家镇老师一直以来的关心和在百忙之中为我的第一本书写序。黄家镇老师不仅在学术上造诣深厚、成果显著，而且也是西南政法大学师兄师姐向师弟师妹良心推荐的口碑老师。感谢李雁老师一直以来对我的关心和指导，李老师精益求精的工作作风和诲人不倦的师者风范让我终身受益，激励着我不断求实进取。感谢叶亮老师的耐心、关心和敬业，使我在为人处世上学到了很多也反思了很多。感谢金承光、胡兴建、周力等老师对我学业的教导，使我能够顺利完成学业。感谢 2009 级的同学们，愿大家都能一径长途、花香弥漫。

在云南大学的三年，使我逐步成熟和对学术有了初步的概念。在宽广的呈贡校区，我所在的桦苑有着独具优势的地理位置，不仅离法学院教学楼和运动场近，而且到任何一个食堂、超市都有 2 公里以上的距离，使我在三年的学习生涯中保持了身体的健康并为期间的徒步旅行打下了坚实的基础。作为民族法专业 2013 级法学硕士 1/3 的有生力量，笔者在各位老师的教导下成长迅速，我始终觉得能够受到这么多学术大咖一对三及以上的教导是非常奢侈的一件事，现在想起来也深觉幸福，所以鼓励大家报考云南大学民族法专业。在云南大学的学习之中，也有一些第一次，比如第一次给国际课程做助教，第一次参加全英文的国际课程，第一次去参加国际交流项目（感谢王鑫老师的鼓励和推荐），第一次去挪威生活了一年并且成功戒烟回国（我相信任何一个中国男人到了一个任何一包烟都要100元以上而且都是难抽的非烤烟类型、火警非常灵敏的地方超过三个月，都能够把烟戒掉），第一次每周在挪威的森林里跑50公里以上（有一次周六大清早进山走了20公里，发现山背后的咖啡店旁都是满满当当的挪威人在歇脚，挪威的自然环境下不运动真的太抑郁了，已经上升到运动保护生命健康的高度了），第一次参加学术考察，第一次去到欧洲大陆最北端的北角等，在足够长的时间里让我有了足够清醒的思考，并逐渐跬步前行。后来项目总结时，由于我是第一个一年期的交换学生，在整体评估上也还较为理想，所以第二年的交换学生名额增加到了两名。学习之外，和朋友徒步了不少地方，在用双脚丈量土地、暂时离开城市的环境中，也让我更好地认识自己、认识生活。在沈寿文老师的教导下，我终于完成的毕业论文也在答辩时被选为了三篇优秀论文之一，我还记得答辩时张剑源老师看到我的论文之后给我比了个大拇指，答辩的过程也很痛快。云南大学的三年学习让我能够脚踏实地地安心学习，慢慢进步，开始沉下心来做一些事情。感谢沈寿文老师的教导，沈老师的人品和学术是我毕业前、毕业后都一直敬佩的，我对能在喜欢使用批评性引注的导师教导下完成学业也深感荣幸。感谢王启梁老师的严格教导，使我毕业后也时常反思，不断改进。感谢马藤嶽老师的悉心教导，手把手地用一个学期的时间带我们理清了学术脉络，使我一直受益颇深，虽然当时学得认真，但运用上自感颇为迟钝，好在至今仍在消化运用之中。感谢王鑫老师对我的鼓励和推荐，使我有机会参与学术交流，开阔了视野，学习了知识，收获良多。感谢周勇教授和Maria Lundberg 教授的指引和教导，两位老师的严谨求实、专业学风让我受益匪浅。感谢沙依拉老师对我参加交流项目的帮助和指导。感谢张锡盛、刘国乾、张剑源老师对我的教导和关心。感谢我的老师、同学和各位朋友们的关怀和帮助。

感谢律师执业生涯，让我认识到现实并依然脚步坚定，正所谓“男儿到死心如铁”，刚进入社会的我可能过于“有精神”和过于理性，很多时候按照自己的规划强干硬上，处事的细节有时不够圆融，也多亏长辈、朋友们的包容、鼓励，使我一直都还算顺利，我也一直心怀感激。但是能把一件事情做好不代表喜欢做这件事，律师的工作就是生活，律师的生活就是工作，至少对我而言是这样的。而问题就在于这个过程对我来说缺少了当初想象的快乐或者说幸福感，你知道应该做些什么、成本是什么、结果是什么，但是你并不为此感到喜悦，这便是问题所在。长期维持一种高压下的战战兢兢、如履薄冰是一件痛苦的事情，而我的自我要求决定了要受人所托、忠人之事，所以我进行了理性的衡量、按照一以贯之的逻辑做出了选择，也得到了答案，并依然坚定向前，恰如莱蒙托夫的《帆》。与其说整个律师生涯问心无愧可能太拔高了一点，不如说是做到了有始有终。

感谢在检察院的办案生涯。在检察院的经历是很难得的深入司法一线的工作经历，特别是战友们的信任让我也有很多的历练机会，比如当时就参与了不少命案、尸检、疑难复杂案件的提前介入，参与办理了一些新型案件，甚至还发现了一些新型案件线索最终完成了从线索到公诉的全流程，确实是很难得的经历。不过刑检的工作风险并不少，办案也要考虑三个效果的统一，所以也是不小的挑战。这让我日渐学习其他优秀的老同事们，开始变得更加谨慎、专业和精益求精，考虑问题更加全面，更加脚踏实地。除了生活工作的历练之外，在市检察院、区检察院的关心下，我被推荐参加员额遴选考试，对此我一直心怀感恩、引以为荣。以上，愿诸君岁月峥嵘，奔腾激越。

感谢昆明理工大学法学院、云南省地方立法研究院给予了我拓展视野、交流发言的机会，特别是周元老师的推荐，增强了我对研究地方立法工作的信心。感谢浙江大学刘浩锴博士和我的交流、认可，让我对深入做好地方立法工作研究有了更深刻的认识。

感谢李京霖、李昕阳、赵俊毅三位舍友和袁家兴、赵云曙、杨真、张焰武、沈松森、李梦侠、焦小衣等校友对我的关心、包容。

感谢我在工作、生活中所遇到的人们，他们让我真正理解了现实生活中多元共存的意义和价值，而我真正需要践行的是始终心怀善意。还有太多关心、帮助我的老师、领导、朋友、同事，我始终怀有谢意，所能做的是感念在心，始终认真做人、认真做事。

感谢每一位读者朋友，祝你们法内求平，生活幸福，愿你们一径长途，行则将至。

熊　震

2024 年 4 月 12 日